실패한 개혁, 혹은 개혁의 첫걸음

19세기 영국 해군개혁의 성과와 한계

실패한 개혁, 혹은 개혁의 첫걸음

19세기 영국 해군개혁의 성과와 한계

석영달 지음

혜안

책을 내면서

    이 책의 집필을 시작하던 순간부터 끝맺음을 하는 지금까지 삶에서 그 어느 때보다 스스로의 정체성에 대해 깊이 들여다보는 시간을 가졌던 것 같다. 나는 역사학자이면서 동시에 현역 해군 장교이다. 한때는 이러한 이중적인 정체성으로 인해 색안경을 낀 채 역사를 바라보지는 않을까 우려할 때도 있었으나, 지금은 해군사 분야에서 남들이 쉽게 보지 못하는 부분까지 살펴볼 수 있는 망원경과 현미경을 지니고 있다고 스스로를 위안하고 있다. 그리고 그 이중적인 정체성에 떳떳하기 위해 역사학에 발을 들인 이후 내가 지금껏 근본적으로 가지고 있는 문제의식은 "어떻게 하면 학계에 기여하는 동시에 우리 해군을 더 강하게 만들고, 대중들에게 해군의 중요성을 인식시키는 연구를 할 수 있을까?"이다. 이런 고민 속에서 제주 해군 기지 건설이 화두가 되었던 석사 시절에는 영국 해군 기지의 변화와 그 의미에 대해 논하면서 해군 기지의 중요성에 대해 조금이라도 더 알리고자 노력했다. 박사 논문을 작성하던 기간 동안에는 사회적으로 뜨거운 화두였던 '개혁'이라는 키워드를 기저에 깔고 평화의 시기에 전쟁을 한참 동안 경험하지 못했던 영국 해군이 내·외적 문제를 해결하기 위해 시도했던 개혁의 경험에 대해 탐구하게 되었다.

이 책은 나의 그러한 고민과 탐구의 결정체이다. 그리고 그 결정체의 핵심이라 할 수 있는 부분은 여기서 주된 연구의 대상이 되는 '19세기'라는 개혁의 시기이다. 지난 10여 년간 해군사 연구와 강의를 하며 여러 시기들을 살펴봤지만 그 가운데 19세기는 나에게 특히 큰 울림으로 다가왔다. 나폴레옹 전쟁이 끝난 이후 1차 세계대전 이전까지 영국 해군은 이렇다 할 큰 전쟁을 겪지 않았는데, 이는 6·25전쟁 이후 지금껏 큰 전쟁을 겪지 않은 우리 군의 상황과 매우 유사하다. 또한 당시 영국 해군이 오랜 전쟁의 부재 속에서 겪었던 여러 만성적인 문제와 첨단 과학 기술의 도전은 지금의 우리 군이 맞닥뜨린 현실과도 유비된다. 이런 점에서 19세기의 영국 해군이 위기를 극복하기 위해 시행했던 개혁들은 150년이라는 세월을 뛰어넘어 현재의 우리에게 적확한 통찰과 가르침을 전해줄 수 있다.

이 책을 집필하면서 그러한 교훈을 함께 공유하고 싶었던 독자는 그 누구보다도 우리 해군 장병들이었다. 그리고 비록 해군 소속은 아니나 해군의 정책을 입안하고 결정하는 위치에 있는 분들과 또 해군에 열렬한 관심과 응원을 보내주시는 감사한 분들도 분명 그 대상이 될 것이다. 이 책이 전하는 과거 영국 해군의 경험과 교훈이 지금 이 순간에도 바다 곳곳에서 고생하며 부단히 노력하고 있는 우리 해군의 방향성 정립과 국민적 지지를 이끌어 내는 데에 조금이나마 도움이 되길 기원한다. 그리고 국내 학계에서 거의 불모지라 할 수 있는 서양 해군사를 공부하고 연구하는 학생 및 연구자들에게는 이 책이 미흡하나마 실낱같은 단서나 실마리라도 제공할 수 있다면 연구자로서 더없이 기쁠 것이다.

저자로서 독자들에게 이 책을 온전히 즐길 수 있는 독서 방법을 권해보자면 책을 읽는 목적에 따라 제각기 다른 방법과 순서로 읽어볼 것을 제안한다. 먼저 해군개혁을 '역사 이야기'와 '교훈'의 측면에서 읽고 싶은 독자들은 서론을 건너뛰어 1부 1장부터 주석에 개의치 않고 속도감 있게 읽어볼 것을 권한다. 책을 집필하면서 해군사관학교에 막 입학한 1학년 생도들도 쉽게 읽을 수 있도록 최대한 평이하게 원고를 작성하고자 노력했으나, 책의 서론에는 선행연구 정리를 비롯한 학술적인 내용이 상당 부분 실려 있어 독서의 재미는 크지 않을 수 있다. I부 1장부터는 독자들의 가독성을 우선하며 이야기를 읽는 즐거움을 느낄 수 있도록 저술하였으니 역사 애호가들께서 마음껏 즐겨주시길 바란다. 또한 '해군개혁'에 대한 내용만 한정하여 읽고 싶은 해군 관련 독자들은 이 책의 Ⅱ부부터 읽더라도 내용의 이해에는 큰 무리가 없을 것이다.

반면 영국의 해군개혁을 '연구'의 측면에서 이해하고 싶은 독자들은 서론의 1페이지부터 본문 하단의 각주들과 함께 천천히 읽어나가며 이 책을 온전히 음미해볼 것을 권한다. 책을 쓰면서 지나칠 정도로 친절하게 각주를 다는 것이 아니냐는 주변의 조언을 듣기도 했지만 나 스스로도 공부를 할 때 그러한 각주 하나하나로부터 너무나 소중한 도움들을 받았기에 훗날 나의 독자들에게도 꼭 보답하고 싶었다. 특히 나의 제자들인 해군사관생도들이 19세기 영국 해군사 혹은 해군개혁에 대해 공부를 할 때 모르는 개념이나 역사적 사실을 굳이 따로 찾아보지 않더라도 이 책만으로 충분히 이해할 수 있길 바랐다.

이 책이 이렇게 나오는 데까지 정말 많은 분들의 도움이 있었다. 먼저 나의 지도 교수이신 설혜심 교수님께 깊이 감사드린다. 연구와 강의 모두에서 탁월한 세계적인 학자 밑에서 배우고 성장할 수 있었던 시간은 내게 큰 행운이자 행복이었다. 석사 시절부터 박사 시절까지 학문적으로, 그리고 인간적으로 성장할 수 있게 도움 주신 데에 진심으로 감사드린다. 만약 내가 학자로서 어떤 장점이 있다면 그것은 설혜심 교수님의 제자로서 가르침을 받은 덕분일 것이고, 만약 어떤 단점이 있다면 그 가르침을 충분히 소화하지 못했기 때문일 것이다.

내 역사학 공부의 첫걸음부터 박사 논문의 완성까지 함께 해주셨던 전수연 교수님께도 깊이 감사드린다. 전수연 교수님께서는 사료를 날카롭게 꿰뚫어 보는 역사가의 눈과 풍부한 상상력을 기반으로 한 다채로운 해석을 가르쳐주시며 역사학의 즐거움이 무엇인지 깨닫게 해주셨다. 또한 항상 따뜻한 마음으로 학생들을 아껴주셨던 이재원 교수님께도 깊이 감사드린다. 이재원 교수님의 격려는 어려운 시기마다 내게 힘을 북돋아 주었고 수업에서 연습했던 발표와 토론 덕분에 졸업 후에도 떨지 않고 학자로서 씩씩하게 발걸음을 내디딜 수 있었다.

내 박사 논문의 심사위원을 맡아주셨던 고(故)이영석 교수님과 이내주 교수님께도 깊이 감사드린다. 고(故)이영석 교수님과 같은 대가로부터 직접 논문 지도를 받을 수 있었다는 사실은 내게 너무나 큰 영광이었고, 세심하게 고견을 주신 덕분에 박사 논문을 잘 발전시켜 이렇게 책으로까지 펴낼 수 있었다. 더 이상 직접 뵙고 감사함을 전할 수 없다는 사실이 너무나 한스러울 따름이다. 또 군인이자 학자로서 후학들에게 항상 존경스러운 모습을 보여주시는 이내주 교수님의 논문 지도는 우리나라에서 손꼽히는 군사사 전문가의 고견을 들을 수 있는 소중한 기회였다. 특히 박사과정 동안 들었던 이내주 교수님의 군사사 수업은 앞으로 군사사를 연구하고 가르쳐야 할 내게 너무나 소중한 자양분이 되었다.

박사 논문 작성 중 힘든 시기에 나를 다잡아준 김경민 선생님께도 깊이 감사드린다. 김경민 선생님께서는 박사과정 내내 선배로서 내게 따뜻한 조언과 격려를 보내주셨다. 또한 석사 시절부터 박사 시절까지 대학원에서 함께 공부했던 모든 학우들에게 깊은 감사를 표한다. 나의 친구이자 동료이자 선생님이 되어주었던 그들이 아니었다면 결코 이 자리에 이르지 못했을 것이다.

나에게 소중한 학업의 기회를 준 대한민국 해군과 해군에서 함께 근무해 온 수많은 선배, 동기, 후배 분들께도 깊이 감사드린다. 특히 해군사관학교 교장님과 생도대장님, 그리고 교수부장님을 비롯한 여러 교수님들께서 보내주셨던 응원과 격려는 힘든 시기에 포기하지 않고 끝까지 정진할 수 있었던 큰 동력이 되었다. 또한 해군사라는 특수한 분야의 학술서 출판을 결심해주신 도서출판 혜안의 오일주 대표님과 책을 매끄럽게 편집해주신 편집자님께도 깊이 감사드린다.

끝으로 언제나 나를 든든히 지지해주는 사랑하는 가족들에게 감사의 마음을 전한다. 항상 바쁘다는 이유로 자식된 도리를 다하지 못한 아들, 사위를 배려해주고 보살펴주시는 아버지, 어머니, 장인어른, 장모님께 깊이 감사드린다. 동생 영은과 처남 기우의 따뜻한 응원은 항상 큰 힘이 되었다. 마지막으로 나의 아내 영아에게는 그 어떤 말로 감사를 전해도 부족할 것이다. 힘든 시기를 곁에서 묵묵히 지켜준 나의 사랑하는 아내에게 이 책을 바친다.

2023년 3월
해군사관학교 통해관에서
석 영 달

글싣는 차례

Ⅱ부 1870년대 해군개혁의 요체와 목적

Ⅲ부 해군개혁의 표류 : 개혁의 한계와 의의

왜 19세기 해군개혁인가?

18세기로 접어들며 네덜란드로부터 해상 패권을 탈환해 왔다고 평가
받는 영국 해군은 그 이후 약 한 세기 동안 그 어떤 시기의, 그 어떤
국가의 해군보다도 더 많은 해전을 치러나갔다. 이 시기 영국 해군은
스페인 왕위 계승전쟁(1701~1714), 오스트리아 왕위 계승전쟁(1740~
1748), 7년 전쟁(1756~1763), 미국 독립전쟁(1775~1783), 나폴레옹 전쟁
(1793~1815) 등의 연속된 전쟁에 참전했고, 그 속에서 치른 해전들 하나
하나는 모두 영국의 앞날을 좌우할 만한 중요한 순간들이었다.[1] 당시
영국 해군은 매 순간 승리를 확보하기 위해 그들이 가진 자원을 최대한
효율적으로 활용해야 했다.[2]

---

[1] 이 시기 영국 해군이 치른 수많은 해전에 대해서는 Alfred Thayer Mahan,
   The Influence of Sea Power Upon History, 1660-1783 (London: Sampson Low,
   Marston & Co., 1890)을 참고.
[2] 이 책은 필자의 박사 논문을 근간으로 하여 2019년에 발표한 「평화가 가져온
   군의 딜레마: 19세기 영국 해군의 진급 적체와 개혁 시도」를 포함하여 집필하

이러한 영국 해군의 노력은 이후 그들이 인적, 물적 자원의 측면에서 엄청난 성장을 이루는 데에 크게 기여했다. 먼저 인적 자원의 측면에서 영국 해군은 생도 및 사관후보생들을 실전 경험을 통해 철저히 교육하고, 그들 중 자질이 뛰어난 이들을 장교로 선발하여, 그 장교들 가운데 유능한 자들을 진급시키고 요직에 임명했다.[3] 물적 자원의 측면에서는 장교들이 지휘할 해군 함대를 여러 전투를 통해 개량한 범선 전함으로 구성하고, 그 함대를 오랜 세월에 걸쳐 구축한 조선소(Dockyard) 인프라를 통해 빈틈없이 지원했다. 즉, 영국 해군은 18세기 내내 수많은 해전을 통해 끊임없이 인재를 교육·검증하며 장교단을 구성하고, 강력한 범선 함대와 그것을 뒷받침하는 조선소 인프라를 형성하며 당대 세계 최강의 해군으로 거듭났던 것이다.[4]

하지만 이러한 영국 해군의 성장 동력이 언제까지나 지속되었던 것은 아니었다. 영국 해군의 성장에 중요한 원동력이었던 '끊임없는 전쟁과 전투'라는 환경은 19세기로 접어들며 새로운 국면을 맞이했다. 영국 해군은 나폴레옹 전쟁 이후 크림 전쟁(the Crimean War, 1853~1856) 을 제외하고는 오랫동안 큰 전쟁을 겪지 않았고, 그 크림 전쟁에서조차 해전이라 부를만한 제대로 된 전투는 경험하지 못했다.[5] 즉, 영국 해군

였음을 밝혀둔다. 석영달, 「실패한 개혁, 혹은 개혁의 첫걸음: 19세기 영국 해군개혁의 성과와 한계」, 연세대학교 대학원 사학과 박사학위 논문 (2022); 석영달, 「평화가 가져온 군의 딜레마: 19세기 영국 해군의 진급 적체와 개혁 시도」, 『영국 연구』 제42호 (2019), pp.194-241.

3) Evan Wilson, A Social History of British Naval Officers, 1775-1815 (Woodbridge: The Boyedell Press, 2017), pp.120-129.

4) Daniel K. Benjamin and Anca Tifrea, "Learning by Dying: Combat Performance in the Age of Sail," The Journal of Economic History, Vol. 67, Iss. 4 (2007), p.970.

5) 크림 전쟁 시 영국 해군은 육군과 달리 제한된 수준의 해상 임무만을 수행했을 뿐이었다. Barry M. Gough, "The Crimean War in the Pacific: British Strategy and Naval Operations," Military Affairs, Vol. 37, No. 4 (1973), p.135.

은 어떤 전쟁이나 전투를 통해 장교들에게 실전 경험을 쌓게 하거나, 그들이 보유한 함대 및 조선소 인프라를 적극적으로 활용해볼 기회를 거의 갖지 못했던 것이다.

그뿐만 아니라 19세기 중반부터 본격적으로 등장한 작열탄(explosive shell)이나 장갑함(ironclad warship)과 같은 새로운 무기체계는 이전까지 전 세계의 해양을 주름잡던 범선 함대의 퇴장을 예고하고 있었다.[6] 당시 영국 언론은 "우리는 이전까지 즉각 운용할 수 있는 1급 전함을 149척이나 보유하고 있었지만, 이제 단 두 척의 장갑함만 보유하게 되었다"[7]라며 그 변화를 공식화했다. 이전까지 영국 해군에 세계 최강의 자리를 보전해줬던 기존의 토대들이 평화의 안온함과 과학 기술의 발전이라는 변화로 인해 점차 흔들리기 시작했던 것이다. 그렇다면 당시 영국 해군은 이러한 상황 변화를 어떻게 인식하고 있었으며, 그에 대한 어떤 대응책을 모색하고 있었을까?

이 질문은 영국 해군사에서 오랫동안 탐구의 대상이 되어 온 중요한 문제이다. 특히 19세기 중반 이후 나타난 여러 변화들이 이후 영국 해군에 얼마나 큰 위기로 작용했는가의 문제는 오랫동안 많은 해군사가들이 치열한 논쟁을 벌인 주제이기도 하다. 영국 해군의 19세기 위기론을 주장하는 학자들은 앞서 살펴본 상황 변화들을 무겁게 받아들이며 19세기 중후반부터 이미 영국 해군에 위기감, 혹은 불안 요소가 감지되었다고 주장했다.[8] 반면 20세기 위기론을 주장하는 학자들은 19세기

---

6) 목표물에 명중 시 폭발하는 작열탄의 등장, 작열탄으로부터 함정을 보호하기 위한 장갑(armour)의 도입, 현측 포문(broadside battery)에서 중앙 포탑(central battery)으로의 전환, 어뢰와 구축함의 등장 등이 이에 해당한다. 석영달, 「19세기 증기선의 도입과 영국 해군의 변화: 해외 해군 기지 변화를 중심으로」, 『영국 연구』 제30호 (2013), pp.145-150.

7) "The Naval Revolution," *Illustrated London News*, Vol. 40, No. 1138, 5 April, 1862, p.328.

위기론은 과장된 것이며 20세기 초 이후에야 독일 해군의 본격적인 성장과 함께 영국 해군에 위기라 할 만한 변화가 나타났다고 보았다.[9]

위의 두 가지 관점은 주목한 주제와 시점에 따라 저마다 합당한 설득력을 보이며 19~20세기 영국 해군사를 풍부하게 만들어왔다. 그런데 여기서 흥미로운 부분은 그 두 가지 관점이 영국 해군에 위기감이 도래한 시점에 대해서는 견해의 차이를 보이지만, 그 위기에 대해 '혁신적인 대응'을 해나간 시점에 대해서는 대체로 일치된 견해를 보이고 있다는 점이다. 그 시점은 바로 '20세기 초'를 의미하는데, 이러한 연구 경향은 20세기 초에 시행된 존 피셔 제독(John Arbuthnot Fisher, 1841~1920)의 해군개혁이 영국 해군사 연구에서 차지하는 비중과 결코 무관하지 않다.

군사사의 여러 논쟁들 가운데 제1차 세계대전의 원인에 대한 '피셔 논쟁(Fischer's Controversy)'[10] 못지않게 피셔 제독의 개혁에 대한 '피셔

---

8) 19세기 중후반부터 이미 영국 해군이 위기감을 느끼고 있었다고 보는 연구는 다음과 같다. Arthur J. Marder, *The Anatomy of British Sea Power: A History of British Naval Policy in the Pre-Dreadnought Era, 1880-1905* (New York: Alfred A. Knopf, 1964[1940]); Oscar Parkes, *British Battleships* (Annapolis: Naval Institute Press, 1990[1957]); Roger Parkinson, *The Late Victorian Navy: The Pre-Dreadnought Era and the Origins of the First World War* (Woodbridge: The Boydell Press, 2008); H. J. Fuller, *Empire, Technology and Seapower: Royal Navy Crisis in the Age of Palmerston* (London: Routledge, 2013).

9) 20세기 초 이후에야 영국 해군에 위기가 도래했다고 보는 연구는 다음과 같다. B. B. Schofield, *British Sea Power: Naval Policy in the Twentieth Century* (London: B. T. Batsford Ltd., 1967); Antony Preston, "The End of the Victorian Navy," *The Mariner's Mirror*, Vol. 60, Iss. 4 (1974); Paul Kennedy, *The Rise and Fall of British Naval Mastery* (London: Penguin Books, 2017[1976]); John F. Beeler, *British Naval Policy in the Gladstone-Disraeli Era, 1866-1880* (Stanford: Stanford University Press, 1997); Jeremy Black, *The British Seaborne Empire* (New Haven: Yale University Press, 2004).

10) 우리가 흔히 '피셔 논쟁'이라 부르는 군사사의 논쟁은 '집단책임론'으로 1차 대전의 원인을 평가하던 1960년대 초에 독일 함부르크 대학의 역사학 교수였

시기(Fisher's Era) 논쟁'은 학계의 오랜 관심을 받아왔다. 이 피셔 시기 논쟁은 크게 세 갈래의 주장으로 나누어 살펴볼 수 있는데, 첫째로 피셔의 개혁을 혁명적이지만 연속성이 있는 변화로 평가했던 정통주의적 해석, 둘째로 그것을 단절적인 혁명이자 혁신으로 보았던 수정주의적 해석, 마지막으로 그 개혁을 혁명이 아닌 진화(Evolution)에 가까운 변화로 본 후기-수정주의적 해석 등이 바로 그

〈그림 1〉 존 피셔 제독

것이다. 이와 같은 개혁에 대한 다양한 시각은 1940년대부터 최근까지 20세기 초 해군개혁에 대한 풍부한 견해들을 형성하며 19~20세기 영국 해군의 변화에 대해 주목해왔다.[11]

던 프리츠 피셔(Fritz Fischer)가 '독일책임론'을 발표한 이후 촉발된 1차 세계대전의 원인에 대한 논쟁이다. 피셔 논쟁에 대해서는 이내주, 「제1차 세계대전 원인 논쟁: 피셔 논쟁 이후 어디까지 왔는가?」, 『영국 연구』 제32호 (2014)를 참고.

11) 피셔 제독의 해군개혁에 대해 다루는 피셔 시기(Fisher's Era) 논쟁은 이 책에서 다루는 핵심 주제는 아니나 영국 해군사 연구에서 갖는 중요한 위치에 비해 지금껏 국내에는 거의 언급된 바가 없어 여기서 좀 더 자세히 소개하고자 한다. 먼저 1940년대부터 아서 마더(Arthur J. Marder)로 대표되는 정통주의적 입장에서는 피셔의 개혁을 혁명적(revolutionary)이나 연속성(continuity)이 있는 변화로 평가하며, '드레드노트 혁명'과 같은 기술적인 진보는 높게 평가

이러한 영국 해군사 연구의 흐름은 19세기 중반 이후 영국 해군이 어떤 외적인 상황 변화를 맞이하여, 20세기 초 어떠한 모습으로 귀결되었는지에 대한 다채로운 담론을 형성하였다. 또한 그 연구들은 영국 해군, 나아가 영국이라는 한 국가가 1차 대전으로 향하는 격동의 시기에 어떤 상황에 놓여있었는지에 대한 매우 유의미한 고찰을 전해주기도 한다. 다만 여기서 다소 아쉬운 부분은 위에 소개한 대부분의 연구들이 이 시기의 변화를 조망함에 있어 영국 해군의 내적인 변화에 대해서는 대부분 외면한 채 주로 외적인 변화에만 집중해왔다는 점이다.[12]

지금껏 영국 해군의 위기나 변화 등을 다룬 연구들은 주로 유럽 열강의 주력함 숫자 변화나 신형 함정의 개발과 같은 외적인 요소에만

했지만 참모 구성이나 전략 입안 등에 대해서는 부족함을 지적했다. 이런 마더의 견해에서 더 나아간 것이 1970년대 후반부터 시작된 수정주의적 해석인데, 존 스미다(Jon Tetsuro Sumida)로부터 시작되어 니콜라스 램버트(Nicholas A. Lambert) 등으로 이어진 수정주의적 입장에서는 피셔의 개혁을 완전한 혁명이자 다방면에서의 놀라운 혁신으로 보며 그의 개혁에 좀 더 높은 가치를 부여했다. 그러나 2010년대 이후 전개되고 있는 후기-수정주의적 입장에서는 피셔의 개혁에 대해 정통주의적 및 수정주의적 해석에서 부여한 '혁명적 성격'을 부정하며, 그것이 단절적으로 갑자기 나타난 것이 아니라 연속(Continuity)이자 진화(Evolution)에 가까운 변화라고 평가하였다. Arthur J. Marder, *The Anatomy of British Sea Power* (New York: Knopf, 1964[1940]); J. Sumida, "British Capital Ship Design and Fire Control in the Dreadnought Era: Sir John Fisher, Arthur Hungerford Pollen, and the Battle Cruiser," *Journal of Modern History*, Vol. 51, No. 2 (1979); Nicholas A. Lambert, *Sir John Fisher's Naval Revolution* (Columbia: University of South Carolina Press, 1999); Matthew S. Seligmann and David Morgan-Owen, "Evolution or Revolution?: British Naval Policy in the Fisher Era," *Journal of Strategic Studies*, Vol. 38, No. 7 (2015), pp.937-943; David Morgan-Owen, "A Revolution in Naval Affairs?: Technology, Strategy and British Naval Policy in the 'Fisher Era'," *Journal of Strategic Studies*, Vol. 38, No. 7 (2015), pp.944-965; Matthew S. Seligmann, "Naval History by Conspiracy Theory: The British Admiralty before the First World War and the Methodology of Revisionism," *Journal of Strategic Studies*, Vol. 38. No. 7 (2015), pp.966-984.

12) 석영달, 「평화가 가져온 군의 딜레마」, p.195.

〈그림 2〉 영국 군함 드레드노트

집중해왔다. 그러한 외적인 요소에 대한 관심이 곧 피셔 제독이 시행한
20세기 초의 해군개혁으로 집중되면서 '드레드노트 혁명(the Dread-
nought Revolution)'13)과 같은 논의로 갈무리 되곤 했던 것이다. 이러한
연구의 흐름 속에서 20세기 초 이전 영국 해군의 내적인 변화들, 특히
1870년대에 시도된 해군개혁과 같은 주제는 연구자들의 큰 관심을 받지
못했다. 심지어는 1870년대를 20세기 초와 비교하며 "영국 해군의 암흑
기"라고까지 평가 절하했던 학자들도 있었다.14)

---

13) 1906년 영국 해군에 취역한 군함 〈드레드노트(H.M.S. Dreadnought)〉는 함포
   의 구경, 장갑의 두께, 항해 속도 등에서 이전의 전함들과 비교할 수 없을
   만큼 강력한 것이었다. 그렇기 때문에 〈드레드노트〉의 등장 이후 독일을
   포함한 유럽 열강의 해군력 건설 계획은 크게 수정되었는데, 이런 점에서
   〈드레드노트〉의 등장을 '드레드노트 혁명'이라 평가하는 학자들이 있다.
   Charles H. Fiarbanks, Jr. "The Origins of the Dreadnought Revolution: A
   Historiographical Essay," *The International History Review*, Vol. 13, No. 2 (1991),
   p.246.

그러나 20세기 초, 특히 1차 세계대전 이전의 영국 해군이 지녔던 고민들을 제대로 이해하기 위해서는 그동안 크게 조명 받지 못한 19세기 영국 해군 내부의 변화에도 반드시 주목해볼 필요가 있다. 영국이 제국을 운영하면서 가장 중요한 요소로 활용했던 해군이 어떤 시점에 이르러 위기나 불안한 상황을 맞이하게 되었다면 그에 따른 내적인 대응이 필히 상응하여 나타났을 것이기 때문이다.[15] 이런 점에서 19세기 영국 해군의 정책 및 의사 결정 구조, 인력 및 전력 운용 방식 등을 당시의 외부 변화와 함께 살펴보는 것은 해당 시기 영국 해군에 대해 깊이 이해하기 위해 반드시 거쳐야할 과정이라 할 수 있다.

그뿐만 아니라 19세기 중후반, 특히 1870년대는 나폴레옹 전쟁 이후 오랜 평화에 안주하던 영국 해군이 본격적으로 전방위적 개혁을 시도하고 나선 시기라는 점에서 매우 중요한 의미가 있다. 개혁이란 한 조직이 어떤 대내·외적인 어려움이나 문제를 인지한 시점에 그것을 해결하기 위해 추진하는 것인데, 그런 면에서 1870년대 해군개혁은 20세기에 이르기 전 영국 해군이 이미 어떤 어려움을 인지하고 그에 대해 대응해 나가기 시작한 시점이라 할 수 있다. 이 책은 이런 점에 주목하며 그동안 평화의 그늘에 가려져 잘 드러나지 않았던 19세기 중후반 영국 해군의 불안 요소와 그에 대한 대응과정을 '1870년대 해군개혁'을 통해 살펴보려는 연구이다.

물론 지금껏 학계에 1870년대 해군개혁을 다룬 연구가 전혀 없었던

---

14) 1870년대를 영국 해군의 암흑기라고 평가한 연구들은 다음과 같다. Parkes, *British Battleships*, p.230; Preston, "The End of the Victorian Navy," p.363; N. A. M. Rodger, "The Dark Ages of the Admiralty, 1869-85, Part I: 'Business Methods', 1869-74," *The Mariner's Mirror*, Vol. 61. Iss. 4 (1975), p.331; Stanley Sandler, *The Emergence of the Modern Capital Ship* (Newark: University of Delaware Press, 1979), pp.235-236.

15) 석영달, 「평화가 가져온 군의 딜레마」, p.196.

것은 아니었다.[16] 다만 기존의 연구들은 이 시기의 개혁을 특별히 주목하여 전반적으로 살펴보기보다는 그것을 넓은 시기의 해군사를 조망하는 가운데 일부로 취급하거나, 그 개혁을 해군본부 조직 구조, 해군의 전력 배치, 진급 및 전역 제도, 장교 교육제도 등과 같은 각각의 분야로 세분화하여 해당 분야의 내용에만 주로 천착해왔다.

이 중 특히 초창기의 연구들은 19세기 중반부터 후반까지에 해당하는 넓은 시기의 해군사를 다루며 그 가운데 1868년 휴 칠더스(Hugh C. E. Childers, 1827~1896)[17]라는 해군장관(the First Lord of the Admiralty)의

---

16) 국내에는 영국 해군개혁에 대해 주목한 연구자가 드물다. 국내에서 필자의 연구 이전에 영국 해군개혁에 대해 언급한 연구는 서상규와 이학수의 연구뿐인데, 그중 서상규의 연구는 해군 내에서 어떤 문제를 해결하기 위해 실시한 변화나 혁신을 다루었다기보다는 1884년의 해군 예산 확대를 둘러싼 캠페인과 세부 예산 논의 과정에 주목했던 연구였다. 서상규, 「W. T. 스테드의 해군 캠페인과 19세기 말 영국 해군 개혁」, 『서양사연구』 제44집 (2011. 5.), pp.129-176. 그리고 이학수의 연구는 20세기 초 피셔 제독의 개혁에 대해 다룬 2차 자료들을 활용하여 개혁의 핵심 내용을 국내에 소개하는 차원의 연구였다. 이학수, 「20세기 초 국제정세의 변화와 영국의 해군개혁」, 『해사논문집』 제56집 (2013), pp.93-116. 이런 점을 고려할 때 아직까지 국내에서는 영국 해군개혁의 원인, 진행, 결과, 영향 등에 대한 역사학적 분석과 고찰을 담은 연구는 거의 이뤄진 바가 없다고 할 수 있다.

17) 차후 본문에서 더 자세히 소개하겠지만 이 책의 주요 인물 중 한 사람인 칠더스는 1850년 23살이라는 어린 나이에 오스트레일리아로 건너가서 학교 장학사, 교육부 장관, 감사원장 등의 직책을 거치며 행정 능력을 인정받았다. 이 과정에서 그는 이미 26살 때부터 빅토리아 주 정부의 주요 정책이나 세입을 다루는 막중한 업무를 맡기도 했다. 그는 1858년부터는 영국으로 돌아와 1860년 하원 의원으로 정치에 입문하였으며, 특히 식민지에서의 경험과 특출한 행정 능력 덕분에 의회에서 큰 주목을 받았다. 이후 칠더스는 재정 분야의 업무에서 두각을 드러내며 1864년 해군본부 민간 위원(Civil Lord), 1865년 재무 차관(Financial Secretary) 등의 직책을 수행하게 되었고, 이 과정에서 글래드스턴(William Ewart Gladstone, 1809-1898)의 눈에 들어 차후 내각 수립 시 해군 장관을 비롯한 내각의 여러 요직을 두루 맡았다. *Oxford Dictionary of National Biography*, 2008 ed., s.v. "Childers, Hugh Culling Eardley(1827-1896)," by William Carr, revised by H. C. G. Matthew.

부임 이후 진행된 '해군본부의 조직 및 구조 개혁'에 관심을 보였다. 오스윈 머리(Oswyn A. R. Murray)의 논문 「해군본부, VII: 1832년부터의 해군 행정(The Admiralty, VII: Naval Administration from 1832 onwards)」18)은 이 주제에 대한 거의 최초의 학술적인 연구라고 할 수 있다.19) 머리는 이 논문에서 1832년 해군 장관 제임스 그레이엄(James Graham, 1792~1861)에 의해 시행된 해군본부 조직

〈그림 3〉 휴 칠더스

개편부터, 19세기 후반에 이르기까지 다양하게 나타난 해군본부의 구조 변화를 다루며 논문의 상당 부분을 1870년대의 해군개혁에 할애

---

18) Oswyn A. R. Murray, "The Admiralty, VII: Naval Administration from 1832 onwards," *The Mariner's Mirror*, Vol. 24, Iss. 4 (1938), pp.458-478.

19) 머리는 1897년부터 1936년까지 영국 해군본부에서 사무관으로 근무했던 인물로서 19세기 말-20세기 초 해군본부의 실상을 직접 체험한 역사의 증인이라고 할 수 있다. 비록 전문 역사가는 아니었지만 그가 남긴 해군본부의 역사에 대한 서술은 사료를 바탕으로 나름의 역사적 고찰을 보여주고 있어 이 책에서는 선행 연구로서 고려하고자 한다. 각주 18)에 인용한 논문은 머리가 남긴 원고를 그의 사후에 『마리너스 미러(*The Mariner's Mirror*)』에서 여러 개의 파트로 나누어 편집, 출간한 것 중 일곱 번째 파트에 해당하는 것이다. *Oxford Dictionary of National Biography*, 2008 ed., s.v. "Murray, Sir Oswyn Alexander Ruthven(1873-1936)," by V. W. Baddeley, revised by Marc Brodie; Oswyn A. R. Murray, "The Admiralty, IV," *The Mariner's Mirror*, Vol. 24, Iss 1 (1938), p.101.

하였다.[20)]

여기서 머리는 칠더스가 그레이엄 때부터 추진된 '권한이 최소화된 본부 위원회'와 '권한이 집중된 장관'이라는 해군본부 조직 개편의 목표를 상당 부분 달성했고, 개인 책임제(individual responsibility)라는 당시 영국 내각의 행정 개혁 방향에 부합하는 변화도 이뤄냈다고 보았다. 다만 머리는 개혁 과정에 나타난 칠더스의 독단적인 판단과 결정들이 이후 해군본부의 운영과 개혁의 마무리에는 부정적인 영향을 미쳤다고 주장했다. 그는 칠더스가 해군본부 위원회 구조를 개편하는 과정에서 위원회 소속 고위 장교들을 장관에 대한 보조자(assistants)로 격하하는 등 불필요한 논쟁거리를 만들며 장교들의 신임을 잃었고, 그들과 의사소통할 수 있는 정례 회의를 폐지하여 전문적인 조언을 받을 수 있는 창구도 스스로 없애버렸다고 보았다.[21)] 그리고 이런 고위 장교들의 불만과 의사소통의 단절로 인한 문제들이 '군함 〈캡틴〉의 침몰(The loss of H.M.S. Captain)'이라는 충격적인 사건과 함께 공론화되면서 칠더스는 개혁의 동력을 잃었고 그의 후임 장관인 조지 고셴(George Joachim Goschen, 1831~1907)이 이후의 문제들을 수습하며 해군본부 조직 개혁을 마무리했다고 보았다.[22)]

이러한 머리의 견해는 이후 캐런 로건(Karen Dale Logan)의 박사학위 논문, 「해군본부: 개혁과 개편, 1868-1892(The Admiralty: Reforms and Re-organization, 1868~1892)」[23)]에도 유사하게 이어졌다. 특히 로건의 논

20) 이 논문에 나타난 머리의 1870년대 개혁에 대한 해석은 차후 초창기 연구자들의 견해에 밑바탕이 되어 후대의 평가에 상당한 영향을 미쳤다.
21) 머리는 이 조치에 대해 "현명하지 못하고, 불필요한 조치"라고까지 평가했다. Murray, "The Admiralty, VII," p.474.
22) Murray, "The Admiralty, VII," pp.470-478.
23) 로건의 박사학위 논문은 저자의 요청에 따라 외부에서는 복사나 대출 등의 접근이 불가능하고, 옥스퍼드 대학의 보들리언 도서관(Bodleian Library)에

〈그림 4〉 조지 고셴

문 2장은 1868년부터 1874
년까지 칠더스와 고셴이 추
진했던 개혁을 다루며 머리
의 논지를 거의 그대로 담
고 있다. 로건은 19세기 중
반 크림 전쟁 이후 대두된
영국군의 비효율성에 대한
비판이 군 행정 체계의 문
제와 예산 운영의 과도함
등에 대한 지적으로 이어졌
고, 이것이 글래드스턴 내
각의 개혁 동력과 결합되
어 칠더스와 고셴의 해군
개혁으로 발현되었다고 보

았다.24)

여기서 로건은 머리의 견해와 마찬가지로 칠더스의 개혁 진행 방식
에 대해 강하게 문제를 제기했는데, 그는 칠더스가 해군에 대한 전문성
이 거의 없는 상태로25) 장교들과의 소통을 단절하고 전문가들의 조언도
제대로 듣지 않은 채 독단적으로 예산 감축에만 집착하여 여러 문제를
일으켰다고 보았다.26) 또한 그는 그나마 칠더스의 후임 장관으로 부임

유일하게 소장된 원본을 폐가식 서가 내에서만 확인할 수 있다. 이 논문을
확인하는 데에 큰 도움을 주신 육군사관학교 조성환 교수님께 깊이 감사드린
다. Karen Dale Logan, "The Admiralty: Reforms and Re-organization,
1868-1892" (Ph.D. dissertation, University of Oxford, 1976).

24) Logan, "The Admiralty," pp.29-36.
25) Logan, "The Admiralty," pp.36-37.
26) Logan, "The Admiralty," p.47.

한 고셴이 고위 장교들과의 관계를 잘 조율하며 예산 감축에만 집착하지 않고 해군의 더 나은 발전을 위해 고민한 끝에 영국 해군에 긍정적인 변화를 가져왔다고 주장하기도 했다.[27]

한편 로건의 연구와 관련하여 한 가지 흥미로운 사실은 그의 박사학위 논문이 출판되기 직전인 1975년 말부터 1976년 상반기에 걸쳐 거의 유사한 시기와 내용을 다룬 다른 학자의 논문이 출판된 바 있다는 점이다. 그것은 바로 니콜라스 로저(Nicholas A. M. Rodger)의 「해군본부의 암흑기, 1869~85(The Dark Ages of the Admiralty, 1869~85)」라는 논문이다.[28] 로저는 이 논문의 첫 번째 파트에서 앞서 소개한 두 연구자들처럼 1870년대의 해군본부 조직 개혁을 중점적으로 다루며 그것이 이후 영국 해군에 어떠한 변화를 야기했는지에 대해 살펴보고 있다.

여기서 로저와 앞선 두 연구자들 간의 차이점이라고 한다면 로저는 단지 해군본부의 조직 개혁만을 언급하는 것이 아니라, 칠더스의 또 다른 중요한 개혁인 진급 및 전역 제도 개혁에 대해서도 다루고 있다는 것이다. 로저는 이 시기의 진급 및 전역 제도 개혁에 대해서는 상당히

---

27) Logan, "The Admiralty," pp.51-58.
28) 로저는 이 논문을 『마리너스 미러(The Mariner's Mirror)』에 1975년 4분기, 1976년 1분기와 2분기에 걸쳐 3개의 파트로 나누어 게재하였다. 이 가운데 논문의 첫 번째 파트는 분명 연도순으로 로건의 학위논문(1976)보다 먼저 출판되었으나, 이 논문은 간발의 차로 로건에게 알려지지 못했거나 그가 박사학위 논문에 반영할 수 없는 시점에 출판된 것으로 보인다. 로저의 논문 첫 번째 파트가 정확히 칠더스와 고셴의 해군개혁 시기를 다루고 있고 머리의 견해도 함께 계승하고 있음에도 불구하고 로건의 논문에 로저의 연구는 언급되지 않았다.
N. A. M. Rodger, "The Dark Ages of the Admiralty, 1869-85, Part I: 'Business Methods', 1869-74," The Mariner's Mirror, Vol. 61. Iss. 4 (1975), pp.331-344; N. A. M. Rodger, "The Dark Ages of the Admiralty, 1869-85, Part II: Change and Decay, 1874-80," The Mariner's Mirror, Vol. 62. Iss. 1 (1976), pp.33-46; N. A.M. Rodger, "The Dark Ages of the Admiralty, 1869-85, Part III: Peace, Retrenchment and Reform, 1880-85," The Mariner's Mirror, Vol. 62. Iss. 2 (1976), pp.121-128.

긍정적인 입장을 보였는데, 그는 칠더스가 이 개혁을 통해 영국 해군의 오래된 진급 적체를 해소했기에 19세기 후반까지 유능한 젊은 해군 장교들이 계속해서 양성될 수 있었다고 주장했다.[29]

그러나 로저는 칠더스의 해군본부 조직 개혁에 대해서는 앞서 소개한 두 연구자들과 같이 조직 내 의사소통의 단절 등의 문제에 비판적인 시선을 보이며 그 결과를 부정적으로 평가했다. 로저는 칠더스의 해군 장관 재임 시기를 19세기 후반 해군본부의 역사에서 '암흑기'로 평가하며 그의 해군본부 조직 개혁을 실패에 가까운 것으로 해석했다. 이런 점에서 로저의 연구는 기본적으로 머리 및 로건의 연구와 결을 같이한다고 볼 수 있겠으나,[30] 그가 개혁의 의미에 대해 다소 색다른 해석을 덧붙였다는 점은 그들과 차별화된 지점이기도 하다. 로저는 칠더스가 매우 보수적인 해군본부조차도 변화시킬 수 있다는 가능성을 보여주었고, 명백히 불만족스러운 개혁의 결말을 남김으로써 오히려 차후의 개혁을 더 자극했다는 주장을 펼치며 앞선 연구자들보다는 좀 더 발전된 견해를 제시했다.[31]

이처럼 위의 세 학자들이 남긴 연구들은 19세기 중반 이후 영국 해군본부의 역사를 조망하는 데 있어 매우 유용한 고찰을 제공해준다. 그러나 이 연구들은 해군개혁 자체에 초점을 맞춘 연구들은 아니었기에 개혁의 진행 당시 해군 장관이 처해있었던 상황이나 해군본부 조직 개혁과 함께 진행된 여타 개혁들 간의 연관성 등에 대해 심도 있게 다루지는 않았다. 이 때문에 위의 연구들에는 1870년대 해군개혁의 전반적인 진행 과정이나 방향성에 대한 일부 오해나 과장, 축소 등이

---

29) Rodger, "The Dark Ages of the Admiralty, 1869-85, Part I," pp.335-336.
30) Rodger, "The Dark Ages of the Admiralty, 1869-85, Part I," p.343.
31) Rodger, "The Dark Ages of the Admiralty, 1869-85, Part I," p.344.

함께 담겨 있기도 하다. 예를 들어 칠더스가 해군의 특성에 대해 거의 알지 못한 채로 장관으로 부임했다는 평가나,[32] 칠더스의 진급 및 전역 제도 개혁의 결과에 대해 단기적으로 나타난 표면적인 성과만을 보고 긍정적으로 평가한 부분 등은 분명 재고해볼 여지가 있다.[33] 또한 칠더스의 후임 장관인 고셴이 해군의 예산 감축보다 행정의 효율화에 더 많은 관심을 기울였고, 글래드스턴의 예산 감축 의지에 동조하는 대신 해군에서 요구하는 바에 더 집중했다는 주장은 다른 분야의 개혁과 함께 살펴봤을 때에는 충분히 반론까지 가능하다.[34]

한편 1990년대 이후에는 1870년대의 해군개혁에 대한 새로운 평가가 이뤄지기도 했다. 19세기 영국 해군사의 대가로 알려진 존 빌러(John F. Beeler)는 1995년 「'해외 복무에 적합': 진급, 전역, 그리고 영국 해군 장교들, 1830~1890('Fit for Service Abroad': Promotion, Retirement and Royal Navy Officers, 1830~1890)」[35]이라는 논문과 1997년에 출간한 저서 『글래드스턴과 디즈레일리 시기의 영국 해군 정책, 1866-1880(British Naval Policy in the Gladstone-Disraeli Era, 1866-1880)』의 9장 「해군 행정: 칠더스, 고셴, 그리고 역사가들(Admiralty Administration: Childers, Goschen, and the

---

32) Rodger, "The Dark Ages of the Admiralty, 1869-85, Part I," p.336; Logan, "The Admiralty," pp.36-37.

33) Rodger, "The Dark Ages of the Admiralty, 1869-85, Part I," pp.335-336.

34) Logan, "The Admiralty," p.56.

35) 사소한 부분이지만 독자들의 혼동을 방지하기 위해 해당 논문 제목의 한글 번역에 대해 설명하자면 'fit for service abroad'에서 'service abroad'는 사전적 의미상 '해외 복무'라는 의미뿐만 아니라 '해상에서의 해군 함정 승선 근무 (naval service aboard a ship at sea)'라는 의미로도 활용된다. 다만 여기서는 표기의 편의상 'service abroad'를 '해외 복무'로만 번역하고자 한다. 참고로 '해외 복무'의 영어식 표현은 'overseas service'로 쓰이기도 한다. John F. Beeler, "'Fit for Service Abroad': Promotion, Retirement and Royal Navy Officers, 1830-1890," The Mariner's Mirror, Vol. 81, Iss. 3 (1995), pp.300-312.

Historians)」36)을 통해 1870년대 해군개혁에 대한 새로운 견해를 피력했다.

빌러는 먼저 「'해외 복무에 적합'」을 통해 칠더스의 개혁 이전부터 이미 진급 및 전역 제도 개혁에 대한 큰 그림이 그려져 있는 상태였고, 그 개혁의 구상에서 칠더스의 역할 역시 크게 중요했던 것은 아니라고 평가하며 앞선 로저의 견해를 반박했다. 심지어 빌러는 칠더스의 진급 및 전역 제도 개혁이 진급 적체의 문제를 완전히 해결하지도 못했다고 주장하면서 이것이 역사가들에 의해 다소 과대평가되었다고 보았다.37) 하지만 「해군 행정: 칠더스, 고셴, 그리고 역사가들」에서는 칠더스의 해군본부 조직 개혁이 〈캡틴〉의 침몰이라는 우발적인 사건으로 인해 지나치게 과소평가 받았으며, 정작 칠더스가 만들어놓은 시스템에 피상적인 조치만을 추가한 고셴에게 오히려 과도한 긍정적 평가가 이뤄졌다는 점을 지적하기도 했다.38)

이후 1998년에는 찰스 해밀턴(Charles Iain Hamilton)이 「칠더스의 해군본부 개혁과 영국 정부의 19세기 '혁명'(The Childers Admiralty Reforms and the Nineteenth-Century 'Revolution' in British Government)」39)이라는 논문을 통해 해군본부 조직 개혁에 대한 새로운 견해를 제시했다. 이 논문의 경우 19세기 영국의 행정 혁명과 관련된 시대적 변화를 살펴보며 그 맥락 속에서 칠더스의 해군본부 조직 개혁을 분석하고 있다는 점이 상당히 흥미롭다. 해밀턴은 1830년대부터 이미 영국 사회 내에

---

36) Beeler, "Admiralty Administration: Childers, Goschen, and the Historians," *British Naval Policy in the Gladstone-Disraeli Era, 1866-1880*, pp.171-190.

37) Beeler, "'Fit for Service Abroad'," pp.300-312; 석영달, 「평화가 가져온 군의 딜레마」, p.197.

38) Beeler, "Admiralty Administration," pp.171-190.

39) C. I. Hamilton, "The Childers Admiralty Reforms and the Nineteenth-Century 'Revolution' in British Government," *War in History*, Vol. 5, No. 1 (1998).

행정의 효율화를 위한 개혁의 분위기가 형성되어 있었고, 이것이 해군에서는 그레이엄 장관의 1832년 해군개혁으로 발현되었다고 보았다. 그리고 해밀턴은 이러한 분위기가 이후 벤담, 밀 등과 같은 사상가들이 주창한 시대정신과 결합되어 1860년대까지 강하게 이어졌고, 그것이 칠더스 장관 재임 시기에 그의 역량과 글래드스턴의 정치적 지지 등과 결합하여 본격적인 해군개혁으로 진행되었다고 주장했다.[40]

해밀턴의 연구에서 주목할 부분은 19세기 전반기 영국의 사회적 분위기를 분석하면서 1832년에 시행된 그레이엄의 해군개혁이 이미 '진정한 개혁의 가치'를 담고 있었다고 평가한다는 점과, 그것을 통해 영국 해군개혁의 본격적인 시작 시기를 좀 더 앞당겨 보고 있다는 점이다. 그뿐만 아니라 해밀턴은 칠더스의 후임 장관으로 부임한 고셴이 그레이엄-칠더스로 이어지는 개혁의 흐름을 제대로 이어받지 못하고 오히려 그것을 퇴보시키는 결과를 낳았다고 보았다. 이는 빌러의 견해와 함께 초창기의 세 연구자들이 주장했던 1870년대 해군개혁에 대한 전반적인 평가, 즉 '독단적으로 행동하다가 개혁을 망쳐버린 칠더스'와 '그것을 수습하여 개혁을 그나마 성공적으로 마무리 지은 고셴'이라는 평가를 뒤집는 주장이라고 할 수 있다.

한편 빌러, 해밀턴과 거의 비슷한 시기에 등장하여 1870년대 해군개혁의 아젠다 중 장교 교육 분야를 주로 다룬 해리 디킨슨(Harry W. Dickinson)의 연구 또한 주목할 만하다. 그는 「그리니치 왕립 해군대학의 기원과 설립(The Origins and Foundation of the Royal Naval College, Greenwich)」[41]이라는 논문을 통해 앞서 소개한 연구자들이 거의 거론하

---

40) Hamilton, "The Childers Admiralty Reforms," pp.37-61.
41) H. W. Dickinson, "The Origins and Foundation of the Royal Naval College, Greenwich," *Historical Research*, Vol. 72, No. 177 (1999), pp.92-111.

〈그림 5〉 그리니치 왕립 해군대학

지 않았던 1870년대 해군 장교 교육제도 개혁에 초점을 맞추었다. 그는
이 논문을 통해 칠더스가 영국에서 정치인으로 활약하기 이전에 오스트
레일리아에서 보여준 교육 개혁가로서의 모습을 부각시키며, 그가 교육
에 대한 강한 열망을 갖고 19세기 후반 영국 해군 장교 교육제도를
혁신하고자 했음을 주장했다. 특히 여기서 디킨슨은 칠더스의 '교육에
대한 관심'과 후임자 고셴의 '정치적인 결정'을 대비시키며 칠더스의
해군개혁을 좀 더 긍정적으로 평가하고 고셴의 해군개혁에 대해 다소
부정적인 시선을 보였다.

　이렇듯 1870년대 영국 해군개혁의 연구사를 살펴보면 1970년대까지
이뤄진 연구와 1990년대 이후의 연구 사이에 분명한 견해차가 나타난
다. 여기서 흥미로운 것은 이 두 부류의 연구가 거의 동일한 시기의,
동일한 인물들이 진행한 개혁을 다루고 있음에도 불구하고 완전히 상반
된 평가를 담고 있다는 점이다. 이러한 상반된 평가의 원인은 역사
서술에 필연적으로 개입되는 역사가의 주관과 해석뿐만 아니라 각 학자

들이 초점을 맞춘 개혁 분야나 연구 범위의 차이 때문이기도 하다. 예를 들어 '개혁 분야'에 있어서는 디킨슨과 같이 교육개혁에만 초점을 맞출 경우 거기에 피상적으로 표방된 기치나 포부 등에 미혹되어 그것이 해군개혁의 전반적인 맥락에서 수행한 역할에 대해 과대평가할 소지가 있다. 또 '연구 범위'에 있어서는 개혁 추동자의 독단적인 결정과 같은 문제를 해석할 때 그러한 결정이 내려진 당시의 정치적 상황과 여타 개혁들과의 연관성 등을 얼마나 고려하느냐에 따라 전혀 다른 평가를 내릴 수도 있다.

이런 점에서 앞서 살펴본 연구들은 1870년대 해군개혁 중 특정 분야를 이해하는 데에는 상당히 유용하나, 그러한 개혁들이 당대의 어떠한 정치·경제·사회적 요구를 충족시키기 위해, 어떤 목적과 방향성을 갖고 진행되었는지를 설명하는 데에는 여전히 상당한 공백을 남기고 있다. 이 책은 이러한 공백을 채우기 위해 1870년대 영국 해군개혁의 여러 아젠다들을 아울러 살펴보며 개혁이 담지한 전체적인 상을 새롭게 그려보고자 한다. 그리고 이를 통해 1870년대 해군개혁에 담긴 다음의 두 가지 역사적 의미를 고찰해볼 것이다.

첫째, 1870년대 해군개혁은 오랜 관성에 젖어있던 조직이 개혁을 통해 변화를 꾀할 때 어떠한 딜레마를 겪게 되는지 여실히 보여주는 역사적 사례이다. 19세기에 영국 해군은 1870년대 이전에도 개혁이라는 표제를 걸고 변화를 시도한 적이 있었으나 그러한 개혁 시도는 일부 문제에 초점을 맞춰 국소적으로만 진행되었고 당대의 여러 이유로 인해 단호하게 시행되지도 못했다. 이런 점에서 19세기 동안 영국 해군의 전방위적 문제들을 한꺼번에 다루며 그것을 일소하고자 했던 개혁은 1870년대 해군개혁이 유일하다고 할 수 있다. 그랬던 만큼 1870년대 해군개혁은 그 진행 과정에서 다양한 딜레마에 직면하기도 했는데,

필자는 이것이 바로 여러 선행 연구에서 그 개혁에 대해 상반된 평가를 보인 주된 이유라고 생각한다. 이에 이 책은 1870년대 해군개혁의 진행 과정에 나타난 여러 '개혁의 딜레마'에 주목하면서 이를 통해 당대 개혁 추동자들이 보인 행보를 새로운 관점에서 해석해보고자 한다.

둘째, 1870년대 해군개혁은 당대의 해군에만 영향을 미친 것이 아니라 19세기 말, 그리고 20세기 초 피셔 제독의 개혁에까지 영향을 미친 '변화의 출발점'이었다. 개혁이란 긍정적이든 부정적이든 필히 어떤 결과나 유산 등을 후대에 남기기 마련인데 1870년대 해군개혁 역시 이러한 명제에서 벗어나지 않았다. 필자는 1870년대 해군개혁이 19세기 중반 이후 영국 해군이 고민했던 여러 문제들을 선명히 보여주는 사건일 뿐만 아니라, 이후 그것을 해결하기 위한 방향까지 설정했던 중요한 '개혁의 첫걸음'이었음을 보이고자 한다.

이를 위해 이 책은 1870년대 해군개혁과 관련된 정부 및 의회 문서, 해군 기록부(Navy List), 특정 사안 및 사건에 대한 해군본부 보고서, 개혁 추동자와 관련자들 간에 교환된 서신 및 메모, 개혁에 대한 언론의 평가, 언론에 기고된 개혁 관련자들의 논평, 왕립 합동군사연구소(Royal United Service Institution, 이하 RUSI)의 포럼 자료, 해군 장교들 내부의 회람 자료 등을 주된 사료로 활용한다.[42] 그리고 그 가운데 특히 당대 해군 관계자들의 목소리가 직접 담겨있는 사료는 적극적으로 분석하여 활용할 것이다. 지금까지 대부분의 연구들은 개혁에 대한 당대의 평가를 살펴볼 때 주로 의회 의사록이나 의회에 보고된 특별위원회 보고서 등에 기대는 경향을 보였다. 그러나 개혁이 해군에 미친 영향에 대해

---

42) 이 사료들은 영국 도서관(British Library), 영국 국립 문서보관소(The National Archives), 영국 신문 보관소(The British Newspaper Archive), 인터넷 아카이브 (Internet Archive), 하티트러스트 디지털 도서관(HathiTrust Digital Library) 등에서 확보하였다.

〈그림 6〉 왕립 합동군사연구소 내부

제대로 평가하려면 그와 같은 외부의 시선뿐만 아니라, 당시 해군 내부에서 개혁에 대해 어떻게 평가했는지도 반드시 함께 검토할 필요가 있다. 그런 점에서 이 책은 장교들이 자신의 의견을 직접 표명할 수 있었던 자료들, 즉 왕립 합동군사연구소(RUSI)의 포럼 자료나 장교들 내부의 회람 자료 등에 주목하면서 1870년대 영국 해군개혁에 대한 좀 더 다양한 목소리를 담아보고자 한다.

이 책의 구성은 다음과 같다. 먼저 I부에서는 19세기 전반기에 영국 해군이 직면했던 상황을 외부로부터의 위협 변화, 전쟁 후 사회 내 분위기, 과학 기술의 진보 등으로 구분하여 살펴볼 것이다. 나폴레옹 전쟁이 끝난 후 유럽 내에는 더 이상 영국에게 도전할 만한 위협적인 국가가 존재하지 않았는데, 이로 인해 영국 해군의 역할과 위상은 18세기의 그것과는 사뭇 달라졌다. 이러한 변화와 함께 영국 내에는 해군의 예산 및 규모에 대한 다양한 사회적 논의가 촉발되었고, 이것은 곧 당대 영국 사회 전반에 나타난 개혁의 분위기 및 과학 기술에 대한 강조 등과 결합하여 해군에 여러 변화를 요구하였다. I부에서는 그러한 사회적 요구와 해군 내부의 입장 등을 살펴보며 당대 영국에서 해군에 대한 어떤 개혁의 압력이 형성되어 갔는지를 살펴보고자 한다.

이어 II부에서는 칠더스가 시행했던 해군개혁의 진행 과정과 그 내용에 대해 분석해볼 것이다. 글래드스턴의 자유당 내각 수립과 함께 해군 장관으로 선임된 칠더스는 다양한 분야에서 단호한 해군개혁을 시행하면서 이후 영국 해군의 발전에 중요한 분기점을 형성하였다. II부에서는 여러 선행 연구들에서 엇갈렸던 칠더스의 개혁에 대한 평가를 개혁 진행 당시의 상황과 함께 면밀히 되짚어보고, 이를 통해 개혁에 대한 오해나 과장된 평가 등을 수정하여 칠더스의 개혁이 지닌 진정한 의미에 대해 재평가해볼 것이다.

III부에서는 군함 〈캡틴〉의 침몰이라는 예기치 못한 사건을 겪으며 드러난 칠더스의 한계와 그의 후임자인 고셴의 후속 조치에 대해 살펴보고, 이후 해군개혁으로 인한 변화를 직접 체험했던 해군 내부의 목소리를 분석해볼 것이다. 개혁의 진행 과정에서 칠더스가 억누르고 있었던 해군 내부의 여러 불만과 문제들은 〈캡틴〉의 침몰 사건 이후 함정의 제작부터 침몰까지의 모든 진행 과정과 연관되어 수면 위로 드러났다. 여기서는 〈캡틴〉 침몰 사건 및 칠더스의 개혁에 대해 언급한 해군 관계자들의 논평과 칠더스가 직접 작성한 보고서 등을 아울러 살펴보며 개혁의 진행 과정에서 필히 마주하게 되는 딜레마에 대해 고찰해볼 것이다. 그리고 이와 동시에 교육 분야와 진급 및 전역 제도에 대한 후속 조치들을 함께 살펴보면서 고셴의 마무리 작업에 대한 여러 연구자들의 평가를 재검토해보고자 한다. 특히 여기에서는 개혁 이후 그

영향력을 몸소 체험했던 해군 장교 및 관계자들의 소회를 시간의 흐름에 따라 살펴보면서 1870년대 해군개혁이 이후 영국 해군에 남긴 유산과 그것의 의미에 대해 고찰해볼 것이다.

위와 같이 구성한 1870년대 영국 해군개혁에 대한 이 연구는 단지 한 시기의 특정 군사 개혁에 천착하는 것 이상의 역사적 함의를 지닌다. 이 책은 영 제국의 주요 기반이었던 영국 해군에 위기감이 도래한 시점을 19세기 중후반으로 보는 역사적 시각에 힘을 보태며, 나폴레옹 전쟁 이후 1차 세계대전 이전까지 영국 해군이 어떠한 고민과 어려움 속에서 자강하고자 했는지를 규명하는 데에 목표를 둔다. 또한 이 연구는 영국 해군사 연구에서 가장 주목받는 주제 중 하나인 20세기 초 피셔 제독의 개혁과 관련하여 '변화'와 '지속'이라는 상반된 해석 가운데 개혁의 연속성에 좀 더 무게를 싣고 그 청사진이 이미 19세기부터 그려져 있었음을 주장하는 것이기도 하다. 마지막으로 필자는 지금으로부터 150년 전의 역사적 사례를 통해 현재까지도 여전히 유효한 '개혁의 딜레마'와 같은 조직의 본질적인 문제를 환기하고, 그에 대한 해결책을 함께 고민함으로써 시대를 관통하여 역사학이 보여줄 수 있는 현재적 의미를 드러내고자 한다.

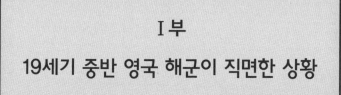

I부

19세기 중반 영국 해군이 직면한 상황

1장

전쟁의 부재와 영국 해군 내부의 혼란

1) 나폴레옹 전쟁 이후 해군의 위상과 역할 변화

1805년 영국 해군은 트라팔가 해전(the Battle of Trafalgar)에서 압도적인 승리를 거둔 이래 수십 년간 전 세계의 해양에서 그 어떤 국가의 도전도 허용하지 않았다. 나폴레옹 전쟁이 끝난 후 영국이 '팍스 브리태니커(Pax Britannica)'라는 평화의 시기를 한동안 누릴 수 있었던 것은 바로 그 해군이 제국의 기반을 든든히 지키고 있었기 때문이다. 당대 영국이 자랑하던 세계 최고의 산업 및 무역 역량과 수많은 식민지들은 압도적인 해군력의 보호 아래 영 제국의 눈부신 번영을 가능케 했다.[1]

---

1) Peter Padfield, *Rule Britannia: The Victorian and Edwardian Navy* (London: Random house, 2002[1981]), p.1; Parkinson, *The Late Victorian Navy*, p.8; 이영석, 「19세기 영제국과 세계」, 『역사학보』 제217호 (2013), p.224.

〈그림 7〉 트라팔가 해전

　그런데 영국 해군의 입장에서는 그러한 '평화의 수호자'와 같은 역할
이 그리 달가운 것은 아니었다. 그 역할은 영국 해군이 과거 네덜란드,
프랑스 등과 국가의 존망을 걸고 전투를 벌이던 때만큼 존재감이 있는
것은 아니었기 때문이다. 전쟁이 끝난 후 외부로부터의 구체적인 위협
이 사라지자 영국의 대중이나 정치가들은 해양 패권을 유지하기 위해
해군에 투자해야 할 막대한 국가적 자원과 노력을 마치 불필요한 낭비

처럼 여겼다. 즉, 18세기 동안 영국의 영광을 이끌어왔던 '재정-군사국 가(fiscal-military state)' 체제가 평화의 시기에 이르자 비효율적인 통치 기구로 여겨지기 시작했던 것이다.[2] 종전 이후 영국의 경제 상황은 기대만큼 빨리 회복되지 않았고, 그로 인해 불필요한 세금과 국가 예산 의 낭비를 막자는 목소리가 점차 커져갔다.[3] 이런 상황에서 이미 유럽 내 압도적인 우위를 점하고 있던 영국 해군의 방대한 규모와 예산은 당연히 주된 비판의 대상이 되었다.

사실 나폴레옹 전쟁이 끝난 직후 영국 해군의 규모는 필요 이상으로 거대해져 있었다.[4] 영국 해군은 긴 전쟁을 치르는 동안 끊임없이 함대 를 확충한 결과 1815년경에는 전열함 214척, 순양함 792척에 달하는 엄청난 규모의 함대를 보유하게 되었던 것이다. 더 이상 뚜렷한 위협이 존재하지 않는 상황에서 영국 해군은 이와 같은 대규모 함대를 그대로 유지할 명분이 없었고, 결국 1815년 이후 약 5년 동안 550척 이상의 함정을 매각하거나 폐기처분해야 했다.[5]

---

2) 18세기 내내 영국은 강력한 해군과 육군을 유지하기 위해 재정 지출을 점차 늘렸고, 이를 부담하기 위해 물품세 부과와 국채(national debt) 발행 등의 수단에 의존했다. 이와 같이 한 국가가 일종의 효율적인 전쟁기구처럼 기능하 는 체제를 '재정-군사국가(fiscal-military state)'라고 칭한다. John Brewer, *The Sinews of Power: War, Money and the English State 1688-1783* (Cambridge, MA: Harvard University Press, 1989), p.40; Philip Harling and Peter Mandler, "From Fiscal-Military State to Laissez-Faire State, 1760-1850," *Journal of British Studies*, Vol. 32, No. 1 (1993), pp.44-70; 이영석, 『제국의 기억, 제국의 유산』 (서울: 아카넷, 2019), pp.44, 53-54.

3) C. J. Bartlett, *Great Britain and Sea Power, 1815-1853* (Aldershot: Gregg Revivals, 1993[1963]), p.13.

4) Bartlett, *Great Britain and Sea Power, 1815-1853*, p.22.

5) 1820년대 이후에도 영국 해군은 남아 있던 함정들을 활용도가 떨어지는 순서 부터 계속해서 정리해나갔다. Bartlett, *Great Britain and Sea Power, 1815-1853*, pp.23-27; Paul Kennedy 지음, 김주식 옮김, 『영국 해군 지배력의 역사』 (서울: 한국해양전략연구소, 2010), p.296.

당시 해군 수뇌부에서는 이러한 함대의 급격한 감축이 국가 안보의 공백을 야기할 수 있다는 우려를 표명하기도 했으나, 그러한 주장은 경쟁 국가들과의 해군력 비교와 함께 쉽게 묵살되곤 했다. 이 시기 유럽 주요 열강의 해군력 면면을 살펴보면 먼저 영국 해군의 오랜 경쟁 자였던 스페인과 네덜란드 해군은 19세기 초에는 이미 거의 와해된 상태에 가까웠다. 러시아 해군은 표면적으로는 40척의 전열함을 보유하며 어느 정도의 세력을 유지하고 있었으나 불리한 지리적 위치와 함대의 부적절한 관리로 인해 큰 위협이 되지는 않았다. 미국 해군은 1812년 전쟁(The War of 1812)의 교훈으로 해군력의 가치를 깨닫고 해군 확장 계획을 세우고는 있었으나 이 시기까지 아직 그 계획이 구체적으로 시행되지는 않아 미미한 규모에 지나지 않았다. 프랑스 해군은 전쟁의 패전에도 불구하고 약 50척의 전열함을 보유하며 영국 다음가는 규모의 함대를 갖고 있었으나 그 전열함 중 대다수가 임무 수행에 부적합한 상태였기에 영국에게 위협이 된다고 볼 수는 없었다.[6]

　　이러한 외부의 상황으로 인해 영국 해군은 1815년 이후 수십 년 동안 큰 노력 없이도 경쟁 국가들에 대한 상대적인 우위를 점한 채 계속해서 해상 패권을 유지할 수 있었다. 이 시기 다른 유럽 경쟁국들에게 영국 해군의 규모만큼 함정을 보유하고 그것을 운영할 만한 인력을 확보하는 것은 요원한 일이었다. 이런 점을 고려할 때 당시 영국 사회 내에서 해군 함대의 감축을 요구하는 목소리가 큰 설득력을 얻었던 것은 어찌 보면 당연한 일이었다.[7]

　　그렇기 때문에 영국 해군은 19세기 전반기 내내 스스로 존재의 이유를 찾고, 또 그것을 증명해야 하는 처지에 놓여있었다. 평화가 지속되는

---

6) Kennedy, 『영국 해군 지배력의 역사』, pp.297-298.
7) Kennedy, 『영국 해군 지배력의 역사』, pp.297-298.

상황에서 해군이 국가를 위해 더 이상 할 수 있는 일이 없다면 그들의 존재감은 점차 더 작아질 수밖에 없었기 때문이다. 19세기 중반까지 영국 해군이 수행했던 노예무역 단속, 해적 소탕, 포함 외교(gunboat diplomacy) 등의 활동은 바로 이러한 맥락에서 살펴볼 수 있다. 물론 이 활동에는 식민지 운영이나 무역 등에서 얻어지는 실질적인 국가 이익이나 복음주의적 도덕개혁 운동[8]에서 내세웠던 정당성과 같은 명분도 함께 결부되어 있긴 했다. 그러나 특히 영국 해군의 입장에서 이러한 활동들이 소중한 기회로 여겨졌던 것은 전투가 거의 일어나지 않는 상황에서 그 활동들이 항해경력(sea-time)과 전공을 쌓으며 스스로 의 존재 가치를 입증할 수 있는 좋은 돌파구가 되었기 때문이다.[9]

다만 영국 해군이 이러한 활동들을 통해 스스로의 입지를 유지해나가는 것도 그리 쉬운 일만은 아니었다. 먼저 노예무역 단속 활동에 대해 살펴보면 영국 해군은 나폴레옹 전쟁이 끝나기 전인 1807년 3월 25일 노예무역 폐지법(Act for the Abolition of the Slave Trade)의 통과 이후부터 노예무역 단속을 시작했다.[10] 이 법령은 영국의 노예무역을

---

8) 복음주의(Evangelicalism)는 기본적으로 예수 그리스도의 복음을 강조하는 여러 가지 입장을 총칭하는 것이다. 다만 18-19세기의 복음주의는 회심주의, 실천주의, 성서주의, 십자가 중심주의 등으로 특징되는 종교적 성향을 의미하기도 한다. 당시 이러한 종교적 특성을 가졌던 집단에 소속된 '복음주의자'들은 대서양 양안에서 노예무역에 대한 반감을 공유하며 노예무역 폐지운동을 확산시켰다. 이에 대한 상세한 내용은 다음의 연구를 참고. 윤영휘, 「대서양 복음주의 네트워크의 노예무역 폐지주의」, 『영국 연구』 제22호 (2009), pp.56-57; 윤영휘, 「영제국의 위기와 노예무역 폐지운동과 도덕개혁 운동의 결합, 1787-1807」, 『영국 연구』 제31호 (2014), pp.73-95; Richard D. Altick 지음, 이미애 옮김, 『빅토리아 시대의 사람들과 사상』 (서울: 아카넷, 2011), p.186.

9) 전윤재, 「영국 해군의 노예무역 단속 함대를 둘러싼 정치적 갈등, 1839-1850: 의회의 함대 철수 논의를 중심으로」, 『서양사연구』 제44집 (2011), p.92.

10) 노예무역 폐지에 관한 결의안은 이미 1792년에 영국 하원을 통과하였으나 그것이 법령으로 발효되기까지는 15년이라는 시간이 더 걸렸다. 이는 프랑스 혁명 이후 급진주의 세력이 계급 질서 등의 전통적 사회체제를 붕괴시킬까

공식적으로 금지하는 것으로서, 해군은 이를 근거로 하여 1808년 노예무역 단속을 위한 서아프리카 전대(West Africa Squadron)를 창설하였다.[11] 그러나 이 시기까지 노예무역 단속은 보편적인 국제법에 의한 것이 아니었기에 영국 해군은 영국과 임검 수색권(right of search) 조약을 체결한 국가들에 한해서만 노예무역선을 나포하고 근거지를 봉쇄하는 등의 활동을 할 수 있었다. 즉, 미국과 같이 임검권 조약이 체결되지 않은, 노예무역 단속에 비협조적인 국가의 선박에 대해서는 원칙적으로 단속조차 불가능했던 것이다.[12] 이에 영국 해군은 노예무역 단속을 위한 국제적 공조 체제가 제대로 완성될 때까지 약 50년에 가까운 기간 동안 타국의 무관심과 반발, 단속 권한의 제한 등과 같은 여러 가지 문제를 겪으며 힘겹게 단속 활동을 이어나가야 했다.[13]

　이러한 한계로 인해 영국 해군의 노예무역 단속은 한동안 눈에 띄는 성과를 거두지는 못했다. 이에 영국 사회 내에서는 단속의 실효성이나 가치 등에 대한 의문과 함께 그 활동이 오히려 영국의 무역을 위축시킬 수도 있다는 우려의 목소리도 나타났다. 하지만 로버트 필(Robert Peel, 2nd Baronet, 1788~1850), 존 러셀(John Russell, 1st Earl Russell, 1792~1878), 헨리 파머스턴(Henry John Temple, 3rd Viscount Palmerston, 1784~1865)과 같은 당대 영국 정계의 주요 인사들이 노예무역 단속 활동을 강력히 지지했고,[14] 영국 해군 역시 단속에 대한 강한 의지를 표명하며 적극적

　우려했던 보수 세력이 결집한 결과였다. 설혜심, 『소비의 역사: 지금껏 아무도 주목하지 않은 '소비하는 인간'의 역사』 (서울: 휴머니스트, 2017), p.365.
11) 전윤재, 「영국 해군의 노예무역 단속 함대를 둘러싼 정치적 갈등」, pp.83-84.
12) 윤영휘, 「19세기 전반 영국과 미국의 대서양 노예무역 억제정책과 도덕자본의 국제정치」, 『영국 연구』 제42호 (2019), pp.131-132.
13) William Law Mathieson, *Great Britain and the Slave Trade, 1839-1865* (New York: Octagon Books, 1967), p.14; 전윤재, 「영국 해군의 노예무역 단속 함대를 둘러싼 정치적 갈등」, p.84.

으로 나섰기에15) 해군의 노예무역 단속 활동은 약 50여 년간 꾸준히 지속될 수 있었다. 이 기간 동안 영국 해군은 서아프리카 전대뿐만 아니라 희망봉 전대(Cape Squadron), 동인도 제도 전대(East Indies Squadron), 오스트레일리아 전대(Australia Squadron) 등을 동원하여 전 세계의 해상에서 노예무역을 억제하는 단속 활동에 전념하였다. 그 결과 1860년대에는 대서양에서 노예무역을 거의 소멸시키는 성과를 달성하기도 했다.16)

한편 영국 해군의 해적 소탕 작전은 노예무역 단속과 병행하여 영국의 무역과 여러 동맹국의 해상 활동을 보호하려는 목적에서 시행되었다.17) 다만 이 해적 소탕 작전 역시 영국 내부에서는 다소의 논란이 있었는데, 리처드 코브던(Richard Cobden, 1804~1865)과 같이 자유무역주의의 관점에서 해군 예산의 감축을 주장했던 이들은 '해적 행위는 이미 끝났다'라고 평가하며 그 활동이 큰 의미가 없을 것이라고 보았다.18)

---

14) 1807년 이래 30년 동안 노예무역 억제는 내각과 정당을 불문하고 영국 정부의 공식적인 외교 정책이었다. 이 시기 정계의 주요 인사들이 노예 단속 활동을 지지했던 것은 도덕적 의무감뿐만 아니라 영국의 경제적 이해관계도 긴밀하게 결부되어 있었다. 예를 들면 쿠바와 브라질의 사탕수수 농업이 노예 노동을 기반으로 영국령 서인도 제도를 위협하는 것을 방지하고, 아프리카와의 합법적 무역을 통해 통상 이익을 얻고자 했을 때 노예무역은 필히 근절되어야 했던 것이다. Leslie Bethell, *The Abolition of the Brazilian Slave Trade: Britain, Brazil and the Slave Trade Question, 1807-1869* (Cambridge: Cambridge University Press, 1970), pp.301-302; 전윤재, 「영국 해군의 노예무역 단속 함대를 둘러싼 정치적 갈등」, p.91.

15) 전윤재, 「영국 해군의 노예무역 단속 함대를 둘러싼 정치적 갈등」, pp.91-123.

16) Kennedy, 『영국 해군 지배력의 역사』, pp.311-312; 전윤재, 「영국 해군의 노예무역 단속 함대를 둘러싼 정치적 갈등」, pp.123-124.

17) Caitlin M. Gale, "Barbary's Slow Death: European Attempts to Eradicate North African Piracy in the Early Nineteenth Century," *Journal for Maritime Research*, Vol. 18, No. 2 (2016), p.142.

18) Bartlett, *Great Britain and Sea Power, 1815-1853*, p.266.

〈그림 8〉 리처드 코브던

하지만 실질적으로는 1816
년부터 1850년대까지 상선
업계에서 해적 단속 및 소
탕에 대한 요청을 지속적으
로 해왔고, 영국 해군은 그
에 대해 적극적으로 호응하
며 지중해, 에게 해, 카리브
해, 동인도 제도와 중국 해
역 등지에서 해적 소탕에
상당한 성과를 거두어 반대
론자들의 목소리를 잠재웠
다.19)

---

19) 예를 들어 1816년 지중해에서 엑스마우스 경(Lord Exmouth)의 해군 전대가
바르바리 해적(Barbary corsairs)을 소탕하고 기독교 노예들을 해방시키기
위해 알제(Algiers)에 함포사격을 가했던 것은 그 소탕 작전의 본격적인 출발
이라 할 수 있다. 이후 지중해 동부와 에게 해에서도 코드링턴(Codrington)
제독 휘하의 프리깃함들이 해적들을 제압하는 성과를 거뒀고, 카리브 해에서
도 많은 해적들이 영국 해군에 의해 소탕되었다. 이오니아 제도 근해에서는
1851년까지도 해적들의 약탈을 단속하기 위해 영국 해군의 주기적 초계 활동
이 필요하다는 요구가 나타나기도 했다. 그뿐만 아니라 네덜란드령 동인도
제도와 중국 해역에서도 해적들을 제압하기 위한 작전들이 여러 차례 시행되
었다. 1843년부터 1851년 간 영국 해군은 150척에 달하는 정크선과 약 7,500명
의 해적들을 제압하며 해당 해역에서의 무역 활동을 보호했다. 특히 1849년
존 헤이(John Dalrymple Hay) 함장이 이끈 해군 전대가 삽응차이(Shap-ng-
tsai)의 해적 함대를 상대로 1,700명의 해적을 제압한 작전은 당시 영국 해군이
거뒀던 큰 성과 중 하나였다. Gale, "Barbary's Slow Death," pp.139, 143-144;
Graham A. Thomas, *Pirate Killers, The Royal Navy and the African Pirates* (Barnsley:
Pen & Sword Maritime, 2011), pp.118-167; G. Fox, *British Admirals and Chinese
Pirates, 1832-1869* (New York: Routledge, 2019[1940]), pp.106-112, 117-123;
Kennedy, 『영국 해군 지배력의 역사』, p.310; Bartlett, *Great Britain and Sea
Power, 1815-1853*, p.267.

영국 해군은 이처럼 19세기 전반기 내내 '세계의 경찰'로서 여러 임무를 수행하며 지중해, 아프리카, 동인도 제도, 중국 근해 등의 세계 여러 해역을 누비며 영국의 영향력을 강화했다. 그뿐만 아니라 영국 해군은 자유 무역을 보호한다는 명분하에 활동을 위한 전략 거점으로서 각 해역의 핵심 요지에 해군 기지를 확장하기도 했다.[20] 이와 같은 활동들은 영국 해군이 대규모 감축의 압박에 직면한 상황에서 나름의 존재감을 유지해나갈 수 있는 근거가 되었는데, 이 배경에는 1830년대부터 1860년대까지 영국의 대외 정책을 좌우했던 파머스턴이라는 인물이 있었다.[21]

〈그림 9〉 헨리 파머스턴

---

20) 지브롤터, 몰타, 아덴, 포트 로열, 싱가포르, 홍콩, 에스키몰트 등의 해군 기지들이 이에 해당한다. Jonathan Coad, *Support for the Fleet: Architecture and Engineering of the Royal Navy's Bases, 1700-1914* (Swindon: English Heritage, 2013), pp.217-298; A. N. Porter, *Atlas of British Overseas Expansion* (London: Routledge, 1991), pp.65-122; 이영석, 『제국의 기억, 제국의 유산』, pp.68-70; 석영달, 「19세기 증기선의 도입과 영국 해군의 변화」, pp.152-157.

21) 파머스턴은 1830년 외무장관으로 영국의 외교 문제를 담당하기 시작하여 이후 약 35년 간 외무장관(1830-1834, 1835-1841, 1846-1851) 및 수상(1855-1858, 1859-1865)으로서 영국의 대외 정책 방향을 결정했다. 파머스턴은 해군 함대를 적극적으로 활용하여 타국에 외교적으로 개입하고, 그것을 통해 영 제국의 이익을 달성하는 '간섭외교'를 지향했다. 이러한 파머스턴의 외교 정책에 대해서는 당대 영국 내에서 다양한 평가가 엇갈렸으나 그가 외교를

파머스턴은 영국 해군이 노예무역 단속 및 해적 소탕 작전을 수행하면서 타국에 해군력을 과시하여 압박을 가하는 방식이 영국의 정치·외교적 목표를 달성하는 데 매우 유용하다고 생각했다.[22] 그는 이와 같은 '포함 외교'가 대규모 육군 병력의 동원보다 훨씬 저렴한 비용으로 영국의 영향력을 증대시키는 방법이라고 판단했고, 실제로 19세기 전반기 동안 영국이 맞이한 크고 작은 대외적인 문제들은 단지 해군의 해상 압력만을 통해 쉽게 해결되곤 했다.[23]

담당하는 동안 영 제국이 본격적으로 번영하였다는 사실에는 이견이 없다. 김현수, 「외상 파머스턴의 외교정책, 1830-1841」, 『사학지』 제28집 (1995), p.794; 김현수, 「파머스턴의 외교정책(外交政策), 1841-1855」, 『상명사학』 제3권 3·4합권호 (1995), pp.255-263; 신윤길, 「영국 동인도회사와 파머스턴의 포함 정책(gunboat policy): 아편전쟁기를 중심으로」, 『중앙사론』 제15집 (2001), p.158.

22) 이러한 파머스턴의 전략은 '해군력 현시(naval presence)'의 일환으로 평가해 볼 수 있다. 해군력 현시란 함정 전개, 항구 방문, 이해관계가 다른 지역에서의 훈련이나 정규 작전 등과 같은 여러 방식으로 우리 측의 해군력을 대외적으로 보여줌으로서 우방국에게는 확신을 주고 적에게는 위협과 억제의 효과를 발휘하는 해군 외교(naval diplomacy)의 한 방식을 의미한다. 해군력 현시의 자세한 정의와 형태 등에 대해서는 Geoffrey Till, *Sea Power: A Guide for the Twenty-First Century* (Abingdon: Routledge, 2009[2004]), pp.258-264를 참고.

23) 그 면면을 간략히 살펴보면 이 시기 영국 해군은 1827년에는 나바리노에서 프랑스 및 러시아 함대와 함께 오스만 제국의 함대를 격파하고 그리스의 독립에 기여했으며, 1830년대 초에는 국내·외적 위험에 처한 포르투갈을 지원했다. 1833년 러시아가 오스만 제국에게 강요하여 각국 군함의 다르다넬스 해협 통과를 금지했을 때에는 프랑스와 공동으로 이것을 철회시켰고, 1837년에는 해상 압박을 통해 인도에 대한 페르시아의 위협을 차단했다. 1840년에는 지중해 함대의 움직임만으로 시리아를 확보하려는 이집트의 노력을 좌절시켰으며, 또한 아편전쟁을 통해 중국이 영국의 의도대로 통상에 임하도록 압박했다. 이뿐만 아니라 1849년 10월에 러시아가 오스만 제국의 영토로 들어가려는 시도가 있었을 때 파머스턴은 파카 제독이 이끄는 함대를 다르다넬스 해협으로 급파하여 무력 시위를 했고, 이에 러시아의 시도는 좌절될 수밖에 없었다. 김현수, 「파머스턴의 외교정책(外交政策), 1841-1855」, pp.256-257; 김현수, 「외상 파머스턴의 외교정책, 1830-1841」, pp.799-800, 815-816; 김현수, 「영국 외교정책의 재평가, 1815-1865」, 『영국 연구』 제39호

파머스턴은 해군의 든든한 정치적 후원자로서 해군 함대가 본국 주변이나 지중해 등지에 의미 없이 머무르는 대신 전 세계의 여러 해역에서 다양한 임무를 수행하고 영 제국을 위해 영향력을 행사하도록 했다.[24] 다만 여기서 주목해볼 부분은 이러한 활동을 통해 영국 해군이 '존재의 명분'을 확보하게 된 것은 분명하나, 시간이 흐를수록 그들의 위상과 역할 자체가 기존의 조직화된 전투부대가 아닌 '세계의 경찰'로 점차 변화되어 갔다는 점이다. 한편에서는 절약하라는 압력을, 또 다른 한편에서는 전 세계 해역에 대해 책임을 지라는 압력을 받았던 당시의 영국 해군은 그러한 요구를 충족시키기 위해 본국 함대(Home fleet)의 규모를 줄여 해외로 파견하는 것 외에는 대안이 없었다.[25]

이와 같은 영국 해군의 체질 변화는 증가된 예산, 인력, 함정 등에도 불구하고 실질적인 전투력은 오히려 시간이 흐를수록 더 약화되는 아이러니한 결과로 이어졌다.[26] 해군 함대의 규모를 적정선으로 유지해야 하는 상황에서 해외 작전을 수행하기 용이한 프리깃이나 포함(gunboat)을 더 많이 취역시키면 시킬수록 실제 전투에서 유효한 전력인 전함의 숫자는 그만큼 더 줄일 수밖에 없었기 때문이다. 당대 세계 최강의 영국 해군이라 할지라도 전 세계에서 계속 쏟아지는 요청을 모두 만족시키면서 영국 본토까지 철저히 사수하기란 결코 쉽지 않았다.[27]

(2018), pp.167-168, 172; 신윤길, 「영국 동인도회사와 파머스턴의 포함정책 (gunboat policy)」, pp.157-159; Kennedy, 『영국 해군 지배력의 역사』, pp.315-318; Bartlett, *Great Britain and Sea power, 1815-1853*, p.101.

24) Kennedy, 『영국 해군 지배력의 역사』, p.320.

25) Bartlett, *Great Britain and Sea Power, 1815-1853*, p.2; Kennedy, 『영국 해군 지배력의 역사』, p.321.

26) Bartlett, *Great Britain and Sea Power, 1815-1853*, p.2; Kennedy, 『영국 해군 지배력의 역사』, p.321.

27) Kennedy, 『영국 해군 지배력의 역사』, p.321.

이와 같은 영국 해군의 역할과 체질 변화는 1840년대 및 1850년대에 이르러 영국 내에 '침공의 위협(the Scare of Invasion)'이란 두려움이 일면서 좀 더 현실적인 문제로 인식되었다. 이 침공에 대한 두려움은 1845년 7월 파머스턴의 의회 연설 이후부터 본격적으로 확산되었다. 파머스턴은 오랫동안 프랑스 군의 침공을 막아준 도버 해협(Strait of Dover)을 두고 "증기 항해가 가능해지면서 이전에는 병력의 이동이 불가했던 곳이 이제 증기 다리(a steam bridge)를 통해 지나갈 수 있는 강(river)에 지나지 않게 되었다"[28]라고 언급했다.[29] 이후 신중한 성격의 웰링턴 공작(Arthur Wellesley, 1st Duke of Wellington, 1769~1852)까지 프랑스의 침공 가능성에 대해 우려한다는 사실이 알려지자 영국 내에는 본토에 대한 침공의 공포가 더욱 확산되기 시작했다.[30] 『타임즈(The Times)』를 비롯한 영국의 여러 언론들은 해군이 프랑스의 침공으로부터 더 이상 영국을 안전하게 보호하지 못할 수도 있다는 우려를 1840년대 후반까지 끊임없이 쏟아내었다.[31]

그리고 이러한 우려는 1850년대에 이르러 프랑스의 실질적인 해군력 변화와 함께 더욱 고조되었다. 프랑스의 해군력 양성은 1848년 전반기까지는 정치적 불안정 속에서 다소 지지부진하였으나, 이후 루이 나폴레옹(Louis-Napoleon Bonaparte, 1808~1873, 나폴레옹 3세, 재위 1852~1870)의

---

28) *Hansard* (Commons), 3rd ser., Vol. 82, 30 July, 1845, Col. 1224.

29) Howard Roy Moon, "The Invasion of the United Kingdom: Public Controversy and Official Planning 1888-1918" (Ph.D. dissertation, University of London, 1968), pp.7-8.

30) David G. Morgan-Owen, *The Fear of Invasion: Strategy, Politics, and British War Planning, 1880-1914* (Oxford: Oxford University Press, 2017), pp.22-23.

31) *The Times*, 4 December, 1847, p.5; 31 December, 1847, p.4; 8 January, 1848, p.5; *The Spectator*, 1 January, 1848, p.13; 8 January, 1848, pp.34-35; 15 January, 1848, pp.60-61 등을 참조; Moon, "The Invasion of the United Kingdom," p.8.

등장과 함께 새로운 국면을
맞게 되었다.[32) 루이 나폴
레옹은 나폴레옹의 후계자
를 자처하며 유럽 내에서
프랑스의 영향력을 다시 되
찾겠다고 천명하였는데, 그
는 그 수단으로서 해군력을
강조하며 영국 해군과 경쟁
할 수 있는 근대식 해군을
양성하고자 했다. 18세기
부터 유럽 내의 오랜 경쟁
국가였던 프랑스가 이처럼
대규모 해군력 건설을 계획
하게 되자 영국으로서는 당
연히 긴장할 수밖에 없었

〈그림 10〉 나폴레옹 3세

다.[33) 이에 파머스턴과 러
셀 등은 의회에서 프랑스의 침공 위협과 그에 대한 대책에 대해 진지한
논의를 나누기도 했다.[34)

---

32) 루이 나폴레옹은 1848년 12월 제2공화정의 대통령으로 당선된 이후, 1851년
    12월 쿠데타를 일으키고 나폴레옹 3세라는 칭호로 제2제국을 선포(1852)하면
    서 프랑스의 해군력 양성에 새로운 국면을 열었다. Hugues Canuel, "From
    a Prestige Fleet to the Jeune École: French Naval Policy and Strategy under
    the Second Empire and the Early Third Republic(1852-1914)," *Naval War College
    Review*, Vol. 71, No. 1 (2017), p.98.
33) Canuel, "From a Prestige Fleet to the Jeune École," pp.98-99.
34) *Hansard* (Commons), 3rd ser., Vol. 119, 16 February, 1852, Cols., 551-597;
    Vol. 119, 20 February, 1852, Cols., 839-879; Moon, "The Invasion of the United
    Kingdom," p.9.

한편 1853년부터 1856년까지 이어진 크림 전쟁은 영국 해군에 좀 더 실질적인 충격을 안겨주었다. 당시 러시아와 프랑스가 실전에서 보여준 새로운 해군 무기체계들은 영국 해군의 향후 전력 건설 계획에 큰 수정이 필요함을 시사해줬다. 크림 전쟁 초기에[35] 벌어진 시노프 해전(the battle of Sinope, 1853. 11. 30.)에서 러시아의 폴 나히모프(Paul S. Nakhimov) 제독의 함대는 작열탄이라는 신무기를 활용해 오스만의 목조 범선 함대에 압도적인 승리를 거뒀다. 이 전투에서 러시아 함대는 거의 아무런 피해를 입지 않은 채 불과 1시간 만에 12척의 오스만 함대 중 11척을 초토화시키는 전과를 거두면서 유럽 전역에 큰 충격을 주었다.[36]

동지중해에서 러시아가 오스만 제국을 압도하고 더 큰 영향력을 행사하지 않을까 우려했던 영국과 프랑스는 이러한 러시아 함대의 대승으로 인해 일시적인 동맹을 맺고 1854년 1월 오스만 제국의 보존을 명목으로 영-프 연합 함대를 흑해에 진입시켰다. 그러나 러시아는 이에 아랑곳하지 않았고 원래 의도대로 육군을 계속 남하시켰다. 이에 3월 28일 영국과 프랑스는 러시아에 선전포고를 하고 흑해함대의 기지인 세바스토폴 요새(Sevastopol Forts)에 대한 공격을 계획했다.[37] 하지만

---

35) 표트르 대제(Pyotr Alexeyevich Romanov, 1672-1725, 재위 1682-1725) 이후 흑해를 무대로 오스만 제국과 끊임없이 전투를 치르며 남하 정책을 펼치던 러시아는 1853년 오스만 제국이 예루살렘의 그리스 정교도를 탄압한 것을 구실로 본격적인 전쟁을 선포하고 나섰다. 이 시기 러시아는 발칸 반도, 코카서스 등지에서 남진을 지속하고 있었는데 영국과 프랑스는 러시아가 터키를 압도하고 동지중해에 큰 영향력을 미치는 것에 대해 우려하고 있었다. 아오키 에이치 지음, 최재수 옮김, 『시 파워의 세계사 2: 증기력 해군의 발달』 (서울: 한국해사문제연구소, 2000), pp.205-206.

36) 터키 군함 중 피격으로부터 도주한 단 1척의 군함은 영국 함장 아래에 있던 증기추진 보조함이었다. R. G. Grant 지음, 조학제 옮김, 『해전 3,000년』 (대전: 해군본부, 2015[2012]), p.220.

37) 아오키 에이치, 『시 파워의 세계사 2』, p.206.

〈그림 11〉 시노프 해전

1854년 9월부터 시작된 영-프 연합군의 세바스토폴 포위 공격은 오랜
시간 큰 성과를 거두지 못했는데, 이는 영-프 연합함대의 비장갑 목조
범선들이 러시아의 해안포대에서 발사하는 작열탄에 매우 취약했기
때문이었다.[38] 영-프 연합군은 함포의 유효 사거리 내로 진입하는 것조
차 쉽지 않았고 이 공방전은 무려 1년 가까이나 지속되며 양측에 큰
피해를 안겨주었다.[39]

---

38) Grant, 『해전 3,000년』, p.220.
39) 영-프 연합군이 세바스토폴을 포위 공격하기 시작하여 함락시킬 때까지 걸린
시간은 무려 363일에 달했다. 이 승리의 배경에는 보급의 우세가 크게 작용했
는데 러시아의 경우 세바스토폴로 가는 해상접근로가 영-프 연합군에 의해
막혀 있었고, 세바스토폴 북쪽으로 펼쳐진 인적이 없는 초원지대를 가로질러
물자를 수송하는 것은 결코 쉽지 않은 일이었다. 이에 반해 영-프 연합군은
바다를 통해 배로 보급을 받고 있었기 때문에 막대한 양의 물자를 쉽게 공급
받을 수 있었다. 결국 세바스토폴 공성전의 마지막 시기에 영-프 연합군은
하루에 52,000발의 포탄을 퍼부을 수 있었지만 러시아군은 화약과 포탄의
부족으로 대포 한 문마다 발사 횟수를 제한해야 했다. William H. McNeill
지음, 신미원 옮김, 『전쟁의 세계사』 (서울: 이산, 2005), pp.308-309; 아오키

〈그림 12〉 군함 토낭트

이러한 전황은 발트 해에서도 별반 다르지 않았다. 영-프 연합함대가 크론슈타트 러시아 해군 기지를 포격했을 때에도 영-프 측의 공격은 크게 효과가 없었으며, 오히려 러시아 해안 포대의 포탄에 영-프 측의 목조 범선들이 피해를 입는 상황이 벌어졌다. 하지만 이때 프랑스 해군의 신무기가 등장하자 상황은 급변했다. 프랑스 해군 소속의 '떠다니는 포대'로 불린 군함 〈데바스타시옹(Dévastation)〉, 〈라브(Lave)〉, 〈토낭트(Tonnante)〉 등이 지지부진한 포격전에 새로운 돌파구를 마련했던 것이다. 10센티미터 두께의 철갑을 두른 이 포함들은 해변 포대 사거리 안쪽에서 적의 포탄을 견디며 함포 사격으로 적의 진지를 파괴하기 시작했고, 이에 러시아 요새는 1855년 10월 항복하게 되었다.[40]

이처럼 영국 해군은 1840~1850년대를 거치며 다른 유럽 경쟁국들의 해군력 발전을 점차 위협적으로 받아들이게 되었다. 이 시점에 이르렀을 때 영국 해군은 더 이상 현재에만 머무르며 세계 최강의 해군이라 자부할 수 없었다. 영국 해군은 19세기 전반기 내내 전 세계의 해역을 누비며 바쁘게 활동했지만, 나폴레옹 전쟁 이후 유일한 대규모 전쟁이었던 크림 전쟁에서는 거의 아무런 존재감도 드러내지 못한 채 경쟁국

에이치 지음, 『시 파워의 세계사 2』, p.206.
40) Iain Dickie et al., 한창호 옮김, 『해전의 모든 것』 (서울: Human&Books, 2010), p.253.

의 해군력 변화만을 체감해야 했다. 결론적으로 19세기 전반기 동안 영국 해군은 존재의 이유에 대해 고민하며 조직의 본질에서 벗어난 활동에만 매진하다가, 정작 국가의 방위나 전쟁, 전투 등에서는 스스로의 전투력에 대해 확신을 갖지 못한 채 1860년대의 '증기군함의 도입'이라는 또 다른 변화까지 맞이해야 했던 것이다.

2) 해군 내부의 문제

해군본부 조직의 혼란과 해군 정책 및 전략의 부재

19세기 전반기에는 이러한 외부의 상황 변화뿐만 아니라 해군 수뇌부, 즉 해군본부 조직 내부에서도 혼란이 가중되고 있었다. 이 시기 해군 수뇌부의 고충에 대해 살펴보려면 먼저 영국 해군본부 조직의 변천에 대해 간략히 살펴볼 필요가 있다. 헨리 8세 시대 이후 영국 해군은 오랫동안 행정적으로 두 개의 기구에 의해 관할되어 왔는데, 그것은 해군본부(Admiralty)와 해군위원회(Navy Board)라는 기구였다. 전자는 함대사령장관(Lord High Admiral)을 수장으로 둔 기구로서 주로 함대의 작전이나 행동, 정사관의 인사 등을 담당하였고, 후자는 함선의 건조 및 수리, 준사관·하사관·수병의 인사, 그리고 군수품의 조달과 공급 등의 업무를 관장하였다.[41]

이 두 기구는 16세기 중반부터 19세기 초까지 약 2세기 반 동안 여러 변화를 겪었는데, 그중 가장 큰 변화는 18세기 초 해군본부가 함대사령장관의 직책을 없애고 해군 장관(First Lord)을 수장으로 하는

41) 아오키 에이치, 『시 파워의 세계사 2』, p.162.

위원회 조직으로 변모하였다는 것이다. 이 변화로 인해 해군본부는 더 이상 해상의 함대사령부가 아닌 육상의 관청에 가까운 성격을 띠게 되었다. 그리고 이전까지 현역 해군 장교가 맡았던 해군 장관직도 1806 년부터는 내각의 일원인 민간 정치인이 맡게 되었다.[42]

결론적으로 나폴레옹 전쟁이 끝난 후 영국 해군은 민간인 장관을 수장으로 하고, 현역 해군 장교들이 위원으로 구성된 해군본부 위원회 (The Board of Admiralty)에 의해 꾸려져 나가게 되었다. 이 위원회에서는 장관을 비롯한 여러 위원들이 집단적인 논의를 통해 해군의 전반적인 정책과 함대 운영 등의 세부 사항을 결정했고, 여기서 결정된 사항들은 해군위원회(the Navy Board)에 의해 실질적으로 집행되었다. 해군위원회 는 명목상으로는 해군본부 위원회의 결정사항을 전달받는 조직이라 할 수 있었으나, 그 내부적으로도 다양한 부서로 나뉘어 각 부서별로 별도의 수장을 두고 있었기에 독립적인 성격을 띠기도 했다. 이처럼 19세기 초까지 해군의 수뇌부 조직은 다소 방만한 형태로 구성되었으나 표면적으로는 운영에 큰 문제가 없었으며, 연속된 전쟁과 전투를 치르 는 동안에는 당장 눈앞에 산적한 현안들을 처리하기에 바빠 구조적인 문제를 인지할 겨를조차 없었다.[43]

하지만 종전 이후 평화가 도래하고 평시의 행정 업무를 처리하는 상황이 되자 해군의 조직 구조가 상당히 비효율적일 뿐만 아니라 끊임 없는 마찰을 야기하는 문제의 근원이라는 점이 드러나기 시작했다. '해군본부 위원회와 해군위원회'라는 체제는 각 기구 간의 권한 경계가 뚜렷하게 설정되어 있지 않았고, 실무와 관련된 정보도 원활히 교환되 지 않는 시스템이었기에 어떤 결정이 내려지고 또 그것이 집행되는

---

42) 아오키 에이치, 『시 파워의 세계사 2』, p.162.
43) Rodger, "The Dark Ages of the Admiralty, 1869-85, Part I," pp.331-332.

과정에서 서로에 대한 오해가 수시로 발생하곤 했다. 이에 종전 이후 해군본부 위원회와 해군위원회 간의 협업 시스템은 불협화음을 만들며 업무 처리의 지연과 해군 내부의 갈등을 야기하게 되었는데, 1830년 해군 장관으로 부임한 제임스 그레이엄(Sir James Graham, 1792~1861)은 해군 수뇌부의 조직 개편을 통해 이 문제를 해결하고자 했다.[44]

〈그림 13〉 제임스 그레이엄

이때 그레이엄은 토마스 하디(Sir Thomas Masterman Hardy, 1769~1839)라는 경험 많은 해군 장교를 선임 해군본부 위원으로 기용하여 조언을 구하였다. 그는 하디의 조언에 따라 해군위원회를 없애되 그 위원회의 대표격이라고 할 수 있는 5명의 주요 장교들을 해군본부 위원회에 포함시켜 해군 수뇌부의 업무 효율을 높이고 갈등의 해결을 도모하고자 했다. 즉, 이 개편을 통해 회계 감독관(Surveyor), 재무부장(Accountant General), 보급부장(Storekeeper General), 군수통제관(Controller of Victualling), 군의부장(Medical Director-General) 등의 해군위원회 대표들이 새롭게 해군본부 위원회에 포함되었던 것이다. 이 위원

---

44) Rodger, "The Dark Ages of the Admiralty, 1869-85, Part I," p.332; Bartlett, *Great Britain and Sea Power, 1815-1853*, pp.9-11.

들은 그들이 대표하는 부서의 업무와 관련하여 해군 장관의 지휘를 받아 업무를 수행하는 동시에, 중요한 정책 결정을 내릴 때에는 위원회의 위원으로서 그 결정에 영향력을 행사하게 되었다.[45] 이러한 그레이엄의 조치는 단기적으로는 분명 해군본부의 지휘 구조를 분명하게 하고, 조직을 일원화시켜 업무의 효율과 정확도를 향상시키는 것이었다.

반면 이 조치는 미래의 해군본부 조직에 큰 문제가 될 불안요소를 남기기도 했는데, 그것은 바로 그레이엄의 조치로 인해 해군위원회가 사라지면서 해군본부의 각 실무 부서에 해군 장교가 오직 해군본부 위원들만 남게 되었다는 것이었다. 이로 인해 해군본부 위원들은 자신의 부서에서 유일한 군인으로서 민간 공무원들의 지식이나 능력을 넘어선 일에 대해서는 그것이 아무리 사소한 일일지라도 모두 개입하며 신경을 써야했다. 결과적으로 해군본부 위원들은 자연스럽게 각 담당 부서를 운영하기 위한 사소한 잡무들 속에 점차 파묻히게 되었고, 위원회 차원에서 검토해야 할 주요 정책 등에 대해서는 점차 소홀해질 수밖에 없었다.[46]

이러한 상황은 1868년까지 큰 변화 없이 지속되었다. 그레이엄이 개편한 체제는 30년이 넘는 세월동안 거의 바뀌지 않았고, 이 기간 동안 해군본부 위원들 사이에서 해군의 정책 결정과 같은 문제는 주요 관심사가 되지 못했다. 그들은 평화의 시기에 점차 더 늘어만 갔던 단조로운 행정 업무들을 처리하는 데에 대부분의 시간을 보내야만 했다. 즉, 과학 기술의 급격한 발전과 함께 그 어느 때보다도 국가 차원의 해군 정책 및 전략에 대한 고민이 필요해진 시점에 그것을 책임지고

---

45) Rodger, "The Dark Ages of the Admiralty, 1869-85, Part I," p.332; Bartlett, *Great Britain and Sea Power, 1815-1853*, pp.9-11.
46) Rodger, "The Dark Ages of the Admiralty, 1869-85, Part I," p.333.

해나가야 할 고위 장교들이 상대적으로 덜 중요한 업무에 매이게 되었던 것이다.[47] 해군사가 로저가 "이 시기의 해군 전략은 잘못 경도되었다기보다는 아예 부재했다"[48]라고 평가했던 것은 결코 과장이 아니었다.

그렇다면 해군본부 위원이 아닌 다른 고위 해군 장교들이 그들 대신 해군의 정책과 전략에 대해 고민하면 되지 않았을까? 저명한 해군사가인 셔먼(D. M. Schurman)에 따르면 이 시기의 영국 해군 장교들은 전투나 전쟁의 경험 없이 반세기에 가까운 시간을 보내면서 "더 이상 넬슨(Nelson)의 후예라 자부할 수 없는" 처지에 놓여있었다. 당시의 보수적인 고위 해군 장교들은 변화하는 시대에 무관심한 채로 과거의 전략적 교리를 현재에 어떻게 적용시켜야 할지 갈피를 잡지 못하고 있었고, 전쟁에서 실전을 경험하지 못한 젊은 장교들은 예전의 전략적 교리가 어떤 것이었는지조차 제대로 모르는 이들이 많았던 것이다.[49]

오랜 전투의 부재로 인해 더 이상 선배들의 경험을 물려받지 못하고, 또 과거의 전략이나 전쟁사 탐구에도 소홀했던 대부분의 장교들은 '해군 전략'이라는 것은 전문가가 아닌 일반 장교들에게는 지나치게 어렵거나 신비한 것이라고만 생각했다. 그들이 생각하기에 전략이라는 것은 해군본부의 고위 관계자들이 머리를 맞대고 짜내는 어떤 거창한 것이자 그들은 범접하기 어려운 고차원적인 것일 뿐이었다.[50]

이런 상황 속에서 과거의 전쟁 및 전투 경험을 연구와 토론을 통해 현재에 적합한 정책 및 전략으로 발전시키거나, 그것을 실전에서 진보시킨다는 가정은 결코 기대할 수 없는 것이었다. 변화된 안보 상황

---

47) Rodger, "The Dark Ages of the Admiralty, 1869-85, Part I," p.333.
48) Rodger, "The Dark Ages of the Admiralty, 1869-85, Part I," p.331.
49) D. M. Schurman, *The Education of a Navy: The Development of British Naval Strategic Thought, 1867-1914* (London: Cassell, 1965), pp.18-19.
50) Schurman, *The Education of a Navy*, pp.18-19.

속에서 여러 위협과 국민들의 불안감을 다스리기 위해서는 영국 본토와
영 제국을 방어할 전략 및 작전 계획 등이 논의되어야 했지만 당시
해군본부 위원회의 장교들은 자신이 맡은 부서의 행정 업무들로 정신이
없었고, 함정 근무를 하던 다수의 장교들은 해외 임무 수행과 급속도로
바뀌는 함정의 형태 및 기술적 변화에 적응하기도 바빴다.[51] 결국 이와
같은 해군 정책 및 전략의 부재는 증기 군함의 도입 이후 유럽 내에
새로운 해군력 경쟁이 본격화되었을 때 영국 해군과 사회 내에 더욱
큰 불안감을 가중하였다.

해군 장교단의 인력 활용 문제

나폴레옹 전쟁 종전 이후 불필요할 정도로 거대해진 해군 장교단의
인력 활용 문제는 해군본부의 또 다른 골칫거리였다. 전쟁을 치르면서
기하급수적으로 증가한 해군 장교단은 그 인력의 운영 자체로도 문제였
으나,[52] 앞서 살펴본 해군 함대의 급격한 감축으로 인해 그들이 일할
수 있는 함상 보직이 크게 감소하면서 더 복잡한 문제들을 야기했다.
당시 장교들은 함정 근무 기회가 줄어들면서 진급을 위한 필수 요건인
항해 경력을 채우기가 어려워졌는데, 이로 인해 운 좋게 선택받은 몇몇
이들을 제외하고는 진급을 위한 기본 관문을 통과하는 것조차 어려워졌
다. 그뿐만 아니라 함정에서 근무하지 않는 장교들은 미보직 상태
(unemployed)로 분류되어 휴직 급여인 절반의 봉급(half-pay)만을 받고
생활해야 했는데, 특히 낮은 계급[53]의 미보직 장교들은 봉급 자체가

---

51) Schurman, The Education of a Navy, pp.18-19.
52) Beeler, "Fit for Service Abroad," p.301; N. A. M. Rodger, "Commissioned
Officers' Careers in the Royal Navy, 1690-1815," Journal for Maritime Research,
Vol. 3, Iss. 1 (2001), p.86.

적어 절반의 봉급만으로는 당장의 생계를 걱정해야 하는 상황이었
다.54) 이처럼 진급에 대한 불확실한 미래와 어려운 생계로 고민하는

53) 여기서 '낮은 계급의 장교들'은 위관(Lieutenant)과 준함장(Commander) 계급
    의 장교들을 의미한다. 이 책에서 언급되는 영국 해군 장교들의 계급 구분은
    다음과 같다. 가장 상위 계급인 '제독 계급'으로 대장(Admiral), 중장(Vice-
    admiral), 소장(Rear-admiral)이 있으며, 그 다음 상위 계급이 함장(Captain)
    계급이다. 함장 계급은 시간이 지나면 연공서열에 따라 자동으로 제독으로의
    진급이 보장되었다는 점에서 해당 계급의 장교들은 심리적 안정감을 느낄
    수 있었으며, 보수도 충분히 품위를 유지할만한 수준으로 받았다. 그 다음
    계급이 준함장(Commander), 그리고 위관(Lieutenant) 계급이었는데, 이 두
    계급은 다음 계급으로의 진급이 무조건 보장되지는 않았다는 점에서 항상
    미래에 대한 불안감을 가져야 하는 위치였다. 필자는 19세기 영국 해군 장교
    의 계급을 번역함에 있어 당시 계급이 지녔던 실제 의미에 초점을 맞추어
    옮기고자 했는데, 이는 당대 해군 계급의 명칭이 보직에 상응했던 것이라
    현재 해군 장교 계급의 어원과 그대로 등치하기에는 적절치 않기 때문이다.
    다만 현재 해군 조직에서 이 당시의 계급에 상응하는 계급을 굳이 비교해보자
    면 함장(Captain)은 대령-중령에, 준함장(Commander)은 소령-대위에, 위관
    (Lieutenant)은 중위-소위에 가깝다고 할 수 있다. 전윤재·서상규, 『전투함과
    항해자의 해군사』(서울: 군사연구, 2009), pp.198-200; 석영달, 「평화가 가져
    온 군의 딜레마」, p.201.
54) 낮은 계급의 장교에 해당하는 준함장 및 위관 계급의 장교들이 함상 근무를
    하지 않을 때 받는 휴직 봉급(half-pay)은 1820년부터 1850년대까지 거의 변동
    없이 고정되어 있었다. 이때 준함장 계급의 장교는 하루에 8-10실링, 위관
    계급의 장교는 하루에 5-7실링 정도의 봉급을 받았다. 19세기 중반 런던의
    노동자 가정의 주당 생활비를 추정할 때 경제력 상위권 가정은 주당
    £3.15-4(63-80실링), 중위권 가정은 £1.17-2(23.4-40실링) 정도의 주급으로
    생활했다고 보는데, 이를 고려한다면 위관 계급의 장교는 중위권 노동자
    가정의 생활수준 정도를 겨우 유지할 수 있었을 것이라 짐작해볼 수 있다.
    The Navy List Corrected to the End of December, 1821 (London: H.M.S.O., 1821),
    p.136; The Navy List Corrected to the 20th December, 1830 (London: H.M.S.O.,
    1830), p.148; The Navy List Corrected to the 20th September, 1840 (London:
    H.M.S.O., 1840), p.146; The Navy List Corrected to the 20th June, 1850 (London:
    H.M.S.O., 1850), p.192; Brian Vale, "Appointment, Promotion and 'Interest'
    in the British South America Squadron, 1821-3," The Mariner's Mirror, Vol. 88,
    Iss. 1 (2002), p.62; Paul Clayton and Judith Rowbotham, "An Unsuitable and
    degraded diet? Part two: Realities of the Mid-Victorian Diet," Journal of the
    Royal Society of Medicine, Vol. 101, No. 7 (2008), pp.354-355; 최현미, 「19세기

낮은 계급의 장교들이 당시 영국 해군 장교단의 다수를 차지하고 있었으므로, 해군 수뇌부에서는 그 인력의 관리에 대해 크게 걱정할 수밖에 없었다.

이와 같은 전쟁 전후 해군 장교단의 규모 및 함상 보직과 관련한 문제는 로저의 연구 「영국 해군 장교들의 경력, 1690~1815 (Commissioned Officers' Careers in the Royal Navy, 1690~1815)」을 통해 자세히 살펴볼 수 있다. 로저에 따르면 나폴레옹 전쟁 이전인 1784년 장교들의 함상 근무 비율은 25% 정도였고, 전쟁 기간인 1800년에는 60%로 증가하여 1810년까지 44% 정도로 유지되다가, 전쟁이 끝난 1816년에는 15%로 떨어졌다. 이는 전쟁 이전, 전쟁 중, 전쟁 후의 함상 근무자 비율이 어떻게 달라지는지를 잘 보여주는 통계이다.[55]

〈표 1〉 연도별 해군 장교단의 전체 인원 및 해군 장교 중 함상 근무자의 비율[56]

연도	연도별 해군 장교의 전체 숫자	해군 장교 중 함상 근무자의 숫자	해군 장교의 함상 근무 비율
1784	2,230명	567명	25%
1800	3,168명	1,892명	60%
1810	4,549명	2,007명	44%
1816	5,868명	880명	15%

여기서 나폴레옹 전쟁 중이었던 1810년의 함상 근무자 비율(44%)이 1800년(60%)에 비해 약간 떨어져 보이는 것은 이 무렵 전체 장교단의 숫자가 1800년(3,168명)에 비해 1,300명 이상 늘어났기 때문이었다. 이 시기 함상 근무자의 숫자 자체는 오히려 100명 이상 증가했다는 점을

런던의 길거리 음식과 노동자층의 식생활」, 『영국 연구』 제41호 (2019), pp.225-226.

55) Rodger, "Commissioned Officers' Careers in the Royal Navy, 1690-1815," p.86.

56) Rodger, "Commissioned Officers' Careers in the Royal Navy, 1690-1815," p.86.

고려할 때 전쟁의 존재 여부는 함상 보직의 숫자와 장교단의 인력 운영에 대단히 중요한 요소였다. 그뿐만 아니라 1816년의 전체 장교단 규모(5,868명)는 1810년(4,549명)보다도 1,300명 이상이 더 늘어났는데, 이는 1784년의 전체 장교단 숫자(2,230명)보다 두 배 이상 많은 숫자였다. 이를 고려하면 나폴레옹 전쟁 중 해군 장교단의 규모가 얼마나 많이 증가했으며, 종전 후에는 미보직 장교의 문제가 얼마나 심각하게 대두했을지 충분히 짐작이 가능하다.[57]

하지만 19세기 전반기까지는 장교들의 진급 및 전역 규정에 연령 정년이나 강제 전역 조항 등과 같이 인력 규모를 강제적으로 통제할 수단이 마땅히 존재하지 않았기에, 해군 수뇌부에서 함대 규모를 감축했던 것처럼 불필요한 인력을 갑자기 줄일 수는 없었다. 그뿐만 아니라 해군 고위 장교들의 입장에서는 선임 군(The Senior Service)[58]으로서 해군이 누리는 기득권을 유지하고 자신들이 속한 계급 피라미드를 공고히 하기 위해 전체 장교단의 규모를 일정 수준 이상으로 유지하는 것이 유리하기도 했다.[59]

이러한 이유로 인해 종전 이후 15년이 지난 1830년대에도 해군 장교단의 규모는 여전히 5,000여 명에 육박하는 수준으로 유지되었다. 1830년대에는 함상 보직이 더욱 감소하여 그 5,000여 명 가운데 단 10% 정도의 장교들만이 해상 근무에 활용되었다는 점을 감안할 때 해군에는 필요 이상으로 많은 장교들이 예비 인력으로 유지되고 있었다.[60] 더

---

57) Rodger, "Commissioned Officers' Careers in the Royal Navy, 1690-1815," p.86.
58) 영국 해군은 3군 중 가장 먼저 창설되었다는 점에서 흔히 선임 군(Senior Service)으로도 불린다. 김주식, 「강대국론과 미래 통찰의 논거가 된 폴 케네디의 『영국 해군 지배력의 역사』」, 『영국 해군 지배력의 역사』, p.xiv.
59) 석영달, 「평화가 가져온 군의 딜레마」, p.200.
60) Rodger, "Commissioned Officers' Careers in the Royal Navy, 1690-1815," p.86.

이상 전쟁의 위협이 없는 상황에서 이러한 해군의 비효율적인 인력 운용은 당연히 재무부나 여론의 강한 비판을 받을 수밖에 없었다.[61]

　결론적으로 19세기 전반기 동안 영국 해군은 인력 운용에 있어 선례가 없었던 새로운 고민들을 떠안게 되었다. 18세기에는 전쟁의 위협이 지속적으로 있거나 전쟁을 계속 치러나가야 하는 상황이었기에 당연히 해군에 많은 함정이 필요했고 그로 인해 해군 장교들에게는 충분한 해상 근무 기회가 보장되었다. 또한 당시에는 전투 중 사상자의 발생으로 인해 진급 자리나 보직의 공석이 생기며 자연스러운 인력 교체도 기대해볼 수 있었다. 그러나 19세기 영국에서는 이러한 자연스러운 방식의 문제 해결은 결코 기대할 수가 없었다. 이제 영국 해군은 장교단의 인력 과잉과 진급 적체라는 복잡·거대한 문제를 직접 풀어나가야만 하는 상황에 놓여있었다.

---

61) Martin Wilcox, "'These Peaceable Times are the devil': Royal Navy Officers in the Post-war Slump, 1815-1825," *The International Journal of Maritime History*, Vol. 26, No. 3 (2014), pp.471-474; Beeler, "Fit for Service Abroad," p.301.

2장

사회 내 개혁의 분위기와 과학 기술의 진보

1) 영국 사회 전반의 개혁 분위기

19세기 전반기 영국 사회 내에는 근대적인 변화를 위한 다양한 개혁의 바람이 불고 있었다.[1] 그중 정치적 개혁으로는 제1차 선거법 개정(Great Reform Act, 1832)이,[2] 경제적 개혁으로는 곡물법(Corn Laws)의 폐지(1846)가 있었으며,[3] 사회적으로는 심사법(Test Act) 폐지(1828)와 가톨릭 해방법(Catholic Emancipation Act)의 통과(1829),[4] 『노스코트-트리벨

---

1) 빅토리아 시대에 나타난 영국의 다양한 개혁들에 대해서는 Ernest Llewellyn Woodward, *The Age of Reform, 1815-1870* (Oxford: Clarendon Press, 1962[1938])을 참고.

2) 영국의 제1차 선거법 개정이 갖는 의미에 대해서는 역사가들의 다양한 논쟁이 이뤄진 바 있다. 이에 대해서는 남철호, 「1832년 영국 개정 선거법: 그 연구사를 중심으로」, 『역사학 연구』 제27집 (2006)를 참고.

3) 영국의 곡물법 폐지에 대해서는 박진숙, 「영국의 곡물법: 제정과 폐지를 중심으로」, 『이화사학연구』 제20·21합집 (1993)를 참고.

리언 보고서(the Northcote-Trevelyan Report)』5)의 채택(1854) 등이 잇달아 이뤄졌다. 이와 같은 변화의 물결은 단지 사회 내 해당 분야에만 영향을 미쳤던 것이 아니라 영국 사회 전반에 개혁의 분위기를 형성하며 해군을 비롯한 다양한 분야에 변화의 움직임을 야기했다. 이 장에서는 그 가운데 특히 영국 해군의 활동 및 운영에 많은 영향을 미쳤던 자유무역주의의 흐름과 행정 개혁 등의 내용을 살펴보고, 이러한 사회적 변화들이 당시 영국 해군의 어떤 문제점을 지적하며 개혁을 요구했는지 살펴보고자 한다.

자유무역주의와 군비 감축

19세기 영국에서 자유무역주의의 흐름은 1820년대부터 이뤄진 여러 관세개혁과6) 1846년의 곡물법 폐지,7) 1849년의 항해조례(Navigation

---

4) 영국의 비국교도 차별의 역사와 그 변화에 대해서는 정희라, 「차별에서 평등으로: 종교적 불평등 폐지를 위한 19세기 영국의 개혁 - 옥스브리지의 종교심사 폐지」, 『영국 연구』 제13호 (2005)를 참고.

5) 이 보고서의 공식 명칭은 『상설 공무원 조직에 관한 보고서(Report on the Organisation of the Permanent Civil Service)』이며 1853년 11월 23일에 작성되어 1854년 의회에 제출되었다. *Report on the Organisation of the Permanent Civil Service, Together with a Letter From the Rev. B. Jowett* (London: H.M.S.O., 1854).

6) 1820년대부터 1840년대까지의 관세 인하 및 관세 폐지에 대해서는 다음을 참고. 조용욱, 「근대 영국 자유무역의 특성」, 『한국학논총』 제45권 (2016), pp.286-289, 304-308.

7) 영국 곡물법 제정의 역사는 크게 네 시기로 나눠볼 수 있는데, 국내 거래 및 수출을 통제하던 1기(1194-1660년), 국내 거래에 대한 통제의 비중은 낮아지고 외국 곡물의 수입을 금하는 관세가 부과되기 시작한 2기(1660-1750), 수출 장려금 제도 및 높은 곡물가격으로 인해 지주 계급에 대한 불만과 적대감이 쌓이고 곡물법에 대한 비판의식이 높아져 갔던 3기(1750-1814), 장려금 제도를 종식시키고 수출을 자유롭게 하였으며, 수입을 억제하여 지주 계급을 위한 입법이라 평가받았던 4기(1814-1846) 등으로 구분해볼 수 있다. 이 책에서 다루는 곡물법 폐지는 4기에 해당하는 것으로 상인 및 제조업자, 도시

Act)의 폐지8)에 이르기까지
여러 측면에서 점진적으로
전개되었다. 이 중 자유무
역주의가 영국의 전반적인
사회 분위기로 정착하는 데
에는 곡물법 폐지가 특히 중
요한 분기점이 되었는데,9)
여기에는 리처드 코브던
(Richard Cobden, 1804~1865)
과 존 브라이트(John Bright,
1811~1889) 등의 개혁가들이
상당한 영향을 미쳤다.10)
　　1815년 이후 영국의 경

〈그림 14〉 존 브라이트

　　노동자 등의 소비자 계층이 곡물법 반대 연맹의 주축이 되었다. 박진숙,
「영국의 곡물법」, pp.375-380.
8) 항해 조례는 1651년 영국의 공화정 정부가 자국의 해운, 무역을 보호하기
위해 제정한 법으로서 유럽 이외 지역의 산물을 영국이나 그 식민지로 수입할
때는 영국 선적이나 그 식민지의 선박으로 수송해야 하며, 유럽의 산물을
수입할 때에는 그 원산국이나 영국의 선박으로 수송해야 한다는 규정이었다.
이는 당시 해운업에서 막강한 세력을 갖고 있던 네덜란드를 견제하기 위한
것이었으며 이로 인해 영국은 네덜란드와 두 차례 전쟁을 벌이기도 했다.
항해 조례는 19세기에 영국의 자유주의 경제가 활발해지면서 1849년에 폐지
되었다. Altick, 『빅토리아 시대의 사람들과 사상』, p.206.
9) Woodward, The Age of Reform, 1815-1870, pp.118-125.
10) 자유무역주의자들의 대표라 할 수 있었던 코브던은 1841년 총선거에서 스톡
포트(Stockport) 선거구 의원으로 선출되어 의회에 등원한 이래 1865년 사망
할 때까지 경제·재정·외교정책 등 다양한 분야에서 개혁 운동을 주도했으며,
의회 밖에서는 급진주의 압력 단체들과 여론을 통해 정책에 영향을 끼치고자
했다. 박진숙, 「영국의 곡물법」, pp.372-374; 최현미, 「콥던의 재정 개혁 방안
과 글래드스턴의 재정 개혁」, 『영국 연구』 제12호 (2004), p.116.

제는 침체된 채 한동안 쉽게 회복되지 않았는데 이와 동시에 식량 가격이 급등하면서 많은 국민들로부터 정부의 경제 정책에 대한 강한 불만이 나타났다. 이 불만에 호응하여 1830년대부터 급진주의 개혁가들은 곡물법 반대 연합(Anti Corn Law Association) 및 곡물법 반대 연맹(Anti Corn Law League)을 결성하여 곡물법 폐지를 주장하고 나섰다. 이때 코브던은 연맹의 대표적 지도자로서 대중 계몽 운동을 이끌면서 자유무역주의를 당대의 중요한 정치 이슈로 부각시켰던 인물이다. 특히 그는 1841년 하원의원으로 당선된 이후부터는 의회에서 자유무역주의를 적극 호소하면서 로버트 필(Robert Peel, 1788~1850)과 같은 정치인들에게 사상적으로 큰 영향을 미쳤다.[11]

이 시기 코브던과 브라이트 등이 주창했던 자유무역주의의 핵심은 '자유무역'이 비단 영국뿐만 아니라 전 세계에 더 큰 경제적 이익과 평화를 가져다 줄 것이라는 믿음이었다. 그들은 자유무역이 전 세계에 걸쳐 이뤄지고 모든 국가가 입헌적 제한정부라는 근대적 정치체제를 채택한다면 국제적인 갈등은 저절로 종식될 것이라고 예상했다.[12] 이러한 견해는 흔히 맨체스터 학파(the Manchester School)[13]로 불리는 이들에게 전파되어 타국에 대한 내정 불간섭, 중재를 통한 국제분쟁의 해결, 군사력 및 군비 감축 등의 주장으로 확산되었다.[14]

---

11) 곡물법 폐지는 필 수상에 의해 의회에 상정되었는데 이는 코브던의 영향력이 크게 작용한 결과였다. 박진숙, 「영국의 곡물법」, pp.383-388.

12) R. N. Berki, The History of Political Thought: A Short Introduction (London: Dent, 1977), p.181.

13) 맨체스터 학파는 1830년대 곡물법 반대 연맹을 통해 성장한 분파로서 리처드 코브던과 존 브라이트 등을 주축으로 하여 자유무역과 자유방임주의를 사회 및 경제 정책 결정의 핵심적인 교리로 옹호했던 집단을 의미한다. Michael J. Turner, "Before the Manchester School: Economic Theory in Early Nineteenth-Century Manchester," History, Vol. 79, No. 256 (1994), p.216.

14) 최현미, 「리처드 콥던(Richard Cobden)과 19세기 국제평화운동과의 관계」,

코브던은 이러한 낙관적 자유주의의 관점에서 대륙 국가에 대한 영국의 정치적 개입은 가급적 지양해야 하며 특히 군사력을 이용한 개입은 불필요하다고 보았다. 그는 영국이 유럽에서 세력균형을 유지하고 통상을 보호한다는 이유로 해군을 활용한 개입을 지속해왔지만 자유무역의 시대가 도래한 상황에서는 그러한 기조를 수정할 필요가 있다고 강조했다. 또한 그는 모든 국가들이 자국의 문제를 스스로 해결하도록 내버려둬야 하며, 만약 피치 못할 분쟁이 생길 경우에는 힘의 과시가 아닌 평화적 중재로 해결해야 한다고 주장했다.[15]

한편 코브던은 1847~1848년의 정치적 불안과 경제적 위기를 맞아 영국 정부에 잘못된 재정 운영과 비효율적 재정 지출을 수정할 것을 요구하기도 했다. 이때 그는 특히 의회 안팎에서 군의 과도한 인력과 예산에 대한 구체적인 수치를 제시하며 불필요한 군 예산의 낭비를 줄여야 한다는 주장을 펼쳤다.[16] 자유무역주의를 기반으로 국제평화운동을 주창하던 코브던의 관점에서 불필요한 군비의 증가는 국가 예산의 낭비이자 국제평화를 해치는 행위에 가까웠다.[17]

『대구사학』 제72집 (2003), pp.359-360.

15) 최현미, 「리처드 콥던(Richard Cobden)과 19세기 국제평화운동과의 관계」, pp.360-361.

16) 코브던은 1849년 1월 10일 의회 연설에서 이전 회기 존 러셀 경의 통계를 인용하며 1835년 해군 및 육군의 병력이 135,743명에서 1848년 196,063명으로 60,320명이나 증원되었고, 예산은 1835년 1,160만 파운드에서 1849년 1,800만 파운드 이상으로 증액되어 인력과 예산 모두 50% 가까운 증가가 일어났다고 밝힌 바 있다. 그는 이와 동시에 유럽 내 각국의 상황을 분석하며 뚜렷한 외부적 위협이 나타나지 않은 상황에서 과도한 군사 예산 지출이 이뤄지고 있으며, 그 군을 활용한 간섭 정책 또한 불필요하게 이뤄지고 있음을 강하게 비판했다. John Bright and James E. Thorold Rogers eds., *Speeches on Questions of Public Policy by Richard Cobden, M.P.* Vol. 1 (London: Macmillan and Co., 1870), pp.475-492.

17) 이후 코브던은 1864년 사망할 때까지 끊임없이 군비 감축을 통한 재정개혁을 촉구하였다. 최현미, 「리처드 콥던(Richard Cobden)과 19세기 국제평화운동

이러한 맥락에서 코브던은 19세기 전반기 내내 영국 해군이 운신할 수 있었던 몇 안 되는 명분인 노예무역 단속과 해적 소탕 작전, 파머스턴의 포함 외교 및 간섭정책 등에 끊임없이 문제를 제기하기도 했다.[18] 특히 파머스턴이 1846년 스페인 왕가의 결혼에 관여함으로써 프랑스와 정치적 긴장을 초래한 일, 1846년 포르투갈에 영국 함대를 파견하여 입헌 정부 형성에 관여한 일, 1850년대 크림전쟁과 제2차 아편전쟁에 참전을 결정했던 일 등은 코브던을 비롯한 맨체스터 학파 내에서 대대적으로 비판의 목소리를 높였던 사건들이었다.[19]

그리고 이러한 비난은 돈 파시피코 사건(Don Pacifico Affair)이라는 계기를 통해 영국 정계 내에 크게 표출되기도 했다. 이 사건은 영국령 지브롤터 출신 유대인이었던 데이비드 파시피코(David Pacifico)가 1847년 그리스에서 발생했던 반(反) 유대주의 폭동으로 인해 개인적인 재산 피해를 입고 영국 정부에 도움을 요청하면서 발생하게 되었다. 파시피코는 처음에는 재산 피해에 대한 손해배상을 그리스 정부에 요구했으나, 그 처리에 진전이 없자 본인이 영국 국적임을 호소하며 영국 정부에 정치적 지원을 요청했다. 이에 파머스턴은 파시피코의 요청뿐만 아니라 영국령 이오니아 제도 신민들의 여러 요구사항을 아울러 그리스 정부와 협상하고자 했으나, 그리스 정부가 협상에 제대로 임하지 않자 1849년 11월 30일 해군 함대에 명령을 내려 1850년 1월 그리스 해안을 봉쇄하고 제대로 된 보상을 촉구하였다.[20]

과의 관계」, p.371.

18) 해군 예산 감축을 주창하던 코브던과 같은 인물은 '해적 행위는 이미 끝났다'라고 평가할 정도로 영국 해군의 해적 소탕 및 단속 활동이 큰 의미가 없다고 보았다. Bartlett, *Great Britain and Sea Power, 1815-1853*, p.266.

19) 최현미, 「콥던의 재정 개혁 방안과 글래드스턴의 재정 개혁」, pp.119-120.

20) David Hannell, "Lord Palmerston and the 'Don Pacifico Affair' of 1850: The Ionian Connection," *European History Quarterly*, Vol. 19, Iss. 4 (1989), p.497.

이러한 파머스턴의 강력한 조치는 곧 그리스 정부를 굴복시켰으나 이후 영국 내에 사건 처리 방식에 대한 격렬한 논쟁을 불러 일으켰다. 먼저 1850년 6월 17일 상원에서 이 사건에 대한 파머스턴의 판단이 적절했는지에 대해 갑론을박이 이어졌고,[21] 6월 28일에는 하원에서 필을 비롯하여 글래드스턴, 디즈레일리, 코브던 등이 파머스턴의 외교 노선에 대해 비판의 목소리를 높였다.[22] 이로 인해 파머스턴은 정치적 궁지에 몰린 채 자신의 정책과 외교적 판단을 표결에 부치게 되었는데, 표결 당시에는 그의 호소력 있는 자기변호 덕분에 위기를 모면하기는 했다.[23] 하지만 이 사건 이후 의회 내에는 글래드스턴을 비롯한 여러 정치인들 사이에 파머스턴의 포함 외교 및 간섭 정책에 반대하는 공감대가 널리 형성되었다.[24]

이와 같은 영국 정계의 분위기는 1849-1850년에 구성된 국방비 재정 지출 조사위원회와 1851년 육군부와 군수품부의 재정지출에 대해 조사했던 특별위원회 등을 통해 구체적으로 드러났다. 여기에 적극적으로 참여했던 코브던과 브라이트는 당시 국가 재정지출의 총액과 국방 예산의 지출 수준, 과다한 군수품의 낭비 등에 대한 구체적인 증거를 확인했다. 그리고 코브던은 이를 근거로 1850년부터 1864년까지 의회에서 끊임없이 국방 예산 감축을 강력히 주장했다.[25]

그뿐만 아니라 파머스턴 2차 내각(1859~1865)의 재무장관이었던 글래

---

21) *Hansard* (Lords), 3rd ser., Vol. 111, 17 June, 1850, Cols., 1294-1401.
22) *Hansard* (Commons), 3rd ser., Vol. 112, 28 June, 1850, Cols., 609-742; 최현미, 「콥던의 재정 개혁 방안과 글래드스턴의 재정 개혁」, pp.120-121.
23) *Oxford Dictionary of National Biography*, 2008 ed., s.v. "Pacifico, David [known as Don Pacifico]," by David Steele.
24) 이후 제2차 아편전쟁 수행 시에도 그들은 함께 이의를 제기했다. 최현미, 「콥던의 재정 개혁 방안과 글래드스턴의 재정 개혁」, p.121.
25) 최현미, 「콥던의 재정 개혁 방안과 글래드스턴의 재정 개혁」, pp.122-123.

드스턴은 당시 수상이었던 파머스턴의 군사예산 증액 노력을 두 차례나 직접 반대하며 좌절시키기도 했다. 파머스턴은 군함의 건조 기술에서 혁신적인 변화가 일어나고 있기 때문에 함정의 장갑화와 신형 함정의 건조가 이뤄지지 않으면 영국의 해군력 우위가 붕괴될 수 있다고 역설했으나, 글래드스턴은 재무장관 사임이라는 승부수를 던지면서까지 자신의 신념을 끝내 관철하였다.[26] 결과적으로 파머스턴이 사망한 1865년 이후에는 한동안 영국 사회나 정계 내에 해군의 활동과 예산 확보를 지지하는 목소리가 들리지 않았고, 오히려 그에 반대하는 입장이 대두하게 되었다.[27]

행정의 효율화와 능력주의의 강조: 공리주의와 『노스코트-트리벨리언 보고서』의 영향

19세기 초부터 영국 의회에서는 효율적인 행정 개혁을 위한 수십여 편의 보고서가 나왔는데 여기에는 당연히 해군과 육군의 예산 활용 및 행정조직의 실태에 관한 보고서도 포함되어 있었다. 이러한 일련의 행정 개혁 시도는 18세기 동안 영국을 이끌어 온 재정-군사국가 체제의 비효율성이 19세기 영국 사회에서 얼마나 중요한 화두로 다뤄졌는지를 보여주는 것인 동시에,[28] 당대의 시대정신 중 하나였던 공리주의나 능력주의의 분위기를 반영하는 것이기도 했다.

---

26) 서상규, 「W. T. 스테드의 해군 캠페인과 19세기 말 영국 해군 개혁」, pp.137-138.

27) Bartlett, Great Britain and Sea Power, 1815-1853, pp.257-258.

28) 19세기 전반기 동안 영국에서 행정의 전문성과 효율성을 강조했던 것은 18세기부터 이어진 국가 체제의 발전을 의미한 것이 아니라 오히려 그 체제의 비효율성에 대한 반성과 개선 시도를 의미하는 것이었다. 이영석, 『제국의 기억, 제국의 유산』, pp.53-54.

〈그림 15〉 제레미 벤담   〈그림 16〉 존 스튜어트 밀

먼저 이 시기 '행정의 효율화'에 대한 사회적 관심은 제레미 벤담
(Jeremy Bentham, 1748~1832)과 존 스튜어트 밀(J. S. Mill, 1806~1873)이
주창한 공리주의29) 사상을 빼놓고서는 설명할 수가 없다.30) 그렇기에
여기서는 벤담과 밀의 사상 및 윤리론 자체에 대해 깊이 들여다보지는
않더라도 그 사상이 당대 영국에 어떤 사회적 분위기를 형성하며 해군
에도 개혁의 압력을 불어넣었는지 간략히 살펴보고자 한다.

---

29) 공리주의(utilitarianism)란 19세기 영국 사회의 산업화에 따른 사회적 혼란
속에서 사회후생에 대한 관심과 더불어 등장한 사상으로서 가치판단의 기준
을 효용성(utility)과 행복의 증진에 두고 최대 다수의 최대 행복(the greatest
happiness of the greatest number)을 윤리적 행위의 목적으로 간주했다. 오재
호, 「합리적인 제도와 공리주의」, 『대동철학』 제52집 (2010), pp.45-46.

30) 이들의 사상이 19세기 영국의 정치, 경제, 사회 제도에 미친 구체적인 영향에
대해서는 다양한 평가가 이뤄질 수 있겠으나, 당대에 그 시대정신을 공유했던
이들이 입법, 행정, 사법 개혁 등을 주도했다는 사실에는 이견이 없을 것이다.
이태숙, 「19세기 영국의 정치개혁에 있어서 Bentham 사상의 역할에 관한
논의」, 『서양사론』 제19호 (1978), pp.37-63; S. E. Finer, "The Transmission
of Benthamite Ideas 1820-50," in Gillian Sutherland ed., *Studies in the Growth
of Nineteenth Century Government* (London: Routledge, 1972), pp.22-29.

제레미 벤담은 19세기 초 영국의 사상적 지형에서 공리주의를 대표
하는 인물로서[31] 자신이 내세운 공리주의 원리를 구현할 구체적인 방법
으로 권력의 중앙 집권화 및 행정의 효율화 등을 제안했다.[32] 이러한
그의 제안은 분명 당대 영국에 만연해 있었던 자유방임주의 사상과는
다소 결이 다른 것이었으나,[33] 빈민 문제나 공중 보건 문제와 같은
여러 사회 문제를 해결해야 했던 개혁가들에게는 상당히 설득력 있게
받아들여졌다. 이에 소위 벤담주의자(Benthamites)라 불린 이들은 사회
문제의 해결을 위해 지방의 기관들이 개별 이익을 우선하며 방만하게
수행했던 기능들을 중앙 정부로 집중시키고 균등한 업무 기준을 마련하
며 행정의 효율화를 꾀하고자 노력했다.[34] 그리고 이와 같은 맥락에서

31) 벤담에 대해 다룬 국내의 연구로는 이상영의 연구를 참고할 것. 이상영,
「벤담의 법개념과 입법론에 대한 소고」, 『세계헌법연구』 제13권 2호 (2007);
이상영, 「벤담의 Common Law 체계에 대한 비판과 입법론 구상에 대한 연구」,
『서울대학교 법학』 제49권 3호 (2008); 이상영, 「공리주의 대 자연권: 프랑스
혁명과 자연권에 대한 벤담의 평가」, 『세계헌법연구』 제16권 2호 (2010);
이상영, 「공리주의자의 헌법전 연구-J. Bentham의 '헌법전'의 구성과 특징-」,
『법학연구』 제19집 3호 (2016).

32) 이와 동시에 벤담은 국민들이 통치자를 제어할 수 있는 민주주의적 선거의
필요성에 대해서도 강력히 주장했다. 이태숙, 「공리주의」, 김영한 엮음, 『서양
의 지적운동 II』 (서울: 지식산업사, 1998), pp.158-159.

33) 19세기 영국의 자유방임주의와 벤담의 공리주의 간의 관계는 오랜 논쟁거리
이기도 한데, 이는 한편에서는 자유방임을 공리주의의 가장 핵심적인 행동원
리로 평가하는 반면 다른 한편에서는 영국 집단주의(collectivism)의 대표자로
벤담을 꼽기 때문이다. 길인성, 「자본주의」, 김영한 엮음, 『서양의 지적운동
II』, pp.186-187.

34) 예를 들면 지역별로 달랐던 빈민 구제 제도로 인해 야기된 여러 문제를 해결하
기 위해 1834년에 제정된 신빈민법(New Poor Law)이나, 콜레라가 유행한
후 산업화로 인한 도로, 배수, 청소 등의 문제를 해소하기 위해 1848년에
제정된 공중보건법(Public Health Act) 등이 그 사례라고 할 수 있다. 이 개혁을
주도했던 사회개혁론자 에드윈 채드윅(Edwin Chadwick)과 같은 인물은 벤담
에게 사상적으로 큰 영향을 받은 인물이었다. Finer, "The Transmission of
Benthamite Ideas 1820-50," pp.14-17; 김석태, 「툴민 스미스(T. Smith)의 반중
앙집권화 투쟁 논리와 지방자치」, 『한국지방자치학회보』 제29권 2호 (2017),

군사 분야에 있어서도 효율적인 업무 처리를 방해하는 잡다한 군사 행정기구들을 정리하고 행정 체계를 중앙집권화하려는 운동들이 함께 전개되었다.[35]

한편 벤담 못지않게 공리주의 사상의 전파에 큰 영향을 끼쳤던 존 스튜어트 밀은 중앙 집권화의 관점에서 군 위원회의 효율적 운영에 대한 구체적인 언급을 남기기도 했다. 그는 『대의 정부론(Representative Government)』[36]에서 해군 및 육군의 위원회 제도에 대해 자세한 언급을 남겼는데, 여기에는 각 군의 수장인 장관 직책에 민간인 정치인이 임명되므로 그들이 군의 전문가들로부터 조언을 받을 수 있는 위원회 제도가 반드시 필요하다는 의견이 담겨있다. 다만 여기서 밀은 해군 및 육군 장관이 위원들에 대해 절대적인 결정 권한을 확보한 상황에서만 그러한 위원회 제도가 의미가 있다고 보았다.[37] 이는 장관이 최종 결정권을 갖지 못한 상황에서 위원회 제도가 운영될 경우 각 위원들이 자신 혹은 해당 부서를 위한 이익만을 고려하여 군의 정책을 잘못된 방향으로 이끌 위험이 존재했기 때문이다.[38] 이런 면에서 그레이엄의 개혁 이후 장관의 존재는 유명무실화되고 장교 위원들의 집단적인 의사결정

---

pp.67-68.

35) 육군에서도 1830-1854년 사이에 육군 전체를 한 사람의 강력한 통제 밑에 통합시키려는 적극적인 운동이 전개되었고, 그 결과 1854년에 이르러 육군 및 식민장관은 식민지에 대한 책임이 면제된 대신 군수국(the Board of Ordnance)을 장악하고 육군부장관직도 흡수하게 되었다. 19세기 영국 육군개혁에 대해 주목할 만한 연구를 남긴 원태재는 이 변화를 1830년대 이후 개혁을 주도해 온 공리주의 사상의 영향이라 보았다. 원태재, 『영국 육군개혁사: 나폴레옹 전쟁에서 제1차 세계대전까지』 (서울: 도서출판 한원, 1994), pp.77-78.

36) John Stuart Mill, *Considerations on Representative Government* (London: Parker, Son, and Bourn, West Strand, 1861).

37) Mill, *Considerations on Representative Government*, pp.246-247.

38) Hamilton, "Childers Admiralty Reforms," pp.53-55.

체제로 운영되었던 해군본부 위원회는 공리주의적 관점에서 분명 효율적인 행정 체제는 아니었다.[39) 그리고 이와 같은 문제의식은 차후 1870년대 해군개혁을 진행할 때 중요한 쟁점으로 부각되기도 했다.

한편 19세기 중반 영국에 만연했던 개혁의 분위기에는 『노스코트-트리벨리언 보고서』의 영향 또한 빼놓을 수 없다. 이 보고서는 흔히 '올드 커럽션(old corruption)'이라 불리는 영국의 오랜 관행에 문제를 제기하며 당대 영국 사회에 '능력주의(meritocracy)'의 바람을 불러일으켰다. 19세기 전반기까지 영국의 왕실 및 정부의 공무를 수행하는 주요 직책들은 주로 명사들의 추천을 통해 지명되었는데, 이 추천에는 대상자의 실력이나 자질보다는 출신 배경이나 연줄이 중요하게 고려되었다. 이러한 '오랜 부패의 관행'은 당대 영국의 기존 질서를 유지하고 재생산하는 데에 핵심적인 장치로 기능하고 있었다.[40)

하지만 19세기 중반 이후 영국 사회 전반에서 나타난 개혁의 분위기는 그러한 관행을 방관하지 않았다. 정부의 재정 및 행정의 효율화를 요구하는 목소리는 곧 공무원의 방만한 선발 및 운영 방식과 그 조직에 속한 구성원들의 역량 부족에 대한 비판으로 이어졌다.[41) 그 비판은 주로 공무원들의 비효율적인 업무 방식과 실수 등에 대해 정부가 지나치게 관대하게 대처하고 있으며, 불필요하게 많은 공무원 인력 및 과다한 봉급이 정부의 재정을 악화시키고 있다는 내용이었다. 이러한 비판

---

39) 이는 해군본부 위원회에서 진급 및 전역 제도와 같이 장교들의 이해관계가 밀접하게 결부된 문제를 다룰 때 여실히 증명되기도 했다.

40) 이영석, 『영국 제국의 초상: 19세기 말 영국 사회의 내면을 읽는 아홉 가지 담론들』(서울: 푸른역사, 2009), pp.218-220; 이영석, 「빅토리아 시대의 교육 문제: 시험에 대한 담론」, 『서양사론』 제74호 (2002), p.98.

41) Jenifer Hart, "The Genesis of the Northcote-Trevelyan Report," in Gillian Sutherland ed., *Studies in the Growth of Nineteenth Century Government* (London: Routledge, 1972), pp.72-73.

은 곧 이전까지 관행으로 여겨졌던 '추천 제도'로 부임한 무능한 공무원들에 대한 비난으로도 이어졌다. 이때 그 공무원들을 비판했던 주된 수사는 바로 '시험을 통해 유능한 공무원을 채용하자'는 것이었다.[42]

이러한 사회 전반의 문제의식 속에서 공무원 제도에 새로운 변화를 가져온 인물들이 바로 찰스 트리벨리언(Charles Trevelyan, 1807~1886)과 스태퍼드 노스코트(Stafford Northcote, 1818~1887)였다.[43] 이들은 보고서를 통해 당시의 공무원 제도가 가진 문제점과 그 문제에 대한 해결 방안을 제시하고자 했다. 보고서에 나타난 문제의 핵심은 공적 업무가 대폭 증가하는 시점에 능력이 부족한 이들이 자리를 차지하고 어떠한 경쟁조차 없이 머물러 있어 업무의 효율이 매우 떨어진다는 것이었다. 또한 이 보고서에는 그 문제를 해결하기 위해 적절한 경쟁 시험 제도를 도입하여 능력 있는 이들을 고용하고, 그들을 실적에 따라 승진시켜 자격 있는 이들이 조직의 중추가 되도록 해야 한다는 언급도 함께 담겨 있었다.[44] 이처럼 트리벨리언과 노스코트는 보고서를 통해 연줄과 출신에 따른 임용만으로는 관료제를 썩게 만들 수도 있다는 우려를 대외적으로 표명하였다.[45]

『노스코트-트리벨리언 보고서』로 인해 촉발된 공무원 제도 개혁의 분위기는 이후 해군 장교의 임관 및 진급 제도에도 상당한 영향을 미쳤

---

42) 김현수, 「영제국 외무부 정체성 분석, 1854-1911: 노스코트-트리벨리언 보고서 적용 이후의 변화」, 『영국 연구』 제33호 (2015), pp.79-81.

43) 당시 재무차관을 맡고 있었던 트리벨리언은 재무장관 글래드스턴의 지시를 받아 이미 동인도회사에서 적용된 바 있는 경쟁 임용이라는 방식에 대해 검토하게 되었다. 그리고 이후 보수당의 정치가인 노스코트와 함께 그 구체적인 방안에 대해 모색하면서 『노스코트-트리벨리언 보고서』라는 결과물을 만들게 되었던 것이다. 김현수, 「영제국 외무부 정체성 분석, 1854-1911」, p.82.

44) Report on the Organisation of the Permanent Civil Service, pp.3-6, 22-23.

45) 이영석, 『영국 제국의 초상』, p.219.

다. 왜냐하면 19세기 전반기까지 해군에서도 공무원의 추천 제도처럼 장교들의 임관 및 진급에 대부분 후견 제도(patronage) 및 정실 인사 (nepotism)를 공공연히 적용하고 있었기 때문이었다. 다만 19세기 이전까지만 하더라도 영국 해군에서는 매관매직에 의존했던 육군에 비해 나름의 인사 검증 시스템을 갖추었다고 항변할 만한 여지가 있기도 했다.[46)]

이런 영국 해군의 입장은 19세기 이전 해군 장교들의 진급 사례들을 검토해보면 어느 정도 이해해볼 수 있다. 당시 영국 해군에서는 능력이 없는 장교나 사관후보생의 경우 든든한 후원자가 있더라도 진급에서 도태되곤 했으며, 장교로서 뛰어난 자질을 보인 이들은 대단한 후견인 없이도 진급에서 승승장구하는 경우가 많았다. 이는 후견인의 입장에서도 끊임없이 전쟁과 전투를 치러야 하는 상황에서 무엇보다 함정을 잘 지휘하여 전공을 세울 수 있는 장교를 선호할 수밖에 없었기 때문이다. 만약 능력이 출중한 장교 대신 무능력한 장교를 진급시키면 그 장교의 지휘로 인해 자신의 함대가 전투에서 큰 피해를 입게 될 수도 있었고, 그렇게 되면 국가적인 손해뿐만 아니라 스스로의 평판을 깎아내리는 결과를 야기할 수도 있었다.[47)]

그러나 19세기에 들어서서는 이러한 인사 검증 시스템이 정상적으로 작동하는지 판단하는 것조차 쉽지 않았다. 앞서 설명했듯이 크림 전쟁 외에는 이렇다 할 전쟁이나 전투를 치르지 않았던 19세기 중반의 상황에서 어떤 장교들이 능력이 있고, 어떤 장교들이 무능한지 제대로 판단할 만한 기준조차 뚜렷하지 않았기 때문이다. 그렇기 때문에 이 시기에

---

46) 전윤재·서상규, 『전투함과 항해자의 해군사』, p.212.
47) Evan Wilson, A Social History of British Naval Officers, 1775-1815 (Woodbridge: The Boyedell Press, 2017), pp.120-129; 전윤재·서상규, 『전투함과 항해자의 해군사』, pp.212-214.

는 높은 지위에 있는 후견인이 국가나 해군에 치명적인 해를 끼칠 무능한 장교를 추천했더라도 그것을 확인하고 걸러낼 수 있는 기회나 검증 장치가 마땅히 존재하지 않았다. 이런 상황에서 『노스코트-트리벨리언 보고서』로 인해 영국 사회 내에 능력주의의 분위기가 만연하게 되자 해군에서도 장교들의 능력을 판단할 수 있는 장치의 도입이 필요하다는 목소리가 나타나기 시작했다. 즉, 장교들의 임관부터 진급에까지 경쟁 시험 도입을 비롯한 여러 새로운 제도적 장치가 요구되기 시작했던 것이다.

2) 과학 기술의 진보와 유럽 내 경쟁의 격화

19세기 전반기 유럽에서는 증기선과 전신의 등장과 같은 급격한 과학 기술의 진보가 이뤄지고 있었다. 이러한 발전을 바라보는 당시 영국 사회의 시각은 크게 두 가지로 나뉘었는데 그중 하나는 영국에서 그 과학 기술의 진보를 선도하고 있다는 자부심이었고, 또 다른 하나는 발전된 과학 기술의 급속한 전파로 인해 후발 국가들이 곧 영국의 기술력을 따라잡을지도 모른다는 우려였다. 여기서 주목해볼 점은 당시 영국 과학계가 이 두 개의 시각 가운데 '자부심'보다는 '우려'에 가까운 입장을 표명하고 있었다는 것이다. 당대 영국 과학계의 주요 인사들은 과학 기술 진흥에 대한 정부의 소극적 태도에 안타까움을 표시하며 영국이 유럽 내 과학 기술 경쟁에서 선두를 유지하려면 정부 차원의 관심과 지원이 필요하다는 점을 끊임없이 역설했다.[48] 그리고 이러한

---

48) 이내주, 『영국 과학기술교육과 산업 발전, 1850-1950』 (파주: 도서출판 한울, 2009), pp.17-23.

과학계의 요구는 당대의 여러 정치적 상황과 결부되어 훗날 1870년대 해군개혁을 비롯한 정부 정책의 결정과 시행에 상당한 영향을 미치게 되었다.

한편 과학 기술 선도에 대한 영국 정부의 소극적인 태도는 비단 산업 분야뿐만 아니라 해군의 무기체계 발전에서도 마찬가지로 나타났다. 19세기 중반까지 영국 해군의 주된 고려 대상이었던 프랑스와 러시아 등의 경쟁 국가들은 증기 군함의 도입 이후 여러 기회를 통해 지속적으로 새로운 해군 무기체계를 선보였다. 그러나 영국 해군은 기존의 우위에 안주한 채 변화에 망설인 결과 한동안 그 변화의 속도에서 상당히 뒤처질 수밖에 없었다. 이로 인해 영국 해군이 수십 년간 유지해왔던 해상에서의 절대적인 우위는 19세기 중반 이후 서서히 흔들리기 시작했다. 여기에서는 이와 같은 과학 기술 진보에 대한 영국 정부, 과학계, 해군의 인식 차이를 살펴보며 이것이 추후 해군개혁의 진행에 어떤 영향을 미치게 되는지 살펴보고자 한다.

과학 기술의 진보에 대한 영국 사회의 인식과 대응

18세기 말부터 19세기에 걸쳐 이뤄진 과학 및 산업 기술의 급속한 발전은 당대 영국인들의 삶을 크게 변화시켰을 뿐만 아니라 그들이 세상과 우주를 이해하는 원칙에도 큰 영향을 끼쳤다.[49] 하지만 이 시기

---

49) 증기기관의 발명 이후 철도 및 증기선의 도입과 전신이라는 통신수단의 발명, 1859년 다윈의 『종의 기원』 발표와 1860년 영국 과학진흥협회에서 벌어진 과학과 기독교 간의 옥스퍼드 격론(Oxford debate), 1860년대에 정립된 열역학 법칙, 패러데이와 맥스웰의 전자기 이론 등이 이에 해당한다. Daniel R. Headrick 지음, 김우민 옮김, 『과학기술과 제국주의』 (전주: 모티브북, 2013), pp.159-252; 조숙경, 「1876년 과학기구 특별 대여전시회: 런던 과학 박물관의 출발과 물리과학의 대중화」, 서울대학교 대학원 과학사 및 과학철학 협동과

에 그러한 과학을 실천하던 사회 집단은 막상 오늘날 우리가 생각하는 것만큼 사회 내에서 대단한 위상이나 정체성 등을 갖고 있지는 않았다.[50] 19세기 전반기 영국의 대표적인 과학자 중 한 사람이었던 찰스 배비지(Charles Babbage, 1792~1871)[51]는 1830년 『영국 과학의 쇠퇴와 그 원인에 대한 고찰(Reflections on the Decline of Science in England, and on Some of Its Causes)』[52]이라는 저술을 통해 "다른 여러 나라와는 달리 아직 영국에서는 과학 연구를 뚜렷한 직업으로조차 여기지 않는다"[53]고 언급하며 과학에 대한 사회와 정부의 관심을 촉구했다.[54]

당시 영국 내에서 과학에 관심을 갖고 있던 여러 지식인들은 이와

정 박사학위 논문 (2001), pp.24-27.
50) 예를 들어 이 시기까지 과학자들은 스스로를 칭하는 명칭조차 통일하지 못했다. 1830년대에 케임브리지 대학의 학장이었던 윌리엄 휴얼(William Whewell)이 과학 탐구자 집단을 결속시키기 위해 '과학자(scientist)'라는 단어를 만들어 쓰기 시작했으나 토머스 헉슬리(Thomas Huxley)를 비롯한 당대 과학계의 인사들은 그 단어에 큰 거부감을 표하며 스스로를 '과학 지식인(man of science)'이라 칭하곤 했다. 이처럼 19세기 초 과학인 집단 내부에서부터 나타나는 모호한 인식과 정체성은 당시 영국 사회에서 과학이 어떻게 인식되고 받아들여졌는지를 짐작할 수 있게 해준다. Paul White 지음, 김기윤 옮김, 『과학 지식인의 탄생: 토머스 헉슬리』 (서울: 사이언스북스, 2006), pp.10-17; 설혜심, 「서평: 19세기 한 과학인의 정체성 만들기 - 폴 화이트 지음, 김기윤 옮김, 〈토머스 헉슬리: 과학 지식인의 탄생〉, 사이언스 북스, 2006」, 『역사와 문화』 제15호 (2006), pp.293-294.
51) 찰스 배비지는 수학자 및 과학자로서 영국의 과학 교육의 진흥을 위한 다양한 활동을 하였으며 기계 및 공장제 도입과 같은 산업화에 대한 논의에서도 주요한 저술을 남긴 인물이다. 이영석, 「언어, 공장, 산업화-찰스 배비지와 앤드류 유어의 공장관을 중심으로」, 『사회와 역사』 제56권 (1999), pp.249-276; 송성수, 「산업화 시대의 르네상스인, 찰스 배비지」, 『기계저널』 제46권 2호 (2006), pp.29-31.
52) Charles Babbage, Reflections on the Decline of Science in England, and on Some of Its Causes (London: B. Fellowes, 1830).
53) Babbage, Reflections on the Decline of Science in England, p.11.
54) Babbage, Reflections on the Decline of Science in England, pp.14-39.

같은 문제의식에 공감하며 1831년 〈영국 과학진흥협회(British Association for the Advancement of Science)〉라는 단체를 발족시키기도 했다. 〈영국 과학진흥협회〉는 '과학에 대해 국가적 관심을 불러일으키는 것, 과학의 진보를 가로막는 여러 장애물을 제거하는 것, 국내·외 과학 연구자들의 상호 교류를 촉진하는 것' 등을 목표로 내걸고 과학에 대한 사회적 관심을 불러일으키고자 했다.[55]

〈그림 17〉 앨버트 공

이러한 과학인 집단 내부의 움직임은 이 무렵 과학 및 기술교육에 큰 관심을 두고 있었던 앨버트 공(Prince Albert of Saxe-Coburg and Gotha, Prince Consort, 1819 ~1861)의 적극적인 지원에 힘입어 1840년대부터 전시회 및 박람회라는 외적인 활동으로 나타났다.[56] 이 전까지 비정기적으로 개최되던 산업 박람회는 앨버트 공이 〈기술협회(Society of Arts)〉 회장으로 취임한 이후 1844-1846년에 걸쳐 연속적으로 개최되었고,[57] 이 산업 박람회가

55) 송성수, 「산업화 시대의 르네상스인」, p.30.
56) C. Hobhouse, *1851 and the Crystal Palace* (London: H.M.S.O., 1937), pp.1-3.
57) 이영석, 「1851년 런던박람회, 신화와 현실」, 『영국사 깊이 읽기』 (서울: 푸른역사, 2016), pp.143-144; Hobhouse, *1851 and the Crystal Palace*, pp.4-5; K. W. Luckhurst, *The Story of Exhibition* (London: Studio Publication, 1951), p.83.

상당한 인기를 끌자 1847년부터는 산업 생산품 경진대회가 도입되어 당대 영국 사회의 과학 및 기술에 대한 관심을 이끌어내기도 했다.[58]

산업 박람회의 흥행과 함께 1849년부터는 박람회를 국제적인 단위로 개최하려는 움직임도 나타났는데, 이것 역시 어떤 정부 차원의 관심이라기보다는 앨버트 공 개인의 관심과 노력에 의한 것이었다. 앨버트 공과 그의 자문 역할을 맡았던 헨리 콜(Henry Cole, 1808~1882)은 국제 박람회의 개최를 위해 발 벗고 나섰고, 그 결과 1850년 1월 〈1851년 박람회를 위한 왕립 위원회(Royal Commission for the Great Exhibition of 1851)〉가 발족되었다.[59] 이후 위원회의 적극적인 업무 추진으로 런던 대박람회(Great Exhibition)[60]는 1851년 5월 1일부터 10월 11일까지 성황리에 개최되었다.[61]

이처럼 성공적인 국제 박람회의 개최는 당대 영국의 산업 역량을 전국, 그리고 전 세계에 과시하는 것이었으나,[62] 그 화려한 면면과는

58) 조숙경, 「1876년 과학기구 특별 대여전시회」, pp.37-39.
59) 앨버트 공은 수상 로버트 필(Robert Peel)과 회동해 구체적인 계획을 설명하고 협조를 구하는 등 국제 규모의 박람회 개최를 위해 적극적으로 노력했다. 그 결과 발족된 왕립 위원회의 의장은 당연히 앨버트 공이 맡았으며 24명의 위원에는 로버트 필, 스탠리 경(Lord Stanley), 글래드스턴(W. E. Gladstone), 러셀 경(Lord Russell)과 같은 저명 정치인들이 다수 포함되었다. C. H. Gibbs-Smith, *The Great Exhibition of 1851* (London: H.M.S.O., 1981), pp.7-8; 이영석, 『영국사 깊이 읽기』, pp.144-146.
60) 이 박람회의 공식 명칭은 '만국 산업 제품 대박람회(The Great Exhibition of the Works of Industry of All Nations)'이다. 런던 대박람회의 구체적인 추진 과정과 의미 등에 대해서는 설혜심, 『소비의 역사』, pp.309-323를 참고.
61) 이 박람회를 찾은 하루 평균 관람객의 수는 4만 3천명 정도였고, 10월 7일 수요일과 폐관을 앞둔 이틀 동안은 10만 명이 넘는 관람객이 방문했다. 한 번 이상 박람회를 방문한 사람이나 전시품 출품자 등을 제외하더라도 대략 6백만 명 이상이 이 박람회를 관람했던 것이다. 이는 당시 영국 인구의 5분의 1에 달하는 엄청난 인원이었다. Gibbs-Smith, *The Great Exhibition of 1851*, p.24; 설혜심, 『소비의 역사』, pp.317-322; 이영석, 『영국사 깊이 읽기』, pp.141, 353; 조숙경, 「1876년 과학기구 특별 대여전시회」, p.44.

달리 영국 과학계 내에서는 오히려 박람회 이후에 영국이 과학 분야에서의 우위를 곧 상실하게 될지도 모른다는 우려를 내비추기도 했다. 이는 당시 영국이 세계의 산업 박람회에서 우승 메달을 휩쓸고는 있었으나, 정부 차원의 관심과 지원은 매우 미흡한 상태이고 제대로 된 과학 교육 제도도 갖춰져 있지 않아 차후 다른 후발 국가들이 국가 차원의 지원을 통해 곧 영국을 따라잡게 될지도 모른다는 우려였다.[63]

이러한 영국 과학계의 우려는 1867년 파리에서 열린 국제 박람회에서 곧 현실이 되었다. 런던 박람회로부터 불과 한 세대도 지나지 않은 시점에 영국의 산업제품이 유럽 경쟁국들의 제품에 비해 품질이 떨어지는 상황이 초래되었던 것이다.[64] 당시 박람회의 심사위원을 맡았던 라이언 플레이페어(Lyon Playfair, 1818~1898)는 〈학교 조사 위원회(the School Inquiry Commission)〉의 위원장이었던 톤턴 경(Lord Taunton)에게 연락을 취해 대륙의 과학 및 기술의 진보에 대해 추가적인 연구가 필요하다고 주장했다. 플레이페어와 함께 이 박람회에서 심사위원을 맡았던 알렉산더 스트레인지(Alexander Strange, 1818~1876) 역시 이에 공감하며 박람회 종료 후 과학 교육에 대한 국가 지원의 필요성에 대해 역설하였다.[65]

---

62) 이 시기 영국은 세계의 유일한 공업국으로서 전 세계 공업 제품의 40퍼센트를 생산하고 있었는데, 박람회에 전시된 영국의 우수한 공업 생산품들은 그러한 19세기 중반 영국의 물질적 풍요와 경쟁 국가를 압도했던 영국의 산업 능력을 상징하는 것이었다. 이영석, 『영국사 깊이 읽기』, p.141.

63) 이와 같은 경계심을 표출한 대표적인 인물로는 당대의 유명한 과학 행정가였던 라이언 플레이페어(Lyon Playfair, 1818-1898)를 꼽을 수 있다. 그는 박람회가 끝난 후 과학 및 기술 분야에서 유럽의 경쟁국들이 곧 영국을 따라잡을지도 모른다는 우려를 여러 차례 표명했다. 이내주, 『영국 과학기술교육과 산업 발전, 1850-1950』, pp.20-21.

64) 이내주, 『영국 과학기술교육과 산업 발전, 1850-1950』, p.21.

65) A. J. Meadows, *Science and Controversy: A Biography of Sir Norman Lockyer, Founder*

〈그림 18〉 런던 대박람회

영국 사회 내에서 위와 같은 요구들이 점차 대두하자 정부는 1868년 당대의 유명한 사업가이자 기술자였던 베른하르트 새뮤얼슨(Bernhard Samuelson, 1820~1905)을 위원장으로 하여 〈과학 교육에 대한 특별위원회(Select Committee on Scientific Instruction)〉를 발족시켰다. 이 위원회는 당대 과학 전문가들을 대상으로 영국 과학 분야의 실태에 대해 조사한 후 1868년 여름에 보고서를 제출했는데, 이 보고서에서 지적한 주요 문제들은 이미 플레이페어나 스트레인지 등이 언급한 체계적인 과학 교육의 부족, 정부의 관심 및 지원 부재 등이었다.[66]

그런데 여기서 주목해볼 부분은 이처럼 영국 과학계에서 정부의 관심과 지원을 강력하게 요구하던 시점에 집권했던 내각이 바로 긴축을 기치로 삼고 불필요한 국가 예산의 낭비를 어떻게든 줄이려고 노력했던

Editor of Nature (New York: Macmillan, 2008[1972]), p.81.

66) Report from the Select Committee on Scientific Instruction; Together with the Proceedings of the Committee, Minutes of Evidence, and Appendix (15 July, 1868), pp.vii-ix; Meadows, Science and Controversy, pp.80-81.

글래드스턴 1차 내각이었다는 점이다. 그렇다면 글래드스턴 내각에서는 위와 같은 과학계의 요구에 대해 어떤 반응을 보였을까? 여기서 분명한 사실은 글래드스턴 내각이 집권하기 시작했던 1868년부터 19세기 말에 이르기까지 영국에서는 정부 차원의 과학 진흥이나 교육을 위한 예산 지원이 제대로 이뤄진 바가 없다는 점이다. 글래드스턴과 그의 각료들은 낮은 과세와 예산 감축에만 집중했을 뿐 과학 발전에 대해서는 별다른 관심을 기울이지 않았다.[67]

〈그림 19〉 데본셔 공작

하지만 여기서 다소 의아한 부분은 글래드스턴이 내각의 출범으로부터 약 1년이 지난 1870년 3월 데본셔 공작(William Cavendish, 7th Duke of Devonshire, 1808~1891)을 위원장으로 한 〈왕립 과학 교육 및 과학 진흥 위원회(Royal Commission on Scientific Instruction and the Advancement of Science)〉를 발족시켜 과학계의 요구에 호응하는 듯한 움직임을 보였다는 점이다.[68] 글래

---

67) 앨버트 공의 사망(1861년) 이후에는 영국 정계 내에서 과학 발전을 위한 국가적 지원의 필요성에 대해 주장하는 이가 거의 없었다. 이내주, 『영국 과학기술교육과 산업 발전, 1850-1950』, pp.34-37.

68) *Royal Commission on Scientific Instruction and the Advancement of Science: First, Supplementary, and Second Reports, with Minutes of Evidence and Appendices*, Vol.

드스턴을 비롯한 당대의 주요 정책결정자들은 왜 내각의 기조에 반하는 이와 같은 위원회를 허가했던 것일까? 이 질문은 이후 해군개혁의 진행을 이해하기 위해 필수적인 것으로서 여기서 반드시 짚고 넘어갈 필요가 있다.

과학사가 매도스(A. J. Meadows)는 글래드스턴의 이러한 의아한 결정이 그의 숙원 사업이었던 아일랜드 법안 통과와 깊은 관련이 있다고 보았다. 전통적으로 과학 분야를 후원해오던 데본셔 가문의 7대 공작(7th Duke of Devonshire) 윌리엄 캐번디시(William Cavendish)는 아일랜드 국교회 폐지라는 글래드스턴의 핵심 법안을 상원에서 적극적으로 지지하며 당시 상원과 하원 사이의 충돌을 완화시켜 줬던 인물이었다. 글래드스턴 1차 내각이 집권했던 1868년 11월 총선은 사실상 아일랜드 국교회 폐지라는 사안을 둘러싸고 치러진 선거라 일컬어질 정도로 해당 사안은 중요한 정치적 쟁점이었다.[69] 그렇기 때문에 글래드스턴은 집권 초기부터 캐번디시에게 상당한 정치적 부채를 지고 있었다고 볼 수 있으며, 그 때문에 글래드스턴은 그에게 빚을 갚는 차원에서 과학 진흥에 대한 요구를 들어줄 수밖에 없었다는 것이다.[70]

이러한 매도스의 주장은 글래드스턴이 내각의 정책 기조에서 벗어나는 왕립 위원회의 설치를 허용했다는 사실과, 이후 정부의 미흡한 지원으로 인해 19세기 말까지도 국가 차원의 과학 기술 교육은 제대로 이뤄지지 않았다는 상반된 결과를 이해하는 데 대단히 유용한 설명을 제공해준다. 즉, 1870년대 글래드스턴과 그의 각료들은 과학계의 요구

I (London: H.M.S.O., 1872), pp.iii-iv.

69) 아일랜드인 절대 다수가 가톨릭을 신봉하는 상황에서 국교회의 폐지는 '아일랜드에 정의를 부여하는' 강력한 도덕적 이슈였다. 김기순, 『신념과 비전의 정치가, 글래드스턴』(파주: 도서출판 한울, 2007), pp.86-88.

70) Meadows, *Science and Controversy*, p.82.

에 어느 정도 호응해주면서도 실질적으로는 해당 분야에 대한 불필요한 예산 낭비를 막으려는 '이중 게임'을 하고 있었을 가능성이 높다. 그리고 이러한 내각의 성향은 추후 살펴보게 될 1870년대 영국 해군개혁의 안건을 이해하는 데 있어 매우 핵심적인 정보이기도 하다.

과학 기술의 진보에 대한 영국 해군의 인식과 대응

19세기 전반기 영국 해군의 과학에 대한 인식과 대응은 당시 영국 정부의 반응과 별반 다르지 않았다. 오히려 영국 해군의 경우에는 발전된 과학 기술에 대한 무관심을 넘어 거부에 가까운 반응까지 보였다. 당대 영국 해군이 맞이했던 가장 큰 변화인 증기선의 도입은 그들의 입장에서는 결코 달갑지 않았던 '불편한 진보'였다. 19세기 초에 이르러 상선 업계 등에서는 이미 증기선을 실용화하여 사용하고 있었지만, 이때까지도 영국 해군은 증기 군함이라는 변화에 미적지근한 반응을 보였다. 그도 그럴 것이 영국 해군은 17세기 말부터 기본 설계가 거의 바뀌지 않은 군함과 그 군함으로 싸우는 전술을 바탕으로 유럽 내에서 압도적인 우위를 확보하고 있었고, 이미 군함의 건조와 수리를 위한 인프라까지 충실히 갖춰놓은 상황에서 굳이 새로운 변화를 겪고 싶지 않았던 것이다.[71]

마이클 루이스(Michael Lewis)나 크리스토퍼 바틀릿(C. J. Bartlett)과 같은 저명한 해군사가들의 언급을 통해 이제는 19세기 영국 해군사에서 마치 클리셰처럼 인용되곤 하는 1828년 해군 장관 멜빌 경(Robert Dundas, 2nd Viscount Melville)의 증기 군함 도입에 대한 발언은 이 시기

---

71) 석영달, 「19세기 증기선의 도입과 영국 해군의 변화」, p.146; McNeill, 『전쟁의 세계사』, p.303.

영국 해군 관계자들의 증기 군함에 대한 시각을 잘 보여준다. 1826년부터 44년간 해군본부의 사무관으로 근무한 존 브리그스(John Henry Briggs)의 기록에 의해 알려지게 된 그 발언은 "해군본부 위원들(lords commissioners)이 증기선의 도입을 저지하는 것을 그들의 사명으로 여기고 있으며, 증기선을 도입하려는 시도에는 영 제국의 해상 패권에 치명타를 가하려는 의도가 담겨 있다고 생각한다"는 것이었다.[72]

이러한 해군 내의 증기선 반대 분위기 속에 멜빌 경 본인의 의중도 포함되어 있었는지는 학자들 간에 다소 이견이 있으나,[73] 당대 영국 해군의 전반적인 분위기가 증기 군함의 도입을 꺼렸다는 사실은 분명해 보인다. 1821년 이후 영국 해군에 도입된 몇몇 증기선들은 한동안 해군 기록부의 군함 목록에 등재되지 못했으며, 영국 해군의 함정임을 나타내는 'H.M.S.(Her/His Majesty's Ship)' 세 글자조차 함정 이름 앞에 붙이지 못했다.[74] 특히 당시 해군 수뇌부에서는 초창기 증기 군함에 나타난 여러 기술적 결함으로 인해 향후에도 증기 군함이 해전에서 주요 무기 체계로 쓰이는 일은 없을 것이라 전망했다. 예를 들어 철제 군함의 자성으로 인한 나침반 오류나, 철의 약한 강성으로 인한 내구성 부족,

---

72) John H. Briggs, *Naval Administration 1827-1892* (London: Low, 1897), pp.8-9.
73) 피터 호어(Peter Hore)는 멜빌 경은 증기기관의 도입에 반대한 적이 없으며 그것이 브리그스의 오해에서 비롯된 것일 수 있다는 주장을 내세운 바 있다. 멜빌 경이 1821년 〈몽키(Monkey)〉라는 영국 해군 최초의 증기선 도입을 결정하고, 1824년 웰링턴 공작에게 유럽 내 해군력 경쟁에서 증기 군함이 필요할 것임을 암시하는 편지를 보낸 점 등을 고려할 때 호어의 주장은 상당히 타당해 보인다. Peter Hore, "Lord Melville, The Admiralty and the Coming of Steam Navigation," *The Mariner's Mirror*, Vol. 86, Iss. 2 (2000), pp.157-172; Navy Records Society, *British Naval Documents 1204-1960* (London: Ashgate, 1993), pp.574-575.
74) Michael Lewis, *The History of the British Navy* (London: Penguin Books, 1957), pp.223-225; Anthony John Watts, *Pictorial History of the Royal Navy*, Vol. 1 (London: Ian Allan, 1970), pp.20-21.

추진 장치인 외륜(Paddle-wheel)의 취약성[75] 등은 쉽게 해결하기 어려운 치명적인 문제로 인식되었다.[76]

그러나 유럽의 경쟁 국가들은 이러한 영국 해군의 인식을 오히려 기회로 삼아 영국보다 먼저 기술적으로 발전된 군함을 확보하고자 했다. 특히 영국에 이어 세계 2위의 해군력을 보유했던 프랑스는 이 가능성을 적극적으로 활용하여 영국 해군에 도전하고자 했다. 프랑스는 영국에 비해 대규모 범선 함대나 그와 관련한 막대한 인프라를 구축해 놓은 상황이 아니었고, 범선으로는 더 이상 영국 해군에 대항하기 힘들다는 사실을 잘 알고 있었으므로[77] 증기 군함으로 옮겨가는 결정을 비교적 쉽게 할 수 있었다.[78] 또한 증기기관으로 추진되는 군함은 바람의 방향에 관계없이 도버 해협을 건널 수 있다는 장점이 있었기 때문에 프랑스가 영국 해군에 대항할 수 있는 유망한 대안으로 여겨졌다.[79]

1822년 프랑스 육군 포병대의 앙리 조제프 페크상(Henri Joseph Paixhan, 1783~1853) 장군은 자신의 저서 『새로운 해군과 포술(Nouvelle Force Maritime et Artillerie)』(1822)[80]에서 영국 함대에 대한 열세를 만회할 방법으로 작열탄을 장착한 증기 군함을 도입할 것을 제안했다.[81] 작열탄이

---

75) 외륜은 함정의 현측에 설치되어 바퀴처럼 회전하면서 추진력을 얻는 추진 장치로서 선박 중앙부에서 넓은 면적을 차지하여 탑재 가능한 함포의 수를 크게 감소시킬 뿐만 아니라 전투 시 적의 포탄에 의해 손상될 가능성이 높았기 때문에 전투함의 추진 장치로는 부적절하다고 여겨졌다. 석영달, 「19세기 증기선의 도입과 영국 해군의 변화」, p.145.
76) James L. George 지음, 허홍범 옮김, 『군함의 역사』 (서울: 한국해양전략연구소, 2004), pp.131-132; Lewis, The History of the British Navy, p.223; 석영달, 「19세기 증기선의 도입과 영국 해군의 변화」, pp.145-146.
77) Parkinson, The Late Victorian Navy, p.11.
78) Lewis, The History of the British Navy, p.223.
79) McNeill, 『전쟁의 세계사』, p.305; 석영달, 「19세기 증기선의 도입과 영국 해군의 변화」, p.147.
80) Henri Joseph Paixhans, Nouvelle Force Maritime (Paris: Bachelier, 1822).

등장하기 전인 19세기 초엽까지는 군함에 탑재된 함포로는 포탄을 적함에 적중시켜도 함정을 침몰시킬 만큼의 강력한 파괴력은 기대하기 어려웠다. 주철로 된 구형의 포탄은 적함에 명중하더라도 상갑판의 돛이나 돛대, 선체 등을 일부 손상시키는 정도의 위력에 지나지 않았으며, 명중의 충격으로 포탄이 깨지면서 생긴 파편이 부근의 사람을 살상할 수는 있었지만 그 파괴력은 그다지 강력한 것은 아니었다. 그랬기 때문에 이때까지는 함포만으로 해전에서 승패를 결정하기가 쉽지 않았고 최종적으로 서로 상대편의 배로 건너가서 싸우는 선상 백병전(船上 白兵戰)을 펼쳐야 했다.[82]

이런 상황에서 작열탄의 개발은 기존 해전의 패러다임 자체를 바꾸어 놓았다. 작열탄은 내부에 화약을 장전하여 명중 시 강력한 폭발로 적을 공격할 뿐만 아니라 적함에 불을 지르는 2차적인 공격 효과도 가지고 있었으므로 당시 유럽 해군 함대의 주력을 이루던 목조 범선들에게 치명적인 위력을 발휘할 수 있었기 때문이다.[83] 프랑스 해군은 1824년 폐선을 상대로 실시한 시험발사를 통해 페크상 장군의 주장이 타당하다는 사실을 확인했고, 1837년 작열탄을 장착한 군함을 사용하기로 결정했다.[84]

프랑스의 이러한 해군력 개발에 위기감을 느낀 영국은 프랑스에 이어 작열탄의 사용을 결정하면서,[85] 동시에 영국 해군의 주력을 형성

---

81) Watts, *Pictorial History of the Royal Navy*, p.22; McNeill, 『전쟁의 세계사』, pp.303-304.

82) 아오키 에이치, 『시 파워의 세계사 2』, p.60; 석영달, 「19세기 증기선의 도입과 영국 해군의 변화」, p.147.

83) Watts, *Pictorial History of the Royal Navy*, p.22.

84) 아오키 에이치, 『시 파워의 세계사 2』, p.61; 석영달, 「19세기 증기선의 도입과 영국 해군의 변화」, pp.147-148.

85) 아오키 에이치, 『시 파워의 세계사 2』, p.61.

하고 있던 목조 범선 군함들의 활용 가치에 대해 진지하게 고민할 수밖에 없었다.[86] 만약 해전이 벌어진다면 작열탄에 의해 목조 군함이 파괴되거나, 화재로 불타버릴 위험이 크다는 것은 너무도 자명한 사실이었다. 여기에 더하여 외륜 추진 방식의 약점을 보완한 스크류(Screw) 추진 방식[87]이 실용화되고,[88] 이렇게 변화된 해전의 양상이 크림전쟁(1853~1856) 초기의 시노프 해전(1853)에서 현실화되면서 영국 해군 관계자들의 고민은 더욱 깊어갔다. 특히 크림전쟁 중 지지부진했던 크론슈타트 포격전에서 프랑스 철갑 포함의 활약을 지켜보며 영국 해군 관계자들은 뒤늦게라도 목제 범선 대신 철제 증기 군함을 선택하는 결정을 내릴 수밖에 없었다.[89]

여기에 더해 강력해진 함포에 대항하기 위한 장갑함의 등장은 해군 무기체계의 변화를 더욱 가속화했다. 장갑함은 포탄으로부터 함정을 보호하기 위해 선체에 두꺼운 철 장갑을 둘러싸도록 고안한 것으로, 이것 역시 해군력 경쟁에 새로운 변화를 주고자 했던 프랑스에서 먼저 개발되었다. 1857년 프랑스 해군의 공작국장(Directeur du Matériel) 앙리 뒤피 드 롬(Henri Dupuy de Lome, 1816~1885)은 수선부(水線部)[90] 윗부분을

---

86) Marder, *The Anatomy of British Sea Power*, pp.4-5.

87) 스크류 추진의 사용은 1836년 스미스(Francis Smith)와 에릭슨(John Ericsson)이 영국에서 스크류의 특허를 받으면서 크게 진전되었다. 스크류의 등장은 외륜이 갖고 있던 결함들을 보완하면서 증기 군함의 발전을 가능하게 했다. Watts, *Pictorial History of the Royal Navy*, p.30.

88) 영국 해군은 1843년에 880톤, 출력 220마력의 〈래틀러(Lattler)〉를 세계 최초의 스크류 추진 군함으로 진수하게 된다. 〈래틀러〉는 외륜함 〈알렉토(Alecto)〉와의 유명한 끌기 경쟁(1845)을 통해 스크류 추진방식의 우세를 널리 보여주었고 이후 영국 해군의 스크류함 채택을 급진전시켰다. Lewis, *The History of the British Navy*, p.225.

89) Lewis, *The History of the British Navy*, p.226; George, 『군함의 역사』, p.129; 석영달, 「19세기 증기선의 도입과 영국 해군의 변화」, p.148.

90) 선박이 물에 떠 있을 때 수면과 맞닿는 선체 부분을 수선부라고 한다.

92 I 부 19세기 중반 영국 해군이 직면한 상황

〈그림 20〉 군함 글루아르

두께 120㎜의 장갑으로 둘러싼 증기 군함을 만들 것을 제안했고, 프랑스 정부는 이 제안을 받아들여 4척의 증기 장갑함을 발주했다. 이에 1859년 그 첫 번째 함정인 〈글루아르(Gloire)〉가 등장하게 되었는데,[91] 이것은 세계 최초의 장갑함으로서 스크류로 추진되는 대형 증기 군함이었다.[92]

이와 같은 프랑스의 장갑함 개발에 크게 자극을 받은 영국은 이에 대응하기 위해 1860년에 〈글루아르〉를 능가하는, 9,000톤이 넘는 대형 장갑함 〈워리어(H.M.S. Warrior)〉를 건조하였다.[93] 이러한 영국과 프랑스의 장갑함 도입은 당대 유럽에서 해군 함정의 패러다임을 바꾸어

91) 아오키 에이치, 『시 파워의 세계사 2』, p.69.
92) 최초로 장갑함의 아이디어를 제안한 듀피 드 롬은 "목조 전열함만으로 구성된 함대에 단 한 척의 장갑함이 상대해도 그것은 양떼 속에 사자를 풀어놓은 것과 같다"고 말할 정도로 그 위력에 자신감을 보였다. 아오키 에이치, 『시 파워의 세계사 2』, p.70; 석영달, 「19세기 증기선의 도입과 영국 해군의 변화」, pp.148-149.
93) Marder, *The Anatomy of British Sea Power*, p.4.

〈그림 21〉 군함 워리어

놓을 만큼 큰 파급효과를 일으켰다. 바로 이 시점부터 대부분의 유럽
국가들이 본격적으로 철제 장갑을 입힌 군함을 주력으로 건조하게 되었
던 것이다.94) 또한 이 장갑함은 방어력이 강력한 만큼 무게가 매우
무거웠으므로 증기력 추진이 아니면 충분한 속력을 내기가 어려웠
다.95) 결과적으로 19세기 중반 이후부터는96) 증기로 추진되는 장갑함
이 각국의 해군력을 평가하는 중요한 기준이 되었던 것이다.97)

 1862년 3월 8일 미국의 남북전쟁(the Civil War) 중 벌어진 햄프턴

---

94) 영국과 프랑스의 장갑함 건조 이후 러시아, 이탈리아, 오스트리아 등의 유럽
   열강은 본격적으로 신형 함정을 장갑함으로 건조하기 시작했다. George,
   『군함의 역사』, p.133.
95) McNeill, 『전쟁의 세계사』, p.304.
96) 작열탄의 위력을 확인한 크림전쟁(1853-1856)과 장갑함이 실전에 활용된 미
   국의 남북전쟁(1861-1865) 이후 증기 장갑함의 우위가 확실해졌다. Marder,
   The Anatomy of British Sea Power, pp.4-5.
97) Lewis, *The History of the British Navy*, pp.225-227; 아오키 에이치, 『시 파워의
   세계사 2』, p.70; 석영달, 「19세기 증기선의 도입과 영국 해군의 변화」, p.149.

〈그림 22〉 햄프턴 로즈 전투

로즈 전투(the Battle of Hampton Roads)는 약 네 시간 만에 끝난 짧은 전투였지만 영국을 비롯한 당대의 유럽 열강에게 미래의 해전 양상에 대한 강한 확신을 가져다줬다. 햄프턴 로즈 전투에서 철갑함 〈모니터 (U.S.S. Monitor)〉와 〈버지니아(C.S.S. Virginia)〉는 맹렬한 포격전을 벌였음에도 불구하고 두 함정 모두 장갑으로 인해 포탄에 의한 피해는 거의 입지 않았다. 이 전투가 끝났을 때 유럽 열강은 이제 증기 장갑함이 아니면 해전에서 어떤 유의미한 전투력을 발휘하기 어렵다는 점을 명확히 깨달았다.[98] 서론에서 소개했던 "우리는 이전까지 즉각 운용할 수 있는 1급 전함을 149척이나 보유하고 있었지만, 이제는 단 두 척의 장갑함만 보유하게 되었다"[99]는 영국의 언론 보도는 단지 과장만은

---

98) 4시간에 걸친 함포 포격전에서 두 척의 철갑함 모두 함포에 의한 피해를 거의 입지 않았다는 사실은 유럽 열강에 큰 충격을 안겨줬다. 만약 범선 전함으로 구성된 함대가 철갑함과 포격전을 벌였을 경우 철갑함은 거의 피해를 입지 않은 채 범선 함대를 손쉽게 격파할 수 있을 것이었기 때문이다.

99) "The Naval Revolution," *The Illustrated London News*, Vol. 40, No. 1138, 5 April,

아니었던 것이다.[100]

이처럼 19세기 중반에 접어들며 대두된 범선 함대의 종언은 이전까지 쌓아왔던 영국 해군의 절대적인 아성에 균열을 야기하고 있었다. 증기 군함 건조를 둘러싼 새로운 해군력 경쟁은 유럽 경쟁국들이 모두 비슷한 출발선에서 다시 시작하는 것이었으므로,[101] 범선 시대까지 영국 해군이 보유했던 여러 이점들이 상당 부분 사라지게 되었다. 이러한 변화는 영국 해군의 힘에 억눌려있었던 여러 경쟁 국가들에게는 새로운 가능성과 자신감을 부여했다. 특히 새로운 해군력 경쟁에 적극적으로 참여하고자 했던 프랑스와 러시아의 위협적인 성장은 이전까지 세계 해군력의 균형에서 압도적인 우위를 유지해왔던 영국 해군에게 불안감을 심어 주기에 충분했다.[102]

요약하자면 영국이 19세기 전반기 동안 평화의 시기를 맞아 번영을 구가하며 '호수 위의 백조'처럼 제국을 유지하고 있을 때 영국 해군은 전 세계의 해역에서 그 백조의 '물갈퀴'처럼 수면 밑의 부단한 발놀림을 해야 했다. 그러나 아이러니하게도 그러한 발놀림은 계속 하면 할수록 영국 해군의 전투력과 조직 건강성에는 해가 되는 것이었다. 여기에 더해 작열탄과 증기 군함이라는 새로운 무기체계가 도입되면서 영국 해군은 프랑스, 러시아 등과 함께 새로운 출발선에서, 이전까지와는

1862, p.328.

100) 석영달, 「역사 연구가 해군력에 미친 영향: 빅토리아 시대 후기 영국 해군 역사학 운동을 중심으로」, 『학림』 제38집 (2016), pp.42-43.

101) 증기 군함의 도입으로 야기된 여러 기술혁신은 이전의 함정들을 노후화시켰고, 그 기술들이 점차 전파되면서 유럽 열강은 해군과 관련된 기술 개발 경쟁에서 점차 비슷한 출발점에 서게 되었다. J. R. T. Hughes and Stanley Reiter, "The First 1,945 British Steamships," *Journal of the American Statistical Association*, Vol. 53, No. 282 (1958), p.366.

102) 석영달, 「19세기 증기선의 도입과 영국 해군의 변화」, pp.149-150.

달리 오히려 약간 늦은 상태로 경쟁을 해야 하는 상황이었다. 그렇다면 당시 영국 해군은 이러한 어려움을 타개하기 위해 어떠한 노력을 경주하였을까? 이를 살펴보기 위해 II부에서는 1870년대 전후 영국 해군본부의 내부로 시선을 옮겨 당시 어떤 인물들이 해군개혁이라는 급격한 변화를 시도하며 영국 해군의 체질을 바꾸고자 했는지 살펴보고자 한다.

Ⅱ부

1870년대 해군개혁의 요체와 목적

3장

글래드스턴 1차 내각의 수립과
해군 장관 칠더스의 임명

영국의 19세기는 흔히 '개혁의 시대(Age of Reform)'라 불리지만 군사 분야에서는 1870년대 이전까지 어떤 개혁이라 칭할만한 뚜렷한 변화가 나타나지 않았다. 이는 나폴레옹 전쟁 이후 영국 사회에서 자국의 군사력에 대한 과신과 경제 우선의 정책 등으로 인해 군사 문제에 대해서는 별다른 관심을 갖지 않았기 때문이었다.[1] 그러나 1870년대만큼은 영국 군에도 '개혁의 시기'라는 표현을 적용해볼 만한 큰 변화의 움직임이 나타났다. 이 시기 육군에서는 매관제도의 폐지로 대표되는 에드워드 카드웰(Edward Cardwell, 1813~1886)의 육군개혁이,[2] 해군에서는 휴 칠더스(Hugh C. E. Childers, 1827~1896)의 해군개혁이 각 군의 시스템 전반을

---

1) 원태재, 『영국 육군개혁사』, pp.7-8.
2) 카드웰의 육군개혁에 대해서는 원태재, 『영국 육군개혁사』, pp.205-258을 참고할 것.

뒤흔들어놓았던 것이다.

이와 같은 1870년대 전후의 대대적인 군사 개혁의 배후에는 1868년 총선에서 승리한 자유당 내각의 수상 윌리엄 글래드스턴(William Ewart Gladstone, 1809~1898)이 있었다. 교회세 폐지와 아일랜드 국교회 폐지를 주요 공약으로 내걸고 출발한 글래드스턴 1차 내각은 자유주의의 절정으로 평가될 만큼 여러 혁신적인 개혁을 선보였다.[3] 당시 글래드스턴 내각은 빅토리아 시대에 대중적 차원의 자유주의 이념으로 인식되었던 '자유, 긴축, 개혁'이라는 기치 아래 다양한 개혁을 수행해나갔는데,[4] 그것의 주된 동력은 글래드스턴 개인의 굳은 신념과 카리스마적인 리더십이었다.[5] 또한 이 개혁 과정에서 눈여겨볼 만한 흥미로운 부분은 글래드스턴이 각 분야별로 개혁을 추진해나갈 적임자를 선정함에 있어 나름의 전문성이나 능력뿐만 아니라 자신에 대한 충성심과 강력한 추진력을 중요하게 고려했다는 점이다.

이러한 인재 기용의 대표적인 사례가 바로 해군 장관으로 임명되었던 칠더스였다. 1870년대 영국 해군개혁의 진면목에 대해 이해하려면 이 시기 해군 장관으로 부임했던 칠더스가 어떠한 정치적 배경과 맥락 속에서 장관으로 임명되었는지 살펴볼 필요가 있다. 칠더스와 글래드스턴의 인연은 1차 내각이 수립되기 한참 이전인 1858년부터 시작되었는데, 그 후 약 10년 가까운 시간이 흐르는 동안 두 사람의 관계는 단순히 동료 관계가 아닌 '정치적 동지'에 가깝게 발전해갔다. 글래드스턴은 칠더스가 해군본부 민간 위원(Civil Lord, 1864~1865)으로 근무하던 시절

---

3) 김기순, 『신념과 비전의 정치가, 글래드스턴』, pp.20-21.
4) 특히 1870년대에 공무원 공개경쟁 시험제를 도입하고, 육군의 매관제도를 폐지하며, 해군의 진급 및 전역 제도를 개혁한 것은 오랜 세월 논의되어 왔지만 여러 반발에 밀려 시행되지 못했던 사안들을 일거에 해결한 조치였다.
5) 김기순, 『신념과 비전의 정치가, 글래드스턴』, pp.63-71.

그의 업무 능력을 눈여겨보고 파머스턴에게 그를 재무차관으로 강력히 추천했고,[6] 이에 칠더스는 글래드스턴에게 감사의 인사를 전하며 그 자리를 흔쾌히 수락했다.[7] 이후 칠더스는 당시 재무장관이었던 글래드스턴의 든든한 지원자이자 훌륭한 조력자로서 그를 보좌하며 자유당의 주요 인재로 자리매김했다.[8]

〈그림 23〉 윌리엄 글래드스턴

이 두 인물 간의 긴밀한 관계는 1867년 파머스턴 내각이 실각하고 보수당인 더비-디즈레일리 내각이 정권을 잡았을 때 오히려 더 굳건해졌다. 더비-디즈레일리 내각에서는 칠더스의 재정 업무 능력을 높이 사 그에게 인도 총독부 재정 위원 자리를 제안했지만 그는 글래드스턴과의 의리를 지키며 그 자리를 거절했다. 칠더스는 이 제안을 거절하자마자 바로 글래드스턴을 찾아가 "[보수당으로부터] 이런 자리를 제안 받았고 나는 거절했다"라고 밝혔고, 이 일은 글래드스턴과 칠더스 간의 신뢰를 더욱 두텁게 만드는 계기가 되었다.[9] 이후

6) Spencer Childers, *The Life and Correspondence of the Right Hon. Hugh C. E. Childers, 1827-1896*, Vol. 1 (London: John Murray, 1901), p.125.
7) Childers, *The Life and Correspondence*, Vol. 1, p.125.
8) Childers, *The Life and Correspondence*, Vol. 1, pp.131-134.
9) Childers, *The Life and Correspondence*, Vol. 1, p.149.

〈그림 24〉 휴 칠더스

글래드스턴은 수상으로 재직하는 내내 칠더스를 해군 장관을 비롯한 내각의 여러 주요 직책에 두루 임명하면서 그를 크게 신임하였다.[10]

그런데 여기서 글래드스턴이 칠더스를 '해군 장관'으로 먼저 선임했다는 점에 대해서는 좀 더 눈여겨 살펴볼 필요가 있다. 이전까지의 선행 연구들은 이 부분에 대해 크게 주목하지 않았는데, 당시 글래드스턴의 결정이 여론의 예상을 벗어난 상당히 이례적인 것이었다는 점은 이것이 향후 해군개혁을 이해하는 데에 중요한 단서가 될 수 있음을 암시한다. 글래드스턴이 내각을 수립할 당시 영국의 주요 언론들은 내각 구성에 대한 하마평을 여러 차례 실으면서 칠더스를 주로 재무 장관으로 거론하였을 뿐 해군 장관으로 거론한 경우는 거의 없었다. 1868년 11월 26일 『가디언(The Guardian)』에 실린 기사는 글래드스턴 내각의 각료들을 예상하며 칠더스를 가장 먼저 재무부 장관으로 거론하였으며,[11] 이러한 예상은 내각 구성이 발표되기 하루 전인 12월 5일까지

10) 칠더스는 글래드스턴 1차 내각에서는 해군 장관, 랭커스터 장관 등을 역임하였고, 2차 내각에서는 육군 장관, 재무부 장관, 내무부 장관 등의 직책을 맡았다. *Oxford Dictionary of National Biography*, 2008 ed., s.v. "Childers, Hugh Culling Eardley(1827-1896)," by William Carr, revised by H. C. G. Matthew.

도 유사하게 나타났다.[12] 12월 5일 『스펙테이터(The Spectator)』에서는 세 페이지에 걸쳐 글래드스턴의 내각 구상을 다루는 다음과 같은 기사를 발표하기도 했다.

만약 고셴이 상무부 장관(President of the Board of Trade)에 지명된다면, 카드웰이나 칠더스가 재무부 장관직(the Chancellorship of the Exchequer)을 요청 받게 될 것이다. 카드웰은 항상 로버트 필의 재정 학파(financial school)의 일원이었고, 글래드스턴은 그 학파의 수장이었다. 카드웰은 다른 대부분의 필파(Peelites)가 그랬던 것처럼 정부 재정을 '흥미롭게' 만들 것이다. (…) 반면에 칠더스는 명쾌하고, 남성적이며, 잘 훈련된 사고방식을 그 부서에 전파할 것이다. 그는 재정 분야와 관련된 자유당 인물 가운데 가장 효율적이고, 치열하게 일하며, 대중적인 인물이다. 특히 해군과 관련한 그의 세밀한 지식은 더 효과적인 재정 운영을 위해 어디를 압박할 것인지 지시하는 데 큰 도움이 될 것이다.[13]

이처럼 당시 주요 언론들은 글래드스턴이 내각을 구상할 때 칠더스를 내각의 핵심 보직이자 그의 전문성을 살릴 수 있는 재무부 장관으로 기용할 것이라 추측했다. 이는 당시 글래드스턴이 내각의 지상과제로 삼았던 '예산 감축'이라는 목적을 달성하기 위해 이미 재무부 차관으로 호흡을 맞춘 바 있는 칠더스를 적임자로 여겼을 것이라는 판단이었다.

---

11) "The New Government,"*The Guardian*, 26 November, 1868, p.5.
12) 특히 해군 장관 인선에 가장 관심이 많았을 해군의 모항, 포츠머스에서 발간되었던 『햄프셔 텔레그래프 앤드 네이벌 크로니클(Hampshire Telegraph and Naval Chronicle)』에서도 칠더스를 해군 장관이 아닌 재무부 장관으로 거론했다는 점은 상당히 흥미롭다. "The New Ministry," *Hampshire Telegraph and Naval Chronicle*, 5 December, 1868, p.4.
13) "The Incoming Administration," *The Spectator*, 5 December, 1868, p.1425.

실제로 글래드스턴은 재무부 장관 시절 칠더스의 예산 관련 업무 수행 능력을 눈여겨보고 재무부 차관으로 직접 추천했을 뿐만 아니라, 재무부에서 함께 업무를 수행해봤기에 그 누구보다도 칠더스의 능력을 잘 알고 있었다. 게다가 칠더스의 충성심이나 정치 철학 등은 이미 완전히 검증이 끝난 상황이었다. 그렇다면 왜 글래드스턴은 수상으로서 최초의 내각을 꾸리면서 자신의 복심이라 할 수 있는 칠더스를 내각의 요직14)에 앉히는 대신 해군 장관이라는 자리에 임명한 것일까?

이에 대해서는 여러 가지 가능성을 고려해볼 수 있겠으나 필자는 글래드스턴이 해군개혁에 그만큼 큰 비중을 두고 칠더스에게 개혁의 명운을 걸었을 가능성이 가장 크다고 생각한다. 특히 칠더스가 해군 장관으로 임명된 이후 그가 해군개혁을 진행함에 있어 글래드스턴이 보여줬던 전폭적인 신뢰와 지지는 그러한 가능성에 상당한 무게를 실어준다. 글래드스턴은 칠더스가 해군개혁을 진행해나가는 과정에서 고위 해군 장교들과 마찰이 생겼을 때 직접 나서서 그것을 해결해줄 정도로 칠더스의 개혁에 많은 관심과 지원을 아끼지 않았다.

또한 글래드스턴의 두터운 신뢰 못지않게 내각의 다른 주요 인사들이 칠더스에게 깊은 존중을 보였다는 점도 주목할 만하다. 예를 들어 육군 장관으로서 육군개혁을 담당했던 카드웰은 육군 장교들의 진급 제도 개혁안을 입안할 때 칠더스에게 직접 조언을 구할 정도로 그에게 의지했다. 심지어 칠더스는 카드웰이 작성한 초안의 부족함을 지적하며 그 내용을 수정해줄 정도로 육군 개혁에도 깊이 개입했다.15) 이런 점을

---

14) 여기서 내각의 요직이란 흔히 'Great Offices of State'로 칭해지는 수상, 외무장관, 내무장관, 재무장관 등의 4개의 주요 직책을 의미한다. 원태준, 「차관 정치를 통한 내각 견제와 균형: 알렉 더글라스-홈 정권의 사례를 중심으로」, 『영국 연구』 제26호 (2011), p.233.

15) Childers, *The Life and Correspondence*, Vol. 1, p.187.

고려할 때 칠더스가 해군 장관직을 맡게 된 것은 군사 분야의 혁신적인 개혁을 꾀했던 글래드스턴의 분명한 의도가 담긴 인사 조치였다고 보는 것이 적절하다. 칠더스가 장관 선임 이후 보궐의원 선거 연설에서 직접 밝혔던 내각 구성의 의미는 이를 방증해준다.

제가 속한 정부의 특정 부서들, 즉 국가의 방어를 위한 규정을 만들고, 또 그 방어를 위해 필요한 예산을 제공하는 부서들을 구성함에 있어 글래드스턴 수상은 하나의 목표와 목적을 가진 사람들을 모으는 데 성공했습니다. 다행스럽게도 그 사람들은 재무 장관 로우와 육군 장관 카드웰, 그리고 그들에 비해서는 능력이 못 미치긴 하지만 강한 의지와 뛰어난 재능을 가진 저와 같은 사람이었습니다. 최고의 행정 효율과 예산 절약을 달성하고자 하는 우리의 열망은 그 어느 누구에게도 뒤지지 않습니다. [우리가 맡게 된] 이 막대한 예산 지출 부서의 위에는 글래드스턴 수상도 함께 있습니다.[16]

이처럼 칠더스는 자신이 맡은 해군 장관 직책이 카드웰의 육군 장관직과 함께 재무부 장관에 비견할 만한 글래드스턴 내각의 중책임을 스스로 밝혔다. 이는 앞서 살펴본『스펙테이터』의 하마평 속에서 재무부 장관 후보로 함께 거론된 바 있는 칠더스와 카드웰이 향후 글래드스턴 내각에서 정부 예산과 관련된 중요한 역할을 맡게 될 것이라는 점을 암시한다. 즉, 위의 연설에서 그가 강조한 '행정 효율과 예산 절약'은 글래드스턴 1차 내각의 주요 목표이자 추후 해군 및 육군을 바꿔나갈 방향성을 의미하는 것이었다. 그리고 이로부터 약 한 달 뒤인 1869년

---

16) "Re-election of Ministers: the First Lord of the Admiralty," *The Guardian*, 22 December, 1868, p.6.

1월 칠더스는 새롭게 출범하는 해군본부 위원회의 명으로 예하 위원들에게 다음과 같은 회람을 전달하기도 했다.

나는 이 중요한 부서의 막중한 책임을 맡게 되었다. 해군 장관, 그리고 해군본부는 현명하고 체계적인 감축을 위해 예산 지출을 주의 깊게 검토하고, 관찰하고, 통제해나갈 것이다.[17]

이런 점들을 모두 고려할 때 내각 구성 당시 글래드스턴은 앞으로 추진하게 될 여러 개혁의 아젠다 중 글래드스턴 본인이 잘 알고 직접 통제할 수 있는 민간 부분의 예산 대신, 해당 분야에 대한 전문성 없이는 쉽게 개입하기 어려운 '해군의 개혁과 예산 감축'을 칠더스에게 맡긴 것으로 보인다.[18] 이는 글래드스턴이 의회에서 해군 예산의 감축 필요성에 대해 몇 차례 언급하면서도 그에 대한 구체적인 대안은 제시하지 못했다는 점에서도 짐작해볼 수 있다.[19]

다만 글래드스턴이 칠더스에게 그러한 역할을 일임하고자 했을 때에

---

17) TNA, ADM 116/861, Rodger, "The Dark Ages of the Admiralty, 1869-85, Part I," p.334에서 재인용.

18) 글래드스턴은 해군을 예산 감축의 주된 대상으로 삼으면서도 해군에 대한 지식이나 전문성은 그다지 높지 않아 해군 관련 사안에 대해 많은 발언을 남기지는 않았다. H. W. Dickinson, *Educating the Royal Navy: Eighteenth and Nineteenth Century Education for Officers* (New York: Routledge, 2007), p.114.

19) 글래드스턴은 1857년 3월 10일, 1866년 3월 9일, 1867년 3월 14일 등의 의회 해군 예산 심의에서 "평화 시기에 불필요하게 군의 예산이 증대되고 있다는 점," "소형 포함(gunboat)을 다수 건조하여 전 세계에 배치하는 정책에 대해 재고할 필요가 있다는 점" 등에 대해 언급을 남긴 바 있다. 다만 여기에 나타난 글래드스턴의 발언들은 대부분 불필요한 예산 사용을 지양해야한다는 개략적인 주장에 지나지 않아 구체성은 다소 떨어진다. *Hansard* (Commons), 3rd ser., Vol. 144, 10 March, 1857, Cols., 2152-2160; *Hansard* (Commons), 3rd ser., Vol. 181, 9 March, 1866, Cols., 1871-1874; *Hansard* (Commons), 3rd ser., Vol. 185, 14 March, 1867, Cols., 1853-1854.

는 칠더스가 그만큼 해군에 대한 높은 수준의 전문성을 갖추었다는 확신이 있어야만 했다. 그렇다면 불과 1-2년 정도의 해군본부 민간 위원 근무만을 경험한 칠더스에게 과연 해군 전반을 아우르는 개혁을 추진할 만한 역량과 전문성이 담보되어 있었던 것일까? 칠더스가 정부의 재정 문제나 예산을 다루는 능력은 출중했다고 할지라도, 해군이라는 거대한 조직과 그 조직의 세부적인 운영에 대해 충분한 이해가 없다면 개혁을 시도하거나 예산을 수정함으로써 오히려 또 다른 복잡한 문제를 야기할 수도 있었다. 이런 점에서 로저나 로건과 같은 선행 연구자들은 칠더스가 이전의 여타 해군 장관들과 별반 다르지 않은 전문성만을 갖춘 채, 해군에 대한 이해가 부족한 상태로 미흡한 개혁을 추진했다고 보았던 것이다.[20]

하지만 필자는 칠더스가 비록 해군 장교로 복무하거나 함정을 직접 운용해본 경험은 없지만 해군본부 민간 위원으로 근무하며 해군의 속사정에 대해 꽤나 깊은 이해를 갖게 되었다고 본다. 특히 칠더스는 해군의 전력 및 인력 운영에 대한 지식은 웬만한 해군 장교 이상의 수준으로 겸비하고 있었다. 이를 보여주는 자료로 칠더스가 해군 장관으로 선임되기 1년 6개월 전인 1867년 3월 21일 의회에서 행한 해군 예산 심의 관련 연설을 주목해볼 필요가 있다.[21] 이 연설은 지금껏 선행 연구들에서 중요하게 다뤄지지 않았으나, 칠더스가 훗날 장관으로서 다루게 될 여러 개혁 안건들의 핵심이 복선처럼 깔려있다는 점에서

---

20) Rodger, "The Dark Ages of the Admiralty, 1869-85, Part I," p.336; Logan, "The Admiralty," pp.36-37.

21) Hansard (Commons), 3rd ser., Vol. 186, 21 March, 1867, Cols., 322-340; Hugh C. E. Childers, *Naval Policy: A Speech Delivered in the House of Commons, on the 21st March, 1867, During the Debate on the Naval Estimates* (London: Longmans, Green, and Co., 1867).

반드시 주목해볼 필요가 있다.

당시 칠더스가 의회에서 했던 연설은 무려 30페이지에 달하는 팸플 릿으로 출판되었을 정도로 길고 자세한데, 여기에는 칠더스가 당대의 영국 해군에 대해 갖고 있던 여러 문제의식들이 심도 있게 담겨 있다. 그의 문제의식은 크게 세 가지로 나누어 살펴볼 수 있는데, 그것은 해군의 함정 건조에 대한 문제, 함대의 운영에 대한 문제, 그리고 장교 인력의 운영에 대한 문제였다. 먼저 칠더스는 해군의 건함 정책에 대해 서는 다음과 같은 문제를 제기했다.

① 우선 저는 해군본부가 이번 해에 왜 [철갑함]〈모나크(Monarch)〉와 〈헤라클레스(Hercules)〉를 건조하는 데 그렇게 작은 진전밖에 이루지 못했는지에 대해 설명해야 한다고 생각합니다. (…) 두 함정의 건조 계획과 실제 진행 상황 간의 차이는 자그마치 〈헤라클레스〉에서 1,800 톤, 〈모나크〉에서 1,600톤에 달합니다. 저는 전투용이 아닌 소형 함정 건조에 시간과 돈이 낭비되고 있다면, 왜 해군본부가 철갑함대 건조 과정에 그런 엄청난 지연을 용인하고 있는지 보고받아야 한다고 생각합 니다.[22]

② 또한 저는 〈인콘스탄트(Inconstant)〉와 같이 한 발의 포탄만으로도 파괴될 수 있는 규모의 [비장갑] 함정은 해군에서 더 이상 계약해서는 안 된다고 생각합니다. 저는 해군에서 건조를 계획하는 더 작은 함정들 은 낭비라고 생각합니다. (…) 이는 우리 철갑함대의 건설을 방해할 뿐만 아니라 해외에 불필요하게 큰 규모의 전대를 유지하는 정책을

---

22) 인용문 앞의 번호는 내용 구분을 위해 필자가 임의로 부여한 것이다. Childers, *Naval Policy*, p.15.

영속시키는 것이기도 합니다.[23] (…) 저는 솔직히 〈인콘스탄트〉나 다른 비장갑 함정들을 추가적으로 건조하려는 새로운 계획들이 두렵습니다. 제 생각에 우리의 [해군력 건설] 정책은 장갑함, 혹은 전투용 함정들을 더 적극적으로 건조하고, 소형 함정들은 여러 해에 걸쳐 분산하여 건조하는 방향으로 가야합니다.[24]

③ 저는 한 해에 한 종류의 함정들을 지나치게 많이 건조하는 것은 반대합니다. 이것은 예산의 증가는 말할 것도 없고, 그 함정들이 같은 시기에 수리를 받기 위해 몰리기 때문에 큰 문제가 될 수 있습니다.[25]

이와 같은 칠더스의 지적은 해군 무기체계의 발전 추세에 대한 명확한 이해를 드러내면서 동시에 영국 해군의 현실에 대하여 날카롭게 진단하는 것이었다. 칠더스는 함정 건조 공정률을 세부적인 수치로 명시하며 불필요한 지연으로 인해 시간과 예산이 낭비되고 있음을 지적하면서[26] 무기체계의 진보를 고려한 향후 해군의 전력 건설 방향에 대해서도 수정이 필요하다고 밝혔다. 특히 그는 소형 함정을 다수 건조하여 해외에 파견하는 방식의 비합리적인 전력 운영에 대해서는 분명히 선을 그으며 해군본부의 재고를 요청하기도 했다.[27]

또한 칠더스는 해군 함대의 운영 문제에 대해서는 영국의 방어를

---

23) Childers, *Naval Policy*, pp.15-16.
24) Childers, *Naval Policy*, p.16.
25) Childers, *Naval Policy*, p.16.
26) 칠더스는 1866년 발표된 건조 계획에 따르면 〈헤라클레스〉는 3월 31일까지 4.75/8, 〈모나크〉는 4/8만큼 건조되어야 했지만 당시 건조 상황은 〈헤라클레스〉는 2.75/8, 〈모나크〉는 1.5/8밖에 이르지 못했음을 지적했다. Childers, *Naval Policy*, p.15.
27) Childers, *Naval Policy*, p.16.

위한 본국 함대, 해외 식민지의 보호를 위한 식민지 함대, 영국의 통상을 보호하기 위한 해외 파견 함대 등 세 개의 분류로 나누어 현재의 구체적인 함대 운영 상황과 향후 수정되어야 할 방향에 대해 약 11페이지에 달하는 분량으로 상세히 설명하였다. 여기서 주목할 만한 부분은 칠더스가 무작정 함대의 감축만을 요구한 것이 아니라 각 해역별로 어떤 종류의 함정들이, 어떤 종류의 임무를 수행하기 위해, 어느 정도의 인력과 함께 필요한지를 구체적인 수치로 명시하였다는 점이다. 특히 칠더스는 각 해역별 여러 해외 기지의 가치를 차등화하며 불필요한 기지는 전력을 감축하고, 핵심적인 기지에는 필요한 전력을 유지하거나 오히려 늘리자는 주장을 펼쳤다.[28]

그뿐만 아니라 칠더스는 장교 인력 문제에 대해서도 개혁의 필요성을 강하게 주장했다. 그는 "해군에서 진급 및 전역에 관한 문제만큼 불만족스러운 것은 없으며 매년 해군본부에 진급의 흐름을 원활하게 해달라는 장교들의 요구가 빗발치고 있다"고 지적하면서 이 문제를 더 이상 미뤄서는 안 된다고 언급했다.[29] 여기서 칠더스는 해군의 각 계급별 미보직 장교의 비율과 그들에게 지급되는 봉급 등을 구체적으로 명시하고, 또 얼마나 많은 장교들이 한창 활동해야 할 시기에 아무런 임무도 받지 못한 채 방치되고 있는지를 밝혔다. 또한 그는 "이러한 비효율적인 장교 인력의 운영은 일반적인 상식에도 어긋날 뿐만 아니라 세계 그 어느 나라의 해군과 비교하더라도 분명 개혁이 필요한 것"이라고 지적하기도 했다.[30] 칠더스는 이 문제에 대한 구체적인 해결 방법으

---

28) 칠더스의 해군 함대 운영에 대한 주장은 대단히 길고 자세하다. 이에 대한 상세한 내용은 차후 해외 파견 전대 개혁 부분에서 더 자세히 다루고자 한다. Childers, *Naval Policy*, pp. 17-27.

29) Childers, *Naval Policy*, pp. 27-28.

30) Childers, *Naval Policy*, pp. 28-30.

로 일시적인 계급별 인원 감축만이 아니라, 중장기적으로 장교들의 희망 전역 유도 및 계급별 연령 정년의 확대 적용이 필요함을 역설하였다.[31]

결론적으로 칠더스는 해군본부 민간 위원 근무 이후에도 지속적으로 해군의 예산 활용, 조직 및 인력 운영 등에 내재한 문제점들을 주의 깊게 지켜보고 있었고, 그에 대해 해군 예산을 심의하는 자리에서 속속들이 지적하며 수정을 요구했던 것이다. 위의 연설에 나타나는 칠더스의 해군에 대한 문제의식과 전문적인 지식 등은 글래드스턴에게 깊은 인상을 남기기에 충분했으리라 판단된다. 특히나 글래드스턴으로서는 오랫동안 내각에서 쉽게 건드리지 못했던 국방 예산, 그 가운데 특히 '영국의 근간'이라는 이유로 끊임없이 증액되기만 했던 해군 예산을 자신의 복심인 칠더스가 직접 나서서 낱낱이 뜯어보고 대폭 감축할 수 있다면 더없이 좋은 선택이라 여겼을 것이다. 이에 칠더스는 글래드스턴 내각의 대표로서 해군개혁에 명운을 건 채 해군 장관 직책에 부임하게 되었던 것이다.

---

31) 장교 인력 문제는 차후 진급 및 전역 제도의 개혁 부분에서 더 상세히 다룰 것이다. Childers, *Naval Policy*, pp.30-31.

4장

칠더스의 해군개혁

1) 칠더스의 포부와 해군본부 조직 개혁

집권 내각으로부터의 든든한 지지와 나름의 전문성으로 무장한 칠더스는 해군 장관으로 부임한 1868년 12월 직후부터 한 치의 망설임도 없이 해군개혁을 추진해나갔다. 그는 이미 파머스턴 내각에서 해군본부 민간 위원으로 재직하며 해군의 행정이 어떻게 돌아가는지 충분히 파악하고 있었으며, 또한 민간인의 입장에서 당시의 해군 조직이 가진 비효율성에 분개하며 강한 개혁의 의지를 다지고 있던 차였다.[1] 칠더스의 이러한 의지는 장관직 수락 직후의 연설에서 잘 살펴볼 수 있다.

저는 영국 해군이 이 나라가 요구하는 모습에 계속해서 부합할 수 있도록 최선의 노력을 다할 것입니다. (…) 저는 취약함의 원천이 되는 행정

---

[1] Childers, *The Life and Correspondence*, Vol. 1, p.160.

조직의 불필요한 요소나 과잉 상태를 해소하는 데에 온 힘을 기울일 것입니다. 우리가 원하는 것은 강한 해군입니다. (…) 그것은 행정 조직의 개혁이 제대로 이뤄졌을 때 가능할 것이며, 이 개혁의 성공은 영국의 납세자들 모두가 만족할 만한 예산의 감축과 경제적 효율을 야기할 것입니다.[2]

위의 연설에서 드러나는 것처럼 칠더스는 해군 행정 조직의 '효율적 개편'과 '불필요한 예산의 감축'을 그의 지상 과제로 삼았다. 그리고 이를 위해 칠더스가 가장 먼저 개혁의 칼날을 빼든 부분은 해군의 수뇌부인 해군본부 위원회(the Board of Admiralty)의 조직 구조였다.

흥미로운 점은 칠더스가 앞서 살펴본 1868년 12월 장관 선임 후 보궐의원 선거 연설에서 이 조직 구조를 어떻게 개혁할 것인지에 대해 미리 언급하고 있었다는 점이다. 당시 칠더스의 연설은 취임 직후부터 해군본부의 문제점과 향후 개혁 방향을 넌지시 암시했던 것으로서 주목해볼 필요가 있다.

제가 수장을 맡게 된 부서[해군]는 지난 몇 년 동안 의회와 국가의 관심을 많이 끌었던 부서입니다. 특히 그 부서의 구성에 대해서는 주목해볼 만한데 **[이 부서는] 내각의 구성원인 장관이 그 부서에서 가장 중요하게 여겨져야 함에도 불구하고 실제 행정은 해군 장교들로 구성된 위원회에 의해 진행됩니다.** (…) 저는 저의 역할과 해군본부 위원회에서 저와 함께 일할 분들의 역할을 명확히 이해한 채로 이 직책을 받아들였습니다. **해군본부의 업무에 대한 책임은 해군과 관련하여 여왕 폐하와 국가가 요구하는 바를 수행해야 할 장관에게 부여된 것이라고 생각합니다.**

2) Childers, *The Life and Correspondence*, Vol. 1, pp.160-161.

그리고 해군본부 위원회 위원으로서 장관과 함께 일할 이들은 그 책임이 [장관인] 제게 있다는 것을 명확히 인식해야 합니다. 그뿐만 아니라 그들은 자신들과 [장관 간의] 유대 관계가 정부의 여타 다른 부서의 장관과 위원들 간의 유대 관계와 동일하다는 사실을 분명히 인지해야 합니다. 즉, 그들은 내각의 일원인 장관에게 직접적으로 종속되어 해군본부의 업무 중 그들의 적절한 몫을 각자 위임받을 것입니다.[3]

이러한 연설은 당시 해군본부 위원회가 지닌 여러 문제를 꿰뚫어 지적하는 것으로 해군본부 위원들을 긴장시키기에 충분했다. 칠더스가 장관으로 부임하기 이전까지 해군본부는 장관을 포함한 6명의 위원들이 거의 매일 정례회의를 하면서 의견을 조율하여 각종 사안들을 결정했다. 이 시기 각 위원들에게는 직책별로 명확한 업무 분담이 이뤄져 있지는 않았는데, 인력·예산·군수·전력 문제 등이 위원회에서 함께 논의되었고 그 결과가 '해군본부 위원회의 결정'으로 내려지곤 했던 것이다.[4] 물론 이 위원회에서 명목상의 선임자는 해군 장관이었지만 해군 장관은 군인이 아닌 민간인이었기에 경험 많은 해군 장교 위원들의 중론이 그 결정에 크게 영향을 미칠 수밖에 없었다. 그뿐만 아니라 함정 건조의 주무 부서인 조선소를 책임지는 '해군 통제관(the Controller of the Navy)'은 본부 위원회에 속해 있지 않아 본부의 결정 사항을 2차로 전달받고, 이후 위원들이 제반 사항에 대해 이해하도록 보고서를 작성하여 전달하는 수고를 겪어야만 했다.[5]

칠더스는 취임한 지 약 한 달이 지난 시점인 1869년 1월 14일 추밀원

---

3) 굵은 글씨는 필자가 임의로 강조한 부분이다. "Re-election of Ministers: the First Lord of the Admiralty," The Guardian, 22 December, 1868, p.6.

4) Childers, The Life and Correspondence, Vol. 1, p.161.

5) Childers, The Life and Correspondence, Vol. 1, p.161.

령을 통해 위와 같은 행정 구조를 완전히 뜯어고쳤다. 이 구조 개편으로 과거 해군본부 제1, 2, 3위원들의 원로원식 결정 체계가 명확한 업무 분담과 책임이 구분된 지휘 체계로 바뀌었다. 그 세부적인 내용을 살펴 보면 해군본부 수석 해군위원(First Naval Lord)의 경우 해군본부 부위원 (Junior Naval Lord)의 보좌를 받으면서 함대의 지휘와 인력 운영만을 전담하고 그 최종 결정은 해군 장관에게 보고 후 재가를 받는 것으로 바뀌었다. 그리고 해군 통제관(Controller of the Navy)이 새롭게 위원회에 포함되는 동시에, 해군본부 제3위원(Third Lord)의 직책과 통합되어 조선 소 업무를 비롯한 군수 및 전력 업무(matériel)를 담당하게 되었다. 또한 그 이전까지 다양한 부서에 나눠져 있던 예산 업무는 해군 의회 차관보 ([Navy] Parliamentary Secretary)6)에게 집중시키고 민간 위원(Civil Lord)이 해당 업무를 보좌하도록 했다.7)

이 조직 개편의 핵심은 지휘 및 명령 체계를 단일화하여 그 최상부에 해군 장관이 위치하게 되었다는 데에 있었다. 이 개편으로 인해 각 분야별 업무 추진 시 각 위원들은 장관에게 일대일로 직접 보고해야 했으며, 모든 사안의 최종 결정 권한을 장관이 갖게 되었기에 권력의 집중을 꾀할 수 있었다.8) 그뿐만 아니라 과거에는 고위 해군 장교들의 입김으로 해군본부 조직이 운영될 수 있었다면 이제 해군본부 수석 해군위원이 함대의 지휘와 인력 문제를, 해군 통제관 겸 제3위원이

---

6) 해군 의회 차관보는 해군 장관을 대리하여 의회에서 해군 예산 업무를 담당하는 직책이었다.

7) 이때 수석 해군위원은 시드니 다크레스(Sydney Dacres), 제3위원 및 해군 통제관은 로버트 스펜서 로빈슨(Robert Spencer Robinson), 부위원은 존 헤이 (John Hay), 민간 위원은 조지 트리벨리언(George Trevelyan), 해군 의회 차관 보는 윌리엄 벡스터(William Baxter)가 맡았다.

8) "Order in Council of 14th January 1869," *The Orders in Council for the Regulation of the Naval Service*, Vol. 3 (London: H.M.S.O., 1873), p.255.

군수, 전력 문제를 해군 장관에게 직접 보고하고 지시받는 체계로 바뀌어 각 위원들 간에 견제가 이뤄지는 의미도 있었다.9) 특히 칠더스가 새롭게 편입시켜 제3위원 직책과 통합한 해군 통제관은 해군의 예산 감축을 담당할 중요한 포석이기도 했다. 이전까지 대부분의 해군본부 위원들과 고위 장교들이 보수당의 성향에 가까웠다면, 칠더스가 새롭게 위원회에 편입한 해군 통제관 로버트 로빈슨(Robert Spencer Robinson, 1809~1889)과 그를 보좌하는 최고 건조 책임자(Chief Constructor) 에드워드 리드(Edward James Reed, 1830~1906)는 자유당에 가까운 인사들이었다. 칠더스는 이 둘을 그의 개혁을 실현하기 위한 동반자로 포섭하여 해군본부 내 고위 해군 장교들을 견제할 조언자로 활용하고자 했다.10)

다만 이와 같은 해군본부 조직의 대대적인 개편은 대·내외적으로 우려의 목소리를 불러일으키기도 했다. 해군 장교 출신이 아닌 민간인 해군 장관이 전문성이 필요한 해군의 중요한 사안들을 단독으로 결정하는 것이 옳은가에 대한 문제와, 해군본부 위원들이 여러 사안에 대해 의견을 교감하지 않고 고립된 상태에서 자신에게 주어진 일만 하게 된다는 문제 등이 당시의 주된 우려였다. 그뿐만 아니라 해군 장교들의 입장에서는 장관이 현역 장교들과의 소통을 피한다고 여기기도 했고,11) 해군본부의 장교 위원들이 의사결정에 참여하는 대신 장관의 '조언자'

---

9) Rodger, "The Dark Ages of the Admiralty, 1869-85, Part I," p.337.

10) 특히 이들은 '군수, 전력' 분야에 대한 전문적인 정보를 다루고 있었기에 예산 심의 등에서 칠더스에게 큰 힘을 실어줄 수 있는 조언을 할 수 있었다. Rodger, "The Dark Ages of the Admiralty, 1869-85, Part I," p.339.

11) William Laird Clowes, *The Royal Navy: A History From the Earliest Times to the Present*, Vol. 7 (London: S. Low, Marston and Company, 1903), p.9; Childers, *The Life and Correspondence*, Vol. 1, p.188; C. I. Hamilton, *The Making of the Modern Admiralty: British Naval Policy-Making, 1805-1927* (Cambridge: Cambridge University Press, 2011), pp.153, 157-158.

로 격하되었다는 것에 불만을 갖기도 했다.[12]

여기서 칠더스의 '권력의 집중화'와 '의사소통의 최소화'라는 결정에 대해서는 이중적인 해석이 가능하다. 먼저 이 결정은 그가 해군본부 민간 위원으로 재직하던 시절 체득한 경험에서 비롯된, 추후의 해군개혁을 위한 불가피한 선택으로 볼 수 있다. 칠더스가 해군본부 민간 위원으로 재직하던 시절 해군 장관이었던 서머싯 공작(Edward Seymour, the Twelfth Duke of Somerset, 1804~1885)은 영국 내 해군 조선소나 해외 조선소를 시찰할 때 그를 수시로 대동하곤 했다.[13] 이때 칠더스는 해군 본부 위원회에서 장관을 제외한 유일한 민간인으로서, 해군 장관을 지근거리에서 보좌하면서 1860년대의 예산 감축 및 개혁 시도들이 해군 본부 고위 장교들의 반발로 번번이 저지되는 모습을 누구보다 가까이서 지켜보았다. 이런 점에서 칠더스가 최초로 추진한 해군본부 위원회의 조직 개편과 운영 방식의 변화는 칠더스의 민간 위원 시절 경험을 바탕으로 차후 개혁의 추진과정에서 고위 장교들의 반발이 규합되는 것을 차단하기 위한 필수적인 사전 조치라고 할 수 있었다.

그러나 이러한 결정은 훗날 해군본부의 운영에 혼란의 소지를 남기는 양날의 칼이 되기도 했다. 해군 장관에게 권력을 집중하는 것은 장관이 최선의 선택 및 결정을 한다는 가정하에서는 분명 해군본부의 운영에 긍정적인 것이었으나, 그 가정이 현실에서 달성될 가능성은 그리 높지 않았다. 장관이 각 위원들의 단독 보고를 받고 결정을 하는 체계는 어찌 보면 더 이상 '위원회'라 부를 수 없는 형태에 가까웠다. 결과적으로 칠더스의 해군본부 위원회는 거의 유명무실한 조직으로 남아 일주일에 한 번 정도 공식적인 위원회의 도장이 필요한 경우에만

---

12) Murray, "The Admiralty," p.473.
13) Childers, *The Life and Correspondence*, Vol. 1, p.121.

모이게 되었다.[14]

2) 해외 파견 전대의 감축

칠더스가 장관이 된 직후 관심을 두었던 또 다른 사안은 바로 해외 파견 전대의 감축 문제였다. 앞서 I부에서 살펴봤듯이 19세기 전반기 내내 해군 예산과 인력의 상당 부분은 해외 파견 전대에 투자되고 있었고, 해당 전대에 소속된 함정들 중 상당수는 막상 경쟁국의 위협으로부터 영국 본토를 지키고자 했을 때에는 유의미한 전투력이 되지 못했다.[15] 이러한 문제는 국방 예산의 긴축을 주장한 글래드스턴 내각의 집권과 함께 영국 사회 내에 강하게 대두되었는데, 칠더스가 장관으로 부임한 지 채 몇 달이 지나지 않은 시점에 『타임즈』에서는 다음과 같은 기사를 내기도 했다.

해군에서 지출되는 예산은 전투함이나 전투 병력에 의해 투입되는 것이 아니라 전투에 부적합한 병력과 함정에 소모되고 있다. 해외에 파견된 해외 전대들은 더 이상 전함으로 볼 수 없는 함정들로 주로 구성되어 있지만 이것은 국가에 매년 막대한 비용을 부담하게 한다. 본국에서는 낡은 많은 함정들이 항구를 복잡하게 만들면서 우리 예산의 막대한 부분을 차지하고 있다. (…) 우리의 현존하는 전력과 관계없이 지금 우리가 어떤 목적으로, 어떤 성격을 가진, 몇 척의 함정을 정말로 필요로 하는지에 대해 의회에서 언급할 수 있는 장관은 아직까지 나온 바가

---

14) Rodger, "The Dark Ages of the Admiralty, 1869-85, Part I," p.338.

15) Rodger, "The Dark Ages of the Admiralty, 1869-85, Part I," p.335.

없다.16)

당대의 해군에 대해 이러한 우려를 표명했던 것은 비단 영국의 언론 만이 아니었다. 내각의 수장이었던 글래드스턴 역시 이와 비슷한 관점 에서 해군의 해외 파견 전대 운영에 대해 부정적인 인식을 보였다. 글래드스턴은 코브던을 위시한 맨체스터 학파와 같은 관점에서 전 세계 에 퍼져있는 순양함 전대가 평화의 수호자라기보다는 오히려 국가들 간의 분쟁과 다툼을 증대시키는 원인이라고 보았다. 그랬기 때문에 그에게 해외 파견 전대들은 그 존재 자체가 바람직하지 않은 것이었으 며, 국가의 예산을 낭비하는 불필요한 존재로 여겨졌다.17) 이런 점에서 칠더스가 장관으로 부임한 이후 글래드스턴과 여론에서 기대하는 해외 파견 전대의 개편 및 감축에 힘을 기울였던 것은 지극히 자연스러운 일이었다.

다만 해외 전력의 감축을 위해서는 그것을 무리 없이 진행할 만한 대내·외적 상황도 함께 갖춰져야만 했다. 칠더스의 입장에서 다행스러 웠던 것은 그가 장관으로 부임했던 1870년 전후의 시기가 해외 전대의 감축을 진행하기에 매우 적절했다는 점이다. 이 시기 영국의 오랜 경쟁 자였던 프랑스는 프로이센이 유럽 내의 강국으로 부상하게 되면서 육군 에 좀 더 비중을 두어야 했기에 1867년 이래 해군 예산 지출을 급격히 줄이고 있었다.18)

---

16) "The Admiralty," The Times, 4 March, 1869, p.9.

17) Rodger, "The Dark Ages of the Admiralty, 1869-85, Part I," p.335.

18) 비록 이 시기까지 프랑스가 영국보다 숫자상으로는 좀 더 많은 장갑함을 보유하고 있긴 했지만 전투에서 유효한 전력이라 할 수 있는 최고 등급의 장갑함만을 비교했을 때에는 영국이 프랑스보다 분명 우위에 있었고 그 우위 는 점차 더 벌어져가는 상황이었다. Marder, The Anatomy of British Sea Power, p.120; C. J. Bartlett, "The Mid-Victorian Reappraisal of Naval Policy," in

또한 미국과 러시아 역시 1850-1860년대만큼 영국에게 큰 위협감을 주지 못했다. 영국 해군은 햄프턴 로즈 전투 이후 상당한 경계심을 갖고 미국 해군을 주시하고 있었으나, 남북 전쟁 이후 미국의 장갑함 함대는 거의 발전 없이 방치된 상태로 놓여있었다. 러시아 해군은 1856년 파리 조약(Treaty of Paris)에서 흑해의 비무장화를 결정한 이후 더 이상 유럽에 서 영국의 해양 패권에 영향력을 행사할 수 없는 상태였다.[19]

그뿐만 아니라 이 시기 영국 국내에는 포함 외교나 간섭 정책 등을 위한 해군의 대외 활동을 지지하는 세력이 거의 남아 있지 않았다. 파머스턴의 사망(1865) 이후 영국 정계에는 해군의 적극적인 활동을 원하는 정치 세력이 더 이상 존재하지 않았던 것이다. 파머스턴 내각의 재무부 장관이었음에도 불구하고 그와 해군 예산의 지출을 두고 사사건 건 대립했던 글래드스턴이 수상으로 집권한 이후 영국에는 오히려 해군 의 불필요한 활동에 반대하는 목소리가 팽배해있던 상황이었다. 이에 1860년대 중반부터 1870년대 초반 사이 영국 해군의 해외 파견 함정은 약 40%가 감축되었다. 물론 이 감축의 대부분은 칠더스가 장관으로 자리했던 1868년부터 1871년 동안에 이뤄졌던 것이었다.[20]

다만 이러한 해외 파견 전대의 감축 결정은 단지 해군본부 차원에서 만 결정할 것이 아니라 외무부의 동의도 함께 이뤄져야만 했다. 해외 파견 전대의 감축은 이제 더 이상 포함 외교로 영국이 원하는 외교적 목표를 달성할 수 없음을 의미했기 때문이었다. 1868년 12월 외무부 장관 클래런던 경(George Villiers, 4th Earl of Clarendon, 1800~1870)은 중국 해군 기지와 관련한 언급을 통해 외무부의 해외 해군력 활용에 대한

Kenneth Bourne and Donald Cameron Watt eds., *Studies in International History: Essays Presented to W. Norton Medlicott* (Hamden: Archon Books, 1967), p.199.
19) Bartlett, "The Mid-Victorian Reappraisal of Naval Policy," pp.199-200.
20) Bartlett, "The Mid-Victorian Reappraisal of Naval Policy," pp.199-200.

기조를 명확히 언급하며 칠더스의 정책을 지지했다.[21]

클래런던 경은 "중국의 독립과 안전에 부합하지 않는 수단 사용은 금지해야 하고", 중국 스스로가 조약 의무를 준수하는 한 무력 사용은 "생명과 재산이 다급한 위험에 노출되었을 때"에 한해서만 허용해야 한다고 주장했다. 또한 그는 "정부 정책이 해군 측의 지나친 열정에 의해 좌절되거나 과도해지지 않도록 해군본부 위원회에 주의를 요구한다"라고 덧붙이기도 했다.[22] 이에 중국 해군 기지에는 총사령관의 허락을 받아야만 적대 행위를 할 수 있다는 지시와, 그 총사령관이 허락을 내리기 전에 가능한 한 해군본부에 사전 동의를 구해야 한다는 지침이 함께 내려졌다.[23] 결론적으로 칠더스의 장관 재임 시기에 중국 해역과 같은 해외 해역에서는 파견 전대의 활동이 계속 이어지기는 했으나 그 규모와 범위가 극히 제한되는 등 운영의 기조가 크게 변화하게 되었다.

이와 같은 해군본부와 외무부 간의 공조로 영국 해군은 불과 수년 만에 해외 파견 전대를 3분의 1이상 감축하였다.[24] 이는 해외 파견 전대의 임무 수행을 위해 필요한 최소한의 전력만을 남긴 채 조금이라도 잉여 전력이라고 파악되는 함정들은 모두 감축한 결과였다. 파머스턴이 사망했던 해인 1865년과 해외 파견 전대의 감축이 완료된 1871년의 해외 파견 함정 척수를 비교해보면 그 감축의 규모를 확실히 실감해

---

21) Grace Fox, *British Admirals and Chinese Pirates, 1832-1869* (New York: Routledge, 2019[1940]), pp.44-45; Bartlett, "The Mid-Victorian Reappraisal of Naval Policy," p.201.

22) Lord Clarendon to Mr. Burlingame, 28 December, 1868; Mr. Burlingame to Lord Clarendon, 1 January, 1869, Hosea Ballou Morse, *The International Relations of the Chinese Empire*, Vol. 2 (London: Longmans, Green, and Co., 1918), p.197에서 재인용.

23) Morse, *The International Relations of the Chinese Empire*, Vol. 2, p.198.

24) Bartlett, "The Mid-Victorian Reappraisal of Naval Policy," p.201.

볼 수 있다.

〈표 2〉 1865년과 1871년의 해외 기지에 파견된 함정의 척수 비교[25]

1865년 해외 기지 파견 함정			1871년 해외 기지 파견 함정		
해외 기지	전투함	비전투함	해외 기지	전투함 (감소 척수)	비전투함 (감소 척수)
지중해	24	6	지중해	13 (-11)	2 (-4)
남아메리카	11	3	남아메리카	8 (-3)	1 (-2)
동인도	9	2	동인도	9	(-2)
중국	35	11	중국	23 (-12)	4 (-7)
북아메리카 /서인도	25	6	북아메리카 /서인도	16 (-9)	5 (-1)
서아프리카	18	3	서아프리카	7 (-11)	2 (-1)
희망봉	1	1	희망봉	(-1)	(-1)
태평양	12	2	태평양	9 (-3)	1 (-1)
오스트레일리아	8	-	오스트레일리아	6 (-2)	-
합계	135	34	합계	91 (-52)	15 (-19)

당시 영국 내에서는 칠더스의 이와 같은 해외 파견 전대의 감축에 큰 찬사가 이어졌으나, 이와 동시에 그 감축으로 인한 아쉬움과 우려 또한 일부 나타나기도 했다. 해군 예산의 감축 및 정부 재정 효율의 증진은 분명 환영할 만한 일이었으나 여전히 대외적으로 포함 외교, 혹은 해외 전대로부터의 보호가 필요한 상황이 발생하곤 했기 때문이었다.[26] 하지만 칠더스는 이에 아랑곳하지 않고 장관 부임 기간 동안

---

25) 이 표는 빌러의 저서에 실린 통계자료를 필자가 해당 부분만 편집한 것이다. Beeler, *British Naval Policy in the Gladstone-Disraeli Era*, p.28.

26) 특히 1868년 12월 스페인의 영국 상인 억류 사건이 발생한 이후 오랜 시간 동안 영국이 과거와 같은 강경한 입장을 취하지 못하자 국내 여론으로부터 해외 전대 감축에 대한 비난이 일기도 했다. 1869년 4월 『타임즈』는 과거 해외 파견 전대의 감축이 필요하다는 기사와는 달리 이 사건에 대해서는 "분명한 질문에 대한 분명한 대답"을 얻기 위해 지중해 함대가 카디즈까지 움직여야만 한다는 사실에 불편함을 표했다. Bartlett, "The Mid-Victorian Reappraisal of Naval Policy," pp.201-202.

해외 파견 전대의 감축을 끝까지 추진하였고 그 결과 그가 목표했던
예산 감축을 상당 부분 달성할 수 있었다.

3) 진급 및 전역(promotion and retirement)[27] 제도 개혁

칠더스는 장교들의 진급 및 전역 제도에 대해 그 이전의 어떤 시기보
다도 전방위적이고 급진적인 방식으로 개혁을 시도하였다. 그가 이
사안에 대해 그토록 급격하고 단호하게 개혁을 시도했던 이유 중 하나
는 칠더스 이전에도 진급 및 전역 제도에 대한 개혁 시도가 여러 차례
이뤄진 바 있으나, 항상 제대로 된 성과를 달성하지 못한 채 무위로
그치곤 했기 때문이었다. 그렇기 때문에 칠더스의 진급 및 전역 제도
개혁의 진면목에 대해 제대로 이해하기 위해서는 이전 시대의 개혁
시도들에 대해 간략하게 살펴볼 필요가 있다.

---

27) 여기서 필자가 '전역'으로 옮긴 'retirement'라는 용어의 번역에 대해 일각에서
는 '전역'이 아닌 '퇴역'으로 옮겨야 한다는 주장도 있는데, 이는 군 인사법에
대한 이해의 부족으로 인한 오해이다. 군 인사법상 '전역'은 '역종을 전환한다'
는 의미로 현역 신분에서 '예비역'이나 '퇴역' 신분으로 전환하는 것을 모두
포함한다. 즉, '전역'이라는 용어는 '퇴역'으로의 전환에도 사용할 수 있는
용어이며 결코 다른 인사조치가 아니다. 실제로 군 인사법 제7장 36조에
따르면 연령정년에 도달하여 '퇴역' 상태가 되는 경우에도 "전역된다"라는
표현을 쓰고 있다. 오히려 '퇴역'이나 '예비역'은 전역 이후의 '신분 상태'를
의미하므로, 인사 조치의 행위 자체는 '전역'으로 쓰는 것이 적절하다. 국방부
(인사기획관리과), 『군 인사법』, 「제7장 전역 및 제적」 "제36조(정년 전역
등)", 법률 제16224호, 2019. 1. 15., 일부개정, 2019. 7. 16. 시행, last modified
on 2019. 12. 19., http://www.law.go.kr/%EB%B2%95%EB%A0%B9/%EA%B5
%B0%EC%9D%B8%EC%82%AC%EB%B2%95; 석영달, 「평화가 가져온 군의 딜
레마」, pp.197-198.

칠더스 이전의 장교 인력 문제에 대한 개혁 시도

앞서 I부에서 나폴레옹 전쟁이 끝난 이후 해군이 보유한 함정 척수의 감소와 미보직 장교의 증대로 인해 장교 인력 운영에 문제가 나타나기 시작했고, 1830년대부터는 그 문제가 강하게 대두되었음을 살펴본 바 있다. 그렇다면 영국 해군에서 이러한 장교 인력 문제에 대해 본격적으로 인식하고 대처해나가기 시작한 시점은 언제부터라고 볼 수 있을까? 여기에 대해 빌러는 「'해외 복무에 적합」에서 "이전까지는 [장교 인력 문제에 대해] 주로 '1870년 칠더스의 해군개혁'이 거론되어 왔지만, 사실 그보다 40년 앞선 1830년부터 이미 그 논의가 이뤄진 바 있다"고 주장한 바 있다.[28]

하지만 이러한 빌러의 주장 역시 재고의 여지가 있다. 빌러는 1863년에 발행된 『영국 해군의 진급과 전역의 현 체계에 대한 특별위원회 보고서(Report from the Select Committee appointed to consider the present system of promotion and retirement in the Royal Navy)』[29]에 의존하여 이 논지를 전개하고 있는데, 그보다 앞서 공표되었던 여러 추밀원령(Order in Council)[30]을

---

28) Beeler, "Fit for Service Abroad," p.303.

29) *Report From the Select Committee on Navy (Promotion and Retirement); Together with the Proceedings of the Committee, Minutes of Evidence, Appendix and Index* (1863).

30) 추밀원령(Order in Council)이란 영국의 '행정입법' 방식 가운데 하나로서, 추밀원(Privy Council)이 의회제정법(Act of Parliament)으로부터 명문으로 위임받은 권한에 의해 제정된 법규명령을 의미한다. 여기서 법규명령이란 행정권에 의하여 정립되는 법규의 성질을 가진 명령으로, 행정부가 만드는 '법률'을 뜻한다. 이와 같은 법규명령의 성격을 가진 추밀원령의 작성은 추밀원에서 직접 하기보다는 그 권한을 해당 업무의 주무 장관 및 부서에 재위임하여 작성하는 경우가 많았으며, 이 책에서 다루는 추밀원령은 모두 이 경우에 해당한다. 19세기에는 이 권한이 정부 차원의 제도 개혁 시 의회 논쟁을 회피하는 수단으로 이용되기도 했다. 이재철·장지호, 「영국의 행정입법 통제와 의회민주주의」, 『영미연구』 제22집 (2010), pp.228-229; 원태재, 『영국 육군

면밀히 검토해보면 '1830년'보다 더 앞선 시기부터 이미 장교들의 인력 문제에 대한 논의와 조치를 살펴볼 수 있기 때문이다.

먼저 나폴레옹 전쟁이 완전히 끝나지 않았던 1814년 6월 6일에 공표된 추밀원령은 이 논의의 출발점으로서 주목해볼 가치가 있다. 이 추밀원령은 비록 장교들의 진급 문제를 직접적으로 다루고 있지는 않지만, 이후 나타날 장교 인력 문제에 대한 복선을 깔고 있기 때문이다.[31] 여기서 특히 주목해야 할 법령의 구절은 이미 1814년부터 국제 정세와 전장 상황의 변화로 인해 미보직 장교의 수가 과거보다 급증할 것을 예측하고 있으며, 그에 따라 미보직 급여의 대상자와 지급 금액을 대폭 늘리는 결정을 내리고 있다는 점이다.

프랑스와 우리나라 간의 평화의 결과로 폐하의 함대가 계획대로 감축된다면 과거 어떤 시기보다도 막대한 인원의 해군 장교들이 미보직 상태로 남겨질 것이므로, 우리는 해상 보직을 받지 못했거나 육상에 대기하는 제독, 함장, 준함장, 위관 장교들의 처지에 대해서 고려해야 합니다.[32]

이처럼 종전을 앞둔 시점에 나타난 미보직 장교들의 처지에 대한 고민과 봉급 지급 방식의 변화는 전쟁이 끝난 뒤 해군 장교단에 나타날 인력 문제 인식의 신호탄으로 볼 수 있다.[33]

개혁사』, p.217.

31) 여기에서 다루는 '미보직 장교의 봉급' 문제는 이미 1802년 8월 16일 추밀원령에서 "봉급의 절반에 해당하는 금액을 지급한다"라고 결정되었다. "Order in Council of 6th June 1814," The Orders in Council and Some of the Acts of Parliament for the Regulation of the Naval Service, Vol. 1 (London: H.M.S.O., 1856), p.440.

32) "Order in Council of 6th June 1814," The Orders in Council, Vol. 1, pp.440-441.

33) 이 당시 해군 내 계급 구조는 본서 Ⅰ부 1장 각주 53)에 언급된 기본 구분

그리고 빌러가 진급 및 전역 제도 개혁의 출발점으로 보는 1830년 추밀원령에 나타난 조치 역시 그것의 초기형태와 변천과정에 좀 더 주목해볼 필요가 있다. 1830년 추밀원령의 핵심은 "진급 기회를 얻지 못한 장교를 명예 진급시킨 후 연금 지급을 조건으로 전역"시키는 것이었다. 사실 여기에 언급된 명예 전역 제도는 1830년보다 훨씬 이전인 1737년과 1796년 추밀원령에서 그 원형을 찾아볼 수 있다. 다만 이 두 개의 추밀원령이 1830년과 달랐던 점은 그 혜택이 "진급 기회를 얻지 못한" 장교가 아니라, "노쇠하여 더 이상 복무가 어려운" 장교에게 주어졌다는 점이었다.[34] 하지만 이 제도가 18세기부터 나폴레옹 전쟁 직후까지 변화하는 양태를 추적해보면 '1830년' 이전에 이미 그와 유사한 시도가 나타났음을 살펴볼 수 있다.

위에서 언급된 여러 추밀원령에서 가장 눈여겨봐야 할 부분은 혜택을 받는 대상 인원의 변화이다. 1737년 추밀원령에서는 이 혜택의 대상

외에도 계급 내에서 현역 장교 명부(Active List)에 등재된 순서대로 '최고 선임(the eldest)', '그 다음 연차의(next in seniority)', '그 외 나머지(Remainder)'로 구분을 하고 있었다. 이 3개의 계급 내 구분 가운데 '최고 선임' 대상자는 가장 많은 절반의 봉급을 지급받았는데, 1814년 6월 6일의 추밀원령은 이 '최고 선임' 분류에 해당하는 인원을 함장의 경우 2배로, 준함장의 경우 3배로, 위관의 경우 1.5배로 증가시켰다. 그뿐만 아니라 지급 금액 자체도 함장은 20% 이상, 준함장 장교는 25% 이상, 위관 장교는 40% 이상 인상된 금액을 지급할 것을 승인했다. "Order in Council of 6th June 1814," The Orders in Council, Vol. 1, pp.441-442.

34) 1737년 3월 8일의 추밀원령은 장교 명부에서 최고 선임에 해당하는 30명의 위관들이 '전역 후 연금 수령(superannuation)'의 혜택을 받을 수 있게 하고, 그들의 연금 수준이 당시의 준함장(Master and commander) 장교의 '절반의 봉급(half-pay)' 수준이 되도록 했다. 그리고 1796년 9월 21일의 추밀원령은 이 혜택을 받는 30명의 인원을 50명으로 늘리면서, 비록 그들이 노쇠하여 더 이상의 복무는 어렵지만 그동안의 노고를 존중하는 의미에서 '준함장(Commander)의 계급'으로 진급시켜 명예 전역할 수 있도록 승인한 바 있었다. Report of Commissioners for Inquiring Into Naval and Military Promotion and Retirement: With Appendices (London: H.M.S.O., 1840), p.313.

인원을 30명으로 정했는데, 이 인원은 오랫동안 유지되다가 1796년이 되어서야 50명으로 늘어났다. 즉, 20명이라는 대상 인원의 증가에 60년 가까운 세월이 걸렸던 것이다. 하지만 이 50명의 대상 인원은 나폴레옹 전쟁이 마무리되던 무렵인 1814년 1월 14일에 80명으로 급격히 늘어나게 된다. 그리고 불과 2년 후인 1816년 1월 30일에는 이 인원이 다시 한 번 100명으로 늘어났다. 18세기만 하더라도 30-50명 정도의 인원이 받던 명예 전역의 혜택이 나폴레옹 전쟁 종전 직전에는 80명에게, 종전 직후에는 100명에 해당하는 위관 장교들에게 주어졌던 것이다.[35]

1816년 추밀원령에서는 불과 2년 만에 결정된 이러한 추가적인 인원 증가의 이유를 설명하면서, 기존의 추밀원령에 언급된 "그들이 복무하기에는 노쇠하였다"라는 문구 외에도 "그들이 매우 공적이 많고 [그러한 혜택을] 받을만한 가치가 있다"라는 설명을 새롭게 추가하고 있다.[36] 물론 이 문구는 전쟁 후의 논공행상으로 볼 수도 있지만, 그 함의를 살펴보면 "매우 공적이 많고 명예 진급을 할 만한 가치가 있는 장교"임에도 불구하고 더 이상 해상 보직은 받을 수 없고 상위 계급으로 진급도 할 수 없는 당시의 상황을 짐작하게 해준다. 이것을 앞의 1814년 추밀원령과 나란히 놓고 보면 나폴레옹 전쟁 종전을 전후로 하여 해군 수뇌부에서 이미 해상 보직의 부족이나 진급 적체와 같은 문제를 예측하고 있었으며, 그에 대한 조치를 이미 시작했다고 해석할 수 있는 것이다.

그리고 이를 증명해주는 것이 바로 1830년 11월 1일의 추밀원령이

---

35) *Report of Commissioners*, p.314.
36) "Order in Council of 30th January 1816," *The Orders in Council*, Vol. 1, pp.466-467.

다. 여기에서는 나폴레옹 전쟁 전후의 추밀원령에서 나타난 문제 인식과 조치를 그대로 이어가되, 상황을 좀 더 공식화하여 인정하며 그 혜택의 대상을 확대하고 있다.

> 만약 폐하께서 기꺼이 관대한 마음으로 진급 요건을 충족하였거나 앞으로 충족할 수 있는 모든 위관 장교들에게 준함장의 계급으로 전역하고 매일 7실링의 휴직 급여를 받을 수 있도록 승인해주신다면, 더 높은 계급으로 진급할 수 있는 행운을 갖지 못한 그들에게 어느 정도 위로가 될 것이며 폐하의 해군에 속한 선임 위관 장교들의 마음을 달랠 수 있을 것입니다.[37]

이러한 조치는 당시 해군 함정의 척수 감소를 고려할 때 필요 이상으로 많았던 위관 장교를 명예 전역하도록 유도하여 인력을 관리하려는 시도였다. 그리고 이로부터 10년 가까이 지난 1840년 8월 10일 추밀원령에서는 미보직 장교와 진급 적체 문제가 비단 위관 장교들에게만 해당되는 것이 아니라 준함장 장교들에게도 확대되었음을 보여준다.

> 폐하께서 승인해주신다면 현역 준함장 장교 명부에서 최고 선임자 50명은 함장의 계급으로 전역할 선택지를 갖게 되고, [그것을 선택한다면] 함장 계급이 받는 절반의 봉급 가운데 최저 수준으로 연금을 지급받게 될 것입니다.[38]

---

37) "Order in Council of 1st November 1830," *The Orders in Council*, Vol. 1, pp.467-468.

38) "Order in Council of 10th August 1840," *The Orders in Council*, Vol. 1, p.312.

또한 1847년 4월 24일 추밀원령에는 해당 문제가 함장 및 제독 계급에까지 이어졌음이 드러난다.

해군 제독 명부의 자리가 점점 더 부족해지는 것은 폐하의 해군에서 고령의 장교들이 가장 높은 계급을 계속해서 차지하고 있기 때문입니다. 이러한 폐해는 해가 갈수록 더 심해질 것입니다. 건강하고 활력 넘치는 장교들을 제독에 임명하기 위해 함장 명부의 상위에 있는 자들 [고령의 장교들]에게 명예 전역의 기회를 주어 더 젊은 장교들이 가장 높은 계급[제독]을 받을 수 있도록 하는 것이 이를 해결하기 위한 유일한 방법입니다.[39]

이러한 조치들은 1850년대까지도 계속해서 이어졌다. 1851년 6월 25일의 추밀원령은 "평화 시기에 요구되는 인원보다 훨씬 더 많은 인원이 등록되어 있는 현역 장교 명부의 상황은 폐하의 해군에 애로사항을 야기하고 있습니다"라고 당시 상황에 대해 언급하면서, 각 계급별로 인원의 제한을 두고 그 인원에 수렴할 때까지 장교들에게 '희망 전역'의 기회를 열어놓았다.[40] 이어 1856년 1월 30일 추밀원령도 더 많은 위관 및 준함장 장교들의 전역을 유도하기 위한 유인책을 제시하는 목적으로 공표되었다.[41]

이와 같은 여러 조치들은 당장 눈앞에 닥친 장교들의 고충이나 진급 적체를 일부 해소하는 효과를 내기는 했다.[42] 다만 여기서 문제는 그런

---

39) "Order in Council of 24th April 1847," *The Orders in Council*, Vol. 1, p.385.
40) "Order in Council of 25th June 1851," *The Orders in Council*, Vol. 1, pp.388-392.
41) "Order in Council of 30th January 1856," *The Orders in Council*, Vol. 1, pp.424-426.
42) 빌러가 참고한 『특별위원회 보고서』에서는 일부 추밀원령에 나타난 조치의

노력이 해군의 10년, 20년 뒤 미래를 내다보고 체계적으로 이뤄진 것이 아니라, 당장 눈앞에 닥친 문제들을 해결하기 위한 임시방편 정도로 그쳤다는 점이었다. 당시에 이런 문제를 인지하고 해군 장교단의 인력 문제에 대한 미래 지향적인 해결책을 제시했던 인물도 있었는데, 1858년 해군 장관을 역임했던 존 패킹턴

〈그림 25〉 존 패킹턴

(John Pakington, 1st Baron Hampton, 1799~1880)이 바로 그런 인물이었다.[43]

패킹턴은 해군 장관으로 취임하면서 더 이상 임시방편만으로는 장교들의 불만을 잠재우거나 인력 문제를 해결할 수 없음을 밝히면서, 1858년 계급별 연령 정년(retirement based on age) 도입을 천명했다. 그러나 패킹턴에게는 이 계획을 시행, 평가해볼 기회가 주어지지 않았는데, 그가 몸담고 있었던 더비(Derby) 내각이 1859년에 실각하면서 해군 장관

성과에 대해 "비록 해군이 짊어진 무거운 짐(전역자 명부)은 증가했지만, 그에 비례하여 현역 장교 명부의 젊음이나 활기는 향상되었다"라고 평가하기도 했다. *Report From the Select Committee on Navy (Promotion and Retirement); Together with the Proceedings of the Committee, Minutes of Evidence, Appendix and Index* (1863), p.iv.

43) 빌러는 이 시점에 논의된 '계급 정년' 개념을 살펴보며 이 개념이 1870년 칠더스의 개혁에서 처음으로 도입되었다는 기존의 주장들이 잘못된 통설임을 지적한 바 있다. Beeler, "Fit for Service Abroad," pp.303-307.

직에서 사임하게 되어 그 계획을 도입해보지는 못했던 것이다.[44]

　결국 패킹턴이 구상했던 계획은 더비 내각 다음으로 정권을 이어받은 파머스턴 내각의 해군 장관 서머싯 공작에게 넘겨졌다. 서머싯 공작 역시 패킹턴이 추진했던 정년 도입이 장교들의 진급 적체 완화를 위해 필요하다는 점은 공감하고 있었다. 하지만 해군의 대외활동과 포함 외교의 강력한 지지자였던 파머스턴 내각에서 1860년 8월 1일에 공표한 추밀원령은 패킹턴의 최초 구상만큼 강력한 조치로 시행되지는 않았다. 이 추밀원령에 나타난 계급 정년에 따른 전역 조치는 단지 낮은 계급의 장교들에게만 선별적으로 적용되었다.

　오랫동안 충실하게 복무해왔던 많은 장교들에게 진급이나 다른 충분한 보상을 해줄 수 없다는 [정부] 능력의 한계와, 폐하의 해군에서 복무하는 것을 바라고 또 그에 적합한 장교들에게 현재와 같은 대우를 하는 것이 부적절하다는 점을 모두 고려하였습니다. (…) 장교들이 [해군에] 기꺼이 복무하고 싶도록 독려할 수 있는 추가적인 장려책이 필요하다는 의견과 함께, 오래도록 현역으로 복무하기에 적합하지 않은 연령에 도달한 장교들에게 명예롭게 전역할 수 있는 기회를 부여해주시길 폐하께 요청 드리는 바입니다.[45]

　이 추밀원령의 핵심은 복무에 부적절한 연령에 도달한 장교들을

---

44) 다만 이때 처음 계획된 패킹턴의 연령 정년 개념은 계급별로 세분화 되어 있지는 않았는데, 그는 제독들은 70세까지, 그리고 나머지 계급은 60세까지 현역 장교 명부에 남아 있을 수 있도록 계획을 입안하고자 했다. Beeler, "Fit for Service Abroad," p.305.

45) "Order in Council of 1st August 1860," *The Orders in Council for the Regulation of the Naval Service*, Vol. 2 (London: H.M.S.O., 1864), pp.46-47.

전역시키되, 그 대상이 주로 위관과 준함장 장교가 될 것이라는 점이었다. 당시 고위 계급이라고 할 수 있는 함장 계급에는 이 법령이 강하게 적용되지 않았으며, 제독 계급에는 아예 시도조차 이뤄지지 않았다.[46] 서머싯 공작은 이러한 결정의 배경에 '해군본부 위원회의 해군 장교 위원들의 강한 반대'가 있었음을 밝히기도 했는데, 그는 고위 장교들의 반대 목소리가 커서 해군 장관으로서 그 목소리에 귀를 기울일 수밖에 없었다고 언급했다.[47]

당시 이러한 미흡한 개혁 조치에 대한 비판의 목소리도 존재했는데 그 가운데 특히 존 헤이(John Hay, 1827~1916)의 행보는 주목해볼 만하다. 헤이는 해군 장교이자 하원의원으로서 해군 장교의 진급 및 전역 제도 개혁을 자신의 사명과 같이 여기며 1860년대부터 의회에서 여러 차례 진급 적체에 대한 논의의 화두를 던졌다.[48] 그는 1860년 추밀원령이 선포되고 난 뒤 약 3년 후인 1863년 2월 24일 의회에서 다음과 같은 발언을 남겼다.

당장 향후 2년 정도는 진급 적체가 발생하지 않을 수도 있습니다. 하지만 50세에서 60세 정도의 나이에 제독 계급에 도달하는 사람들이 나타나게 되는 수 년 이내 진급 적체는 분명히 다시 나타나게 될 것입니다. (…)

---

46) 이 법령에 따르면 모든 위관 및 준함장 장교들은 60세에 도달했을 때 의무 전역해야 하고, 60세가 되지 않았더라도 15년간 보직을 받지 못했을 때에는 의무 전역해야 했다. 하지만 함장 계급의 경우 "60세가 된 함장들 가운데 보직을 받지 못한 이들은 모두 전역한다"는 조항이 있기는 했지만 당시 보직이 있던 함장들의 경우 아무리 나이가 많아도 전역 조치되지 않았다. "Order in Council of 1st August 1860," *The Orders in Council*, Vol. 2, pp. 46-50.

47) Beeler, "Fit for Service Abroad," p. 306.

48) 그는 칠더스의 개혁이 이뤄지고 난 이후인 1870년대까지도 진급 및 전역 제도 개혁에 대해 끊임없이 자신의 의견을 피력했다. Beeler, "Fit for Service Abroad," p. 308.

해군의 효율성 증대를 위한 관점에서, 그리고 진급과 관련한 장교들의 기대를 충족하기 위해서 모든 계급에 연령 정년의 원칙을 적용하는 것이 필요합니다.[49]

이와 같은 문제의식은 재무부 및 여론의 지지와 함께 곧 당대 해군 수뇌부에도 공유되었다. 이에 1864년 7월 9일 추밀원령에서는 현역 장교 명부에서 각 계급별 할당 인원을 더욱 감축하려는 시도가,[50] 1866년 3월 24일 추밀원령에서는 제독 계급에까지 연령 정년 시행을 확대하여 적용하려는 시도가 이뤄졌다.[51] 하지만 이 법령들에는 "현재 지휘관 보직을 맡고 있거나 해군본부에 근무하고 있는 제독들을 전역 조치의 예외로 두는" 꼼수의 여지가 여전히 남아있었고, 규정에 저촉되는 장교들에게 단호하게 전역 조치가 집행되는 일도 드물었다.[52] 즉, 칠더스는 나폴레옹 전쟁 직후부터 이미 영국 해군에서 인지하고 있었고, 또 여러 차례 해결하려 시도했지만 계속해서 실패했던 장교 인력의 문제를 효율성과 경제성 모두를 고려하며 일거에 해결해야 하는 상황에 놓여있었던 것이다.

---

49) *Hansard* (Commons), 3rd ser., Vol. 169, 24 February, 1863, Cols., 740, 749.
50) 이 추밀원령의 각 계급별 조치는 다음과 같다. 함장 계급의 경우 현역 장교 명부 제한 인원을 350명에서 300명으로 줄였으며, 60세가 될 때까지 진급에 필요한 항해 경력을 채우지 못할 것으로 예상되는 인원에 대해서도 전역이 강제되었고, 본인이 희망하는 경우 55세에 명예 전역이 가능하도록 했다. 준함장 계급의 경우 제한 인원을 450명에서 400명으로 감축하였으며, 본인이 희망할 경우 55세에 명예 전역이 가능하도록 했다. 위관 계급의 경우 제한 인원을 1,200명에서 1,000명으로 감축하였으며, 본인이 희망할 경우 45세에 명예 전역이 가능하도록 했다. "Order in Council of 9th July 1864," *The Orders in Council*, Vol. 2, pp.50-54.
51) "Order in Council of 24 March 1866," *The Orders in Council*, Vol. 3, p.137.
52) "Order in Council of 24 March 1866," *The Orders in Council*, Vol. 3, pp.136-138.

진급 및 전역 제도 개혁

칠더스는 앞서 1867년 3월의 의회 연설에서 살펴볼 수 있듯이 이미 실패한 이전의 개혁 선례들에 대한 충분한 이해를 갖고 있었고, 각각의 문제들을 해결할 구체적인 계획까지 세운 상태였다.[53] 칠더스는 1870년 2월 22일 진급 및 전역 제도에 관한 추밀원령을 발표하며 이전과는 차원이 다른 개혁을 시행하고자 했다. 이 추밀원령에서 이전의 개혁 조치들과 가장 차별화되었던 부분은 계급별 연령정년의 기준을 크게 낮추고 불필요한 장교 인력에 대한 전역 조치를 강화하여 시행했다는 점이다. 이는 그 직전의 개혁 시도였던 1866년 3월 24일의 추밀원령과 비교하여 볼 때 잘 살펴볼 수 있다.

〈표 3〉 1866년 3월 24일 추밀원령의 계급별 연령정년과 기타 전역 조건[54]

계급	연령정년	기타 전역 조건
대장(Admiral)	70세	-
중장(Vice-Admiral)	68세	-
소장(Rear-Admiral)	65세	-
함장(Captain)	60세	연령과 무관하게 10년 이상 해상 보직을 받지 못한 경우 강제 전역
		개인이 희망 시 해군본부의 동의하에 50세에 명예 전역 가능
준함장(Commander)	55세	연령과 무관하게 10년 이상 해상 보직을 받지 못한 경우 강제 전역
		개인이 희망 시 해군본부의 동의하에 50세에 명예 전역 가능
위관(Lieutenant)	55세	연령과 무관하게 10년 이상 해상 보직을 받지 못한 경우 강제 전역
		개인이 희망 시 해군본부의 동의하에 45세에 명예 전역 가능

---

53) Childers, *Naval Policy*, pp.30-31.

<표 4> 1870년 2월 22일 추밀원령의 계급별 연령정년과 기타 전역 조건[55]

계급	연령정년	기타 전역 조건
원수(Admiral of the Admiralty)	70세	-
대장(Admiral) / 중장(Vice-Admiral)	65세	연령과 무관하게 10년 이상 해상 지휘를 맡지 않은 경우 강제 전역
소장(Rear-Admiral)	60세	연령과 무관하게 10년 이상 해상 지휘를 맡지 않은 경우 강제 전역
함장(Captain)	55세	연령과 무관하게 7년 이상 해상 보직을 받지 못한 경우 강제 전역
		개인이 희망 시 해군본부의 동의하에 50세에 명예 전역 가능
준함장(Commander)	50세	연령과 무관하게 5년 이상 해상 보직을 받지 못한 경우 강제 전역
		개인이 희망 시 해군본부의 동의하에 45세에 명예 전역 가능
위관(Lieutenant)	45세	연령과 무관하게 5년 이상 해상 보직을 받지 못한 경우 강제 전역
		개인이 희망 시 해군본부의 동의하에 40세에 명예 전역 가능

1870년 2월 22일의 추밀원령에서는 소장 계급 이하의 장교들의 연령 정년을 과감하게 5년에서 많게는 10년까지 더 낮췄다. 그리고 해상 보직은 맡지 않으면서 현역 장교 명부에 남아 있는 불필요한 장교들을 최소화하기 위해 "해상 보직을 특정 기간 동안 맡지 않을 시 강제 전역" 하는 조항을 장성급 장교들에게도 확대하여 적용했다. 그리고 그 '특정 기간'은 1866년에 비하여 대폭 감축하였는데 함장 계급은 7년, 준함장과 위관 계급은 5년으로 대기 가능 기간을 줄이면서 불필요하게 임무 없이 대기하는 장교들의 비율을 대폭 줄이고자 했다. 그뿐만 아니라 칠더스 는 1866년의 개혁 시도에서 가장 큰 빈틈이었던 "현재 지휘관 보직을

---

54) "Order in Council of 24 March 1866," *The Orders in Council*, Vol. 3, pp.136-138.
55) "Order in Council of 22 February 1870," *The Orders in Council*, Vol. 3, pp.302-314.

맡고 있거나 해군본부에 근무하고 있는 제독들을 전역 조치의 예외로 두는" 조항은 아예 없애버리면서 이 개혁 조치를 피해갈 여지를 남겨두지 않았다.[56] 즉, 그가 개혁의 목표로 삼았던, "공정하고 꾸준한 진급의 흐름을 유지하여 장교 명부의 효율성을 증진시키기 위한" 급진적이고 과감한 조치들이 이 추밀원령을 통해 시행되었던 것이다.[57]

그리고 선행 연구들에서는 거의 다루지 않았으나 이 추밀원령의 〈한시적 조항(Temporary Provisions)〉 제6항은 고령의 장교를 현역 장교 명부에 계속 남을 수 있도록 허용해주는 유일한 조항이었다는 점에서 그 설립 취지와 의미를 살펴볼 필요가 있다. 이 조항은 "나폴레옹 전쟁 종전(1815) 이전에 함장 및 준함장으로 함정을 지휘한 경험이 있는 제독들은 나이에 상관없이 현역 명부에 남긴다"라고 명시하고 있다.[58] 이 조항의 실효성은 당연히 크게 의심스러운 것이었는데, 1870년을 기준으로 무려 55년 이전에 함장이나 준함장으로 복무했던 고령의 장교가 1870년에도 현역으로 복무한다는 것은 분명 칠더스가 생각하는 '효율성'에는 부합하지 않는 것이었기 때문이다.

이는 칠더스와 그의 조력자들이 진급 및 전역 제도 개혁 이후 영국 해군 내·외에서 나타날 정치적 후폭풍을 사전에 예방하고자 했던 조치로 여겨진다. 1870년 2월 22일 추밀원령에 따르면 여러 개혁 조치들이 4월 1일부로 효력을 발휘하게 되면 많은 고위 현역 장교들이 일시에 전역하게 될 예정이었다.[59] 그럴 경우 당연히 '경험 많은 장교들을 일거에 내모는 조치'라는 비난이 해군 내부와 영국 사회 전반에서 나타날 수도 있었다. 하지만 "나폴레옹 전쟁에서 지휘관 경험을 했던 장교들

---

56) "Order in Council of 24 March 1866," *The Orders in Council*, Vol. 3, p.137.
57) "Order in Council of 22 February 1870," *The Orders in Council*, Vol. 3, pp.302-314.
58) "Order in Council of 22 February 1870," *The Orders in Council*, Vol. 3, p.312.
59) "Order in Council of 22 February 1870," *The Orders in Council*, Vol. 3, p.303.

은 현역으로 남긴다"라는 단서를 미리 달아놓음으로써, 전쟁을 치러 본 장교들의 소중한 경험은 해군에 그대로 보존 및 계승할 것이라고 어필할 수 있었던 것이다. 그뿐만 아니라 이 조항은 전쟁을 겪어보지 않은 고령의 장교들이 가진 경험은 새로운 무기체계가 도입되는 상황에서 더 이상 해군에 유의미하지 않다고 선을 긋는 것이기도 했다. 더군다나 나폴레옹 전쟁 시 함정을 지휘해본 장교들은 현역 명부에 아주 극소수만 남아있었기에 재정적인 부담도 거의 없을 터였다.[60]

한편 칠더스가 진급 및 전역 제도를 개혁하면서 자신과 긴밀한 관계에 있었던 장교들에게 동일한 규정을 단호히 적용했다는 점도 눈여겨볼 만하다. 이는 칠더스와 함께 일했던 해군본부 위원회의 장교들에게도 마찬가지였다. 칠더스가 위원회 조직 개편을 통해 새롭게 편입한 해군통제관 로빈슨 중장과 해군본부 부위원 존 헤이(John Hay, 1827~1916) 소장은 이 개혁 조치에 직접적으로 해당되었던 인물들이었다.[61] 칠더스 개혁의 진면목은 개혁 조치에 대한 이들의 반응과 그에 대한 칠더스의 대응에서 가장 잘 드러난다.

먼저 헤이의 경우 앞서 살펴본 바와 같이 의회에서 진급 적체 문제에 대해 직접 목소리를 높이기도 했던 인물인 만큼 개혁의 목표에 당연히

---

60) 1869년 12월 20일 기준으로 작성된 해군기록부(Navy List)에 따르면 1815년 이전에 함장(captain) 계급으로 진급했던 제독은 단 4명뿐이다. 그리고 1816년 7월 기준으로 작성된 해군 기록부에 준함장(commander)으로 등재되어 있던 장교로 범위를 확대해보더라도 그중 1869년까지 제독으로 남아 있었던 사람은 5명 내외였다. 이를 고려할 때 〈한시적 조항〉 제6항의 적용을 받을 수 있는 장교는 10명 내외였던 것으로 짐작된다. *The Navy List Corrected to the End of June, 1816* (London: H.M.S.O., 1816), pp.9-13; *The Navy List Corrected to the 20th December, 1869* (London: H.M.S.O., 1870), p.5.

61) 칠더스와 로빈슨 사이의 불화는 몇몇 연구들에 의해 소개된 바 있으나, 헤이의 반발에 대해서는 로저(N. A. M. Rodger)의 짧막한 언급 외에는 지금껏 제대로 다뤄진 바가 없다. Rodger, "The Dark Ages of the Admiralty, 1869-85, Part I," p.336.

동의했으리라 여겨진다. 하지만 여기서 흥미로운 부분은 정작 헤이 본인이 그 조치의 당사자가 되었을 때에는 전혀 다른 반응을 보였다는 점이다. 개혁 조치의 시행이 한 달가량 남았던 3월 4일 해군본부에서는 헤이에게 한 통의 편지를 전달했는데, 그것은 헤이가 지난 10년간 해상 보직을 맡지 않았기 때문에 전역 대상자가 될 것이라는 통지서였다.[62]

이에 헤이는 해군본부에 즉각 항의 편지를 보냈다. 여기에서 그는 자신이 "1866년 4월 소장으로 진급할 때 규정상 최소 65세의 정년을 보장받았고, 소장 진급 이후 자신은 해군본부에서 명령하는 대로 육상 보직을 수행하였을 뿐"이라고 항변했다. 그뿐만 아니라 "장교들이 낮은 계급일 때는 마땅히 해상 보직을 수행하며 경험을 쌓아야 하겠지만, 고위 장교가 되면 보다 중요한 육상 보직들을 맡으며 국가 차원의 사안에 대해 식견을 넓혀야 한다"는 주장을 펼치기도 했다.[63] 이 편지의 마지막 구절에는 그의 절실한 심경이 다음과 같이 담겨있다.

저를 현역에서 물러나게 하는 결정은 아마 저보다 더 젊은 제독을 얻는 결과를 낳을 수는 있을 것입니다. 하지만 그 어떤 누구도 저보다 더 폐하께 충성하고 전쟁에서 애국적인 열망으로 나라를 위해 봉사하지는 못할 것이라고 감히 자부합니다.[64]

하지만 칠더스는 이러한 헤이의 항의에 대해 바로 다음 날 답장을

---

62) John Charles Dalrymple Hay, "The Admiralty to Sir John Hay, 4th March, 1870," *Memorandum: Rear-Adimral Sir John C. Dalrymple Hay's Compulsory Retirement From the British Navy* (London: Edward Stanford, 1870), pp.13-14.

63) 이 시점에 헤이의 연령은 49세로 1866년 규정의 기준으로는 정년에 16년이 남은 상태였다. "Sir John Hay to the Admiralty, 18th March, 1870," *Memorandum*, pp.14-17.

64) "Sir John Hay to the Admiralty, 18th March, 1870," *Memorandum*, p.17.

보내 "이미 발표된 '10년 조항'에 결코 예외를 둘 수는 없다"는 단호한 태도를 보였다. 그는 이미 이전에 해상 보직을 제안했음에도 헤이 본인이 그것을 거절했다는 점을 상기시키며, 만약 새 규정이 시행된다면 그 대답이 달라질 것인지에 대해 헤이가 결코 받아들이기 힘든 조건의 보직을 제안하며 에둘러 물었다. 이 편지에서 언급된 칠더스가 헤이에게 권유한 보직은 동인도 전대의 지휘관이었는데, 이 시점에 동인도 전대는 그 중요성이 감소하여 기존 지휘관의 직위를 더 낮게 바꾸고 있던 상황이었다. 이런 점을 고려할 때 칠더스는 헤이가 결코 이 제안을 수락하지 않을 것이라는 점을 알고 단지 그의 항의를 무마하려는 시도로서 제안을 던진 것으로 여겨진다.[65]

헤이는 당연히 그 보직을 거절했고, "우리 해군 장교들은 모두 새 규정의 채택을 반대하며, 그것이 현명하지 못하고 부당한 처사라고 생각합니다"라는 항의 편지를 재차 보냈다.[66] 그러나 칠더스는 이에 전혀 흔들리지 않았고,[67] 심지어 전역을 결심한 헤이가 그동안의 육상 보직 경력을 연금 계산 시 복무 경력(full service)에 포함하여 인정해달라는 요구를 했을 때에도 단호히 반대했다.[68]

이러한 헤이의 반발은 해군 통제관 로빈슨의 반발에 비하면 오히려 가벼운 것으로 볼 수 있었다. 로빈슨은 칠더스가 해군 장관이 되기 이전부터 해군 통제관 보직에 있었던 인물로서, 칠더스가 해군본부 조직을 꾸릴 때 전문성과 업무 추진력을 높이 평가하여 그 직위를 유지시켰던 인물이었다. 그리고 칠더스는 심지어 해군본부 위원회의 개편 때 해군 통제관을 새롭게 위원회로 편입시키면서까지 그를 핵심 참모로

---

65) "Mr. Childers to Sir John Hay, 19th March, 1870," *Memorandum*, pp.18-19.
66) "Sir John Hay to Mr. Childers, 21st March, 1870," *Memorandum*, pp.19-20.
67) "Mr. Childers to Sir John Hay, 21st March, 1870," *Memorandum*, p.21.
68) "The Admiralty to Sir John Hay, 21st March, 1870," *Memorandum*, p.21.

활용하고자 했다. 이에 로빈슨은 칠더스의 재직 초기에는 해군 조선소의 대규모 인력 감축[69] 및 지휘체계 개편[70]에 적극 협조하며 그의 기대에 부응하고자 했다.[71]

그러나 로빈슨 역시 자신이 갑작스럽게 전역 대상자가 되었을 때에는 전과 같은 충성심을 보이지는 않았다. 로빈슨도 헤이와 마찬가지로 제독이 된 이후 오랫동안 해상 보직을 맡지 않았기에 1870년의 전역 조건을 피할 수 없었다. 다만 로빈슨과 헤이의 차이점은 그가 맡았던 해군 통제관 보직이 원래 민간인 보직이었기에 현역 장교 신분이 아니더라도 해군본부에 남는 데에는 전혀 문제가 없었다는 점이다. 하지만 로빈슨은 전역 조치가 부당하다고 끊임없이 불평을 쏟아내며 칠더스에게 예외 규정을 적용해줄 것을 요구했다. 이에 칠더스는 신뢰하고 아끼는 참모로부터의 반발이 당황스러웠지만 규정의 예외 적용은 가차 없이 거절했다. 다만 칠더스는 해군 통제관으로서 로빈슨의 역할이 그의 해군본부에 반드시 필요하다고 여겼기에, 현역 명부에서는 제외하되 '정원 외 중장(Supernumerary Vice Admiral)'으로서 이전까지 누리던 권리

---

69) 칠더스는 당시 해군 조선소의 인력이 불필요할 정도로 과다한 상태이며 함정 건조에는 6,000명, 함정 수리에는 5,000명의 인력이면 임무를 수행하는 데 충분하다고 판단했다. 이에 칠더스는 기존 14,000명의 인력 중 약 3,000명을 해고했다. Beeler, British Naval Policy in the Gladstone-Disraeli Era, p.84; John Charles Dalrymple Hay, Remarks on the Loss of H.M.S. 'Captain' (London: Edward Stanford, 1871), p.192.

70) 조선소 업무와 관련한 지휘체계 개편의 핵심은 해군 통제관과 보급부장 (Storekeeper General) 간의 관계 정립에 대한 문제였다. 1869년 이전까지는 물자를 공급하는 보급부장과 그 물자를 사용할 계획을 세우는 통제관 간의 관계가 '협조 관계'로 이뤄져 실질적인 업무 처리에 효율이 매우 떨어졌다. 칠더스는 해군본부 조직 구조를 효율화하면서 보급부를 통제관 예하에 두어 해군 통제관이 물자의 보급 및 활용 계획 권한을 모두 갖는 것으로 지휘체계를 개편하였다. J. M. Hass, A Management Odyssey: The Royal Dockyards, 1714-1914 (New York: University Press of America, 1994), pp.119, 124.

71) Hass, A Management Odyssey, pp.120-125.

와 지위를 보장해주겠다는 제안까지 하며 그를 달래고자 했다.72)

하지만 로빈슨은 이 정도의 제안에 결코 만족하지 못했다. 그는 끊임없이 칠더스에게 규정의 예외 적용을 요구했고, 이 과정에서 칠더스에 대한 비난의 수위를 높여갔다. 이 과정에서 둘 사이에 오간 언쟁은 당시 신경쇠약 증세가 있던 칠더스의 건강을 악화시킬 정도였다고 한다. 하지만 칠더스는 여전히 해군 통제관으로서 로빈슨이 대체 불가능한 인물이라고 여겼고, 최후의 선택으로 글래드스턴에게 중재를 요청했다. 이에 수상 글래드스턴이 직접 나서서 로빈슨을 설득하자 그는 못 이기는 척 해군본부에 남는 결정을 했다. 물론 이때 로빈슨이 칠더스에게 가진 감정은 여전히 불만과 적개심에 가까웠다.73)

이처럼 칠더스는 해군에 대해 어느 정도 전문성을 갖고, 내각의 전폭적인 지지를 받은 상태로, 권력을 장관에게 집중시킨 후에 개혁을 추진했음에도 불구하고 측근들을 비롯한 여러 장교들의 거센 반발에 맞서야만 했다.74) 이는 1870년 이전에 시도되었던 여러 차례의 개혁들이 고위 장교들로부터 얼마나 많은 저항을 받고 또 그들의 입맛대로 수정되었을지 충분히 짐작하게 해주는 사례이다.75)

---

72) Beeler, *British Naval Policy in the Gladstone-Disraeli Era*, pp.102-104.

73) Beeler, *British Naval Policy in the Gladstone-Disraeli Era*, pp.104-108.

74) 로빈슨이나 헤이 외에도 수많은 장교들이 개혁이 시행되기 직전 해군본부에서 보낸 전역 통지서에 유사한 불만을 표하는 답변을 보내왔다. 해당 서신들의 자세한 내용은 다음의 자료를 참고. "Copy of any correspondence between flag officers and the Admiralty relating to the late scheme of retirement," *Accounts and Papers: Thirty-Seven Volumes, Session 9 February – 21 August 1871*, Vol. XL (London: H.M.S.O., 1871).

75) 특히 1866년의 개혁에서 "지휘관 보직을 맡고 있거나 해군본부에 근무하고 있는 제독들은 전역 조치에서 예외로 두는" 조항은 그 개혁의 취지에 전혀 맞지 않는 것이었다. 이 조항대로라면 대부분의 제독들이 70세를 넘어도 현역 장교 명부에 남아 있을 수 있었기 때문이다.

또한 여기서 겪게 된 로빈슨과의 갈등은 이후 칠더스의 해군본부 운영에 상당한 차질을 빚는 것이기도 했다. 칠더스가 조직 개편 이후 고위 장교들과의 의사소통을 최소화하게 되었을 때 그나마 그에게 전문적인 조언을 할 수 있었던 인물이 바로 수석 해군위원 다크레스와 해군 통제관 로빈슨이었기 때문이다.[76] 하지만 로빈슨과의 관계가 틀어지면서 해군본부 내의 이원적인 조언 체제는 무너졌고 이후에는 다크레스만이 유일하게 전문적인 조언을 위한 소통 창구로 남게 되었다.[77]

4) 장교 교육제도 개혁

1870년대 해군개혁에서는 장교들의 인력 운영에 있어 진급 및 전역제도 못지않게 중요한 장교 교육제도에 대한 개혁 논의도 함께 이뤄졌다. 그런데 흥미로운 것은 군의 인력 운영에서 장교 교육제도가 갖는 중요성에도 불구하고 대부분의 연구자들은 이 분야에 대해 오랫동안 거의 외면해왔다는 점이다. 이러한 현상에는 여러 가지 이유들이 있겠으나 그중 가장 쉽게 짐작해볼 수 있는 것은 이 교육개혁이 칠더스의

---

76) 칠더스의 개혁을 통해 개편된 해군본부 위원회의 조직에서는 수석 해군위원과 해군 통제관과의 호흡이 가장 중요했다. 해군 업무를 크게 3개 분야, 즉 인사·작전, 전력, 예산으로 구분했을 때 예산은 민간인 사무관인 해군의회 차관보가 담당했고, 나머지 2개 분야를 고위 해군 장교인 수석 해군위원과 해군 통제관이 맡았기 때문이다. 이 역할을 맡았던 다크레스와 로빈슨은 해군 장교로서 칠더스에게 해군 관련 조언을 할 수 있는 몇 안 되는 인물들이었다. Murray, "The Admiralty," p.475.

77) 여기서 과연 수석 해군위원의 조언이 얼마나 유효하게 작용했는지는 상당히 의문이다. 칠더스와 다크레스의 성향을 고려했을 때 실질적으로는 칠더스의 1인 결정, 다크레스의 동의 정도로 해군본부 업무가 처리되었을 가능성이 높다. Murray, "The Admiralty," p.475.

여타 개혁들과는 성격이 다소 상이하여 함께 묶어 살펴보기가 어려웠다는 점일 것이다. 특히 개혁의 진행 속도나 조치의 강도 면에서 이 교육개혁은 과연 같은 시기에, 같은 인물에 의해 진행된 개혁이 맞는지 의아할 정도이다.

이러한 이유에서인지 1870년대의 장교 교육제도 개혁은 1990년대까지 거의 조명을 받지 못하다가 1994년 해롤드 디킨슨(Harold William Dickinson)이라는 학자의 등장과 함께 비로소 학계의 관심을 받기 시작했다. 디킨슨은 「영국 해군 장교 교육 규정, 1857~1877(Educational Provision for Officers of the Royal Navy, 1857~1877)」78)이라는 논문으로 박사 학위를 받은 이후 해군 교육개혁과 관련된 연구들을 잇달아 발표하며 19세기 중후반 영국 해군 장교 교육 시스템의 변화를 다각도로 조망한 바 있다.

디킨슨의 연구에서 1870년대 해군개혁과 관련하여 특히 주목할 부분은 칠더스가 '교육에 대한 관심'이 상당히 컸고, 그 결과 장교 교육 문제가 그의 개혁 아젠다 중 하나가 되었다는 주장이다.79) 디킨슨의 이러한 주장에는 한 가지 의문이 드는 부분이 있는데, 그것은 칠더스가 교육개혁을 위해 독단적으로 위원회를 조직하고 조사를 진행시킨 것까지는 맞으나, 그 이후 실제 개혁 조치를 단행함에 있어서는 상당히 미온적으로 행동했다는 점이다.80) 디킨슨은 이를 "상당한 불일치(considerable disparity)"라고 언급하며 그에 대해 의아함을 표하기는 했으나 구체적으로 왜 그러한 괴리가 나타나게 되었는지는 거의 설명하지 않았다.81) 필자는 이 '상당한 불일치'의 지점이 바로 당대 영국의 정치적

---

78) H. W. Dickinson, "Educational Provision for Officers of the Royal Navy, 1857-1877" (Ph.D. dissertation, University of London, 1994).

79) H. W. Dickinson, *Educating the Royal Navy: Eighteenth and Nineteenth Century Education for Officers* (New York: Routledge, 2007), pp.115-116.

80) Dickinson, *Educating the Royal Navy*, p.122.

상황 및 시대적 배경을 반영하는 것일 뿐만 아니라, 칠더스의 궁극적인 개혁의 목표와 방향에 대한 단서를 제공해주는 것이라 생각한다. 여기에서는 디킨슨이 주목하지 않았던 당시 해군 장교 교육개혁의 또 다른 함의와 다른 개혁들과의 연관성 등에 대해 주목하며, 이 개혁이 어떻게 칠더스의 전반적인 개혁 목표를 달성하는 데 기여했는지 살펴보고자 한다.

칠더스의 교육에 대한 관심?

디킨슨의 글은 당시 장교 교육제도를 검토했던 특별위원회의 보고서를 대단히 치밀하고 충실하게 분석하고 있지만 상당한 논리적 모순 또한 함께 담고 있다. 그 모순의 핵심을 정리하면 "칠더스가 교육에 관심이 많아 해군본부 위원회 고위 장교들을 배제하고 독단적으로 해군 장교 교육개혁을 추진하였으나,[82] 그 개혁은 예년의 교육제도와 별반 다를 바 없이 다소 미흡하고 보수적으로 마무리되었다"는 것이다.[83] 또한 디킨슨은 "그럼에도 불구하고 『셰드웰 보고서(the Shadwell Report)』[84]

---

81) Dickinson, *Educating the Royal Navy*, p.122.

82) H. W. Dickinson, "The Origins and Foundation of the Royal Naval College, Greenwich," *Historical Research*, Vol. 72, No. 177 (1999), pp.94-95; Dickinson, *Educating the Royal Navy*, pp.115-116.

83) Dickinson, "The Origins and Foundation of the Royal Naval College," pp.97-98; Dickinson, *Educating the Royal Navy*, pp.118-120, 122.

84) 여기서 디킨슨이 말한 『셰드웰 보고서(the Shadwell Report)』는 칠더스의 지시에 의해 조직된 〈셰드웰 위원회(the Shadwell Committee)〉의 장교 교육제도 검토 보고서를 의미한다. 〈셰드웰 위원회〉의 정식 명칭은 〈해군 장교들의 고등교육에 관한 위원회(The Committee on the Higher Education of Naval Officers)〉이며, 이 위원회의 위원장인 찰스 셰드웰(Rear-Admiral Charles F. A. Shadwell)의 이름을 따서 통상 〈셰드웰 위원회〉라고 칭한다. 마찬가지로 『셰드웰 보고서』의 정식 명칭은 『해군 장교들의 고등교육에 관한 위원회 보고서(*Report*

는 교육개혁의 중요한 '랜드마크(landmark)'였고, 해군 교육은 당대의 중요한 아젠다였다"[85]라는 평가를 덧붙이기도 했다.

여기서 무엇보다 어색한 부분은 앞서 살펴본 여러 개혁에 나타난 칠더스의 추진력을 고려할 때 이 개혁이 너무나도 지지부진했다는 점이다. 칠더스의 성향을 고려한다면 교육 분야에서도 급진적이고 단호한 방식의 개혁을 추진하고자 했을 텐데, 심지어 해군본부 위원회조차 배제하고 진행했던 장교 교육개혁을 뚜렷한 성과 없이 마무리했다는 점은 쉽게 이해가 되지 않는 부분이다. 칠더스는 왜 해군 장교 교육개혁에 대해서는 다른 개혁들처럼 단호한 태도를 보이지 않았던 것일까? 이는 디킨슨의 논지 전개에서 가장 앞부분에 해당되는 칠더스의 '교육에 대한 관심' 부분에 좀 더 집중해보면 그 해답을 얻을 수 있다.

디킨슨의 글에서 모순이 느껴지는 가장 큰 이유는 그가 칠더스를 '교육에 지대한 관심이 있는 교육 개혁가'로 상정하고 반대 증거들을 무시한 채 계속해서 글을 전개해나갔기 때문이다. 디킨슨은 칠더스가 오스트레일리아에서 근무할 당시 교육 분야에 깊은 관심을 갖고 대학 설립 등에 중요한 역할을 수행하였으며, 이후 영국으로 돌아왔을 때에는 그 관심과 에너지를 해군 교육개혁에 쏟게 되었다고 주장했다.[86] 하지만 칠더스의 오스트레일리아에서의 경력을 좀 더 자세히 살펴본다면 디킨슨의 그러한 평가는 다소 과도하다는 것을 알 수 있다.

칠더스는 1850년에 케임브리지 대학을 졸업한 이후 오스트레일리아

---

of the Committee on the Higher Education of Naval Officers)』이다. 이 보고서의 의미에 대해서는 뒤에서 좀 더 상세히 다루고자 한다. Report of the Committee on the Higher Education of Naval Officers, with the Minutes of Evidence and Appendix (London: H.M.S.O., 1870).

85) Dickinson, "The Origins and Foundation of the Royal Naval College," p.100; Dickinson, Educating the Royal Navy, pp.121, 125.

86) Dickinson, "The Origins and Foundation of the Royal Naval College," p.94.

로 건너가 1851년 1월부터 뉴 사우스 웨일즈 주에서 학교 장학사 (Inspector of Schools)로 근무를 시작했다. 그리고 같은 해 9월 그는 빅토리아 주의 교육부 장관(Secretary to the Education Department)에 임명되었고, 1852년 10월에는 감사원장(Auditor-General)이 되어 불과 26세의 나이로 빅토리아 주의 세입·세출을 실질적으로 관리하게 되었다. 이때 그가 감사원장으로서 처음으로 입안했던 예산안이 바로 '멜버른 대학의 설립'에 대한 것이었는데, 디킨슨은 칠더스의 이 예산안 입안에 대해 높이 평가하며 그가 멜버른 대학의 설립을 비롯한 오스트레일리아의 교육 발전에 중요한 역할을 수행했다고 보았다.[87]

이러한 주장은 에드워드 스윗맨(Edward Sweetman)의 저서[88]에 기댄 것인데,[89] 디킨슨은 스윗맨의 저술에서 칠더스와 관련된 부분에만 집중하여 교육 관련 내용을 확대 해석한 것으로 보인다. 그러나 스윗맨의 저서와 칠더스의 전기를[90] 그가 오스트레일리아에 도착했던 당시의 상황과 함께 면밀히 살펴본다면 칠더스가 교육 분야에 오랜 관심이 있었다는 주장은 논리적 비약으로 여겨진다.

칠더스의 전기에 따르면, 그는 오스트레일리아로 떠날 때 당시 식민부 장관이었던 그레이 경(Henry Grey, 3rd Earl Grey, 1802~1894)의 추천장

---

87) Dickinson, "The Origins and Foundation of the Royal Naval College," p.94; H. W. Dickinson, "Joseph Woolley—Pioneer of British Naval Education, 1848-1873," *Education Research and Perspectives*, Vol. 34, No. 1 (2007), p.12; Dickinson, *Educating the Royal Navy*, pp.115-116.

88) 이 저서는 스윗맨이 멜버른 대학에서 문학 박사학위를 받은 학위 논문을 출판한 것이다. Edward Sweetman, *The Educational Activities in Victoria of the Rt. Hon. H. C. E. Childers* (Melbourne: Melbourne University Press, 1940).

89) Dickinson, "Joseph Woolley—Pioneer of British Naval Education," p.25.

90) 여기서 참고하는 칠더스의 전기 및 서신집은 그의 아들인 스펜서 칠더스가 펴낸 것이다. Spencer Childers, *The Life and Correspondence of the Right Hon. Hugh C. E. Childers, 1827-1896*, Vol. 1 (London: John Murray, 1901).

을 가지고 빅토리아 주의 전신이었던 포트 필립 지구(the Port Phillip District)의 책임자(superintendent) 찰스 라 트로브(Charles Joseph La Trobe, 1801~1875)라는 인물을 찾아갔다.[91] 이때 칠더스가 도착했던 1850년이라는 시기는 오스트레일리아 식민지 정부법(The Australian Colonies Government Act of 1850)이 통과되면서 포트 필립 지구가 뉴 사우스 웨일즈 주로부터 독립하여 별도의 '빅토리아 주'로서 하나의 새로운 주 정부를 꾸려야 했던 시기였다.[92] 즉, 칠더스가 1851년 1월에 뉴 사우스 웨일즈의 장학사로 부임했을 때 그가 실제로 활동했던 지역은 훗날 빅토리아 주가 될 포트 필립 지구였던 것이다.

당시 포트 필립 지구의 상황은 칠더스가 어떻게 그렇게 젊은 나이에, 또 대단히 짧은 기간 동안 연달아 주 정부의 중요한 직책들을 맡게 되었는지를 설명해준다. 라 트로브는 오스트레일리아라는 신생 식민지의 주변부에서 갑작스럽게 하나의 주 정부를 새롭게 수립해야 하는 상황이었고, 그곳에는 당연히 중요한 직책을 맡길 만한 고급 인력이 절대적으로 부족했다. 이런 상황에서 갓 대학을 졸업한 칠더스라는 젊은 인재가 오게 되자 라 트로브는 자연스럽게 그에게 교육 분야의 직책을 부여하였다. 그리고 해당 직책에서 칠더스가 유능함을 입증하자 이어 교육부 장관이나 감사원장과 같은 막중한 직책까지 맡기게 되었던 것이다. 다만 칠더스가 아무리 유능했다고 할지라도 실무 경험이 전혀 없는 상태에서 그러한 중책들을 잇달아 맡는 것은 상당히 버거운 일이었다. 칠더스는 어머니에게 보내는 편지마다 "엄청난 격무에 시달리고 있으며, 스스로 생각할 때에도 이렇게 어리고 경험이 부족한 사람이

---

91) Childers, *The Life and Correspondence*, Vol. 1, p.23.
92) *Australian Dictionary of Biography*, 2006 ed., s.v. "La Trobe, Charles Joseph (1801-1875)," by Jill Eastwood.

이런 막중한 일을 맡아도 되는지 의문스럽다"고 하소연했다.[93]

칠더스의 멜버른 대학 설립을 위한 예산 입안은 바로 이러한 맥락에서 살펴볼 필요가 있다. 스윗맨은 그의 저서 『빅토리아에서의 칠더스의 교육 활동(The Educational Activities in Victoria of the Rt. Hon. H. C. E. Childers)』 5장에서 멜버른 대학의 진정한 설립자가 누구인가에 대한 문제를 다루고 있는데, 여기서 그는 '칠더스가 멜버른 대학의 설립을 최초로 제안했다'와 같은 그간의 낭설을 일축하고 있다.[94] 그것의 핵심만 간단히 요약하자면 칠더스가 오스트레일리아에 도착하기 이전인 1849년부터 이미 시드니 대학의 건립을 위한 위원회가 조직되어 대학의 설립이 진행되고 있었으며, 이와 관련하여 멜버른에서도 1850년부터 대학의 설립을 촉구하는 움직임이 이미 나타나고 있었다는 것이다.[95]

이는 칠더스의 부임 시기와 멜버른 대학의 설립을 위한 예산안의 발의 시점만을 보더라도 충분히 짐작할 수 있는 부분이다. 그가 오스트레일리아에서 장학사로 근무하기 시작한 시점은 1851년 1월이고, 감사원장으로 부임한 시점은 1852년 10월이다. 그리고 그가 멜버른 대학 설립 예산안을 발표한 시점은 1852년 11월이다. 즉, 칠더스는 오스트레일리아에 도착한 지 불과 2년도 되지 않은 시점에, 특히 감사원장으로 근무하기 시작한 지는 불과 1달이 채 지나지 않은 시점에 대학 설립을 위한 구체적인 예산안을 발표하게 되었던 것이다.[96]

이런 점을 고려할 때 당시의 멜버른 대학 설립에 있어 칠더스가

---

93) Childers, The Life and Correspondence, Vol. 1, pp.44-45.
94) Sweetman, The Educational Activities in Victoria of the Rt. Hon. H. C. E. Childers, p.94.
95) Sweetman, The Educational Activities in Victoria of the Rt. Hon. H. C. E. Childers, pp.84-85.
96) Oxford Dictionary of National Biography, 2008 ed., s.v. "Childers, Hugh Culling Eardley(1827-1896)," by William Carr, revised by H. C. G. Matthew.

교육에 대한 어떤 대단한 열망이나 관심을 갖고 그 과정을 주도했다고 보는 것은 다소 무리한 해석으로 보인다.[97] 마찬가지로 칠더스가 오스트레일리아에서부터 교육에 대한 오랜 관심이 있었고, 영국으로 복귀한 이후 그 관심을 해군 장교 교육에 쏟게 되었다는 디킨슨의 주장 역시 재고해볼 필요가 있다. 오히려 그러한 주장보다는 칠더스가 오스트레일리아에서 교육 분야와 관련하여 상당한 경험을 쌓을 기회를 얻었고, 자신에게 주어진 업무에 충실히 임하면서 그의 능력에 대한 신뢰와 좋은 평판을 얻게 되었다고 평가하는 것이 좀 더 적절하지 않을까? 이는 칠더스가 영국으로 복귀한 이후 꽤 오랜 시간 동안 정계에서 활동하면서도 해군 장관이 되기 이전까지는 교육 분야와 관련한 어떠한 뚜렷한 행보도 보인 바 없다는 사실에서도 확인할 수 있다. 그리고 이러한 칠더스의 경력을 염두에 두고 그의 교육개혁에 대해 다시 살펴본다면 여기에서 나타나는 '의아한 괴리'에 대해 좀 더 쉽게 이해할 수 있다.

칠더스의 해군 장교 교육개혁의 목적

만약 디킨슨의 주장과 달리 칠더스가 교육 분야에 대한 오랜 관심이나 개혁의 열망을 가졌던 것은 아니라고 본다면 그의 교육개혁 시도에

---

97) 칠더스 스스로도 멜버른 대학의 설립을 주도한 인물로서 자신이 거론되는 것이 부담스러웠는지 1881년 『아거스(Argus)』의 편집장 중 한 사람이자 자신의 오랜 친구인 라우클랜 맥키넌(Lauchlan Mackinnon)에게 멜버른 대학 설립의 공은 자신보다는 레드몬드 배리(Redmond Barry)에게 있다고 직접 밝힌 바도 있다. 스윗맨의 글에서도 칠더스의 역할을 부각시키기 위해 대학 설립에 기여했던 인물들의 역할과 비중을 상당히 축소하여 다루고 있는데, 이 문제에 대해서는 필자의 차후 연구에서 더 자세히 다뤄보고자 한다. Sweetman, *The Educational Activities in Victoria of the Rt. Hon. H. C. E. Childers*, p.83.

는 대체 어떠한 목적이 담겨있었던 것일까? 필자는 여기에 크게 세 가지의 목적이 있었다고 본다. 먼저 첫 번째로는 칠더스가 자신의 '또 다른 전문성'을 과시함으로써 개혁 정국에서 주도권을 장악하려고 했을 가능성이다. 앞서 살펴보았듯 칠더스가 해군 장관으로 부임한 이후 줄곧 지상 과제로 삼았던 것은 고위 해군 장교들에게 휘둘리지 않는 강력한 해군 장관의 모습을 구축하는 것이었다. 이런 점에서 칠더스가 해군 장교들 못지않게, 어쩌면 그들 이상으로 잘 알고 있는 교육 분야에 대해 문제를 제기하고 개혁이 필요함을 지적하는 것은 그 자체만으로도 그의 전문성 및 권위를 보여줄 수 있는 좋은 계기가 될 수 있었다.

칠더스가 장관으로 부임한 이후 얼마 지나지 않아 해군본부 수석 해군위원인 다크레스에게 해군에서 예산 문제 외에 또 다른 불만족스러운 부분으로서 '해군 교육' 문제와 그것을 결정하는 '해군본부 위원회의 정책 결정 구조'를 짚었던 것은 바로 이러한 맥락에서 살펴볼 수 있다.[98] 칠더스는 다크레스에게 이러한 불만을 표한 직후 위원회와의 논의 없이 독단적으로 생도 교육을 담당하는 훈련함 〈브리타니아(H.M.S. Britannia)〉의 교육에 대한 상세한 조사 및 수정을 지시했다. 이는 향후 그의 개혁이 어떤 방식으로 진행될 것인지를 암시해주는 것이기도 했다.

칠더스의 지시에 의해 1869년 8월 〈브리타니아〉의 교육을 조사 및 개혁하기 위한 위원회가 조직되었는데, 이 위원회의 위원장은 당시 해군본부 교육국장(Admiralty Director of Education)이었던 조세프 울리 (Joseph Woolley)가 맡았다.[99] 그는 칠더스의 의중을 반영하여 생도 교육

---

98) Hugh Childers to Sir Sydney Dacres, 28 August 1869, TNA, ADM 1/6110, Dickinson, *Educating the Royal Navy*, p.116에서 재인용.
99) 울리는 칠더스가 해군본부 민간 위원으로 근무하던 시기(1864-1865) 교육국 장으로 함께 근무했던 인물로서 교육에서 특히 효율성을 강조한 인물이었다 는 점에서 칠더스의 성향에 잘 부합하는 인사라고 할 수 있었다. Dickinson,

과 관련된 여러 혁신적인 내용을 담은 개혁안을 발표했는데,[100] 그중 백미는 생도 선발에 최초로 시험을 통한 '제한 경쟁(limited competition)'을 도입하는 것이었다.[101] 이러한 시험 제도의 도입은 『노스코트-트리벨리언 보고서』 이후 영국 사회에 팽배하였던 능력주의의 분위기를 반영한다는 측면에서 명분은 일견 타당해보였으나, 주로 추천제로 이뤄져왔던 해군의 오랜 생도 선발 전통을 깨뜨리는 것이었기에 내부적으로 많은 고위 장교들의 반발을 야기하기도 했다.[102]

그러나 칠더스는 이에 아랑곳하지 않고 1870년 1월에는 해군본부 위원회와의 논의 없이 장교들의 고등교육을 검토할 특별위원회의 설치까지 독단적으로 결정하였다.[103] 장교들의 교육에 대한 문제는 앞선 생도 교육 문제보다 좀 더 중요한, 해군의 핵심 인력 구조와 관련한 문제였다는 점에서 그 의미는 좀 더 컸다. 장교 교육과 같은 해군의 비중 있는 문제마저 고위 장교들과의 교감 없이 독단적으로 결정했다는 것은 칠더스가 이 교육개혁을 통해 얻고자 했던 효과가 비단 교육 분야의 새로운 변화만은 아니었음을 의미한다. 특히 이 장교 교육개혁의 소극적인 결론이나 진행의 지지부진함 등을 고려한다면 그가 이 개혁을 통해 정말로 해군 장교들의 교육을 혁신적으로 바꾸려고 했다기보다는, 오히려 교육개혁이라는 계기를 통해 해군본부 위원회, 그리고 나아가

"Joseph Woolley—Pioneer of British Naval Education," p.13.

100) 여기에는 〈브리타니아〉의 교육 계획에서 시맨십(seamanship)을 위한 교육의 비중을 줄이고, 퍼블릭 스쿨에 가까운 학문적 교육의 비중을 늘리는 것 등이 포함되어 있었다. Dickinson, "Joseph Woolley—Pioneer of British Naval Education," p.13.

101) 이 제도는 입대 가능 정원의 두 배에 해당하는 예비 인원을 생도 선발 시험에 응시하게 하여, 그중 상위 50%를 합격시켜 생도로 선발하려는 것이었다. Dickinson, "Joseph Woolley—Pioneer of British Naval Education," pp.12-13.

102) Dickinson, "Joseph Woolley—Pioneer of British Naval Education," pp.12-13.

103) Dickinson, *Educating the Royal Navy*, p.116.

고위 해군 장교들에 대한 기강을 잡으려는 의도가 다분히 담겨있었다고 볼 수 있다.[104]

　장교 교육개혁의 두 번째 목적은 글래드스턴 내각의 출범 당시 영국 사회 내에 고조되어 있었던 과학 교육 및 과학 진흥 요구에 대한 호응이라는 맥락에서 살펴볼 수 있다. 앞서 I 부에서 언급했듯이 글래드스턴과 그의 각료들은 내각 집권 초기에 여러 이유로 인해 과학계의 요구를 완전히 무시할 수는 없으면서도, 내각의 제1목표였던 예산 긴축에 좀더 초점을 맞추고자 하는 이중적인 입장에 서있었다. 이런 점에서 군의 장교 교육을 과학 및 기술 분야에 초점을 두어 개혁한다면 불필요하게 많은 예산을 소모하지 않으면서도 대외적으로는 과학 진흥에 정부가 관심을 기울이고 있다는 모양새를 취할 수 있었다. 이와 같은 해군 장교 교육개혁과 과학 진흥 간의 연관성은 〈해군 장교들의 고등교육에 관한 위원회(The Committee on the Higher Education of Naval Officers, 이하 셰드웰 위원회)〉의 발족 시기와 위원 구성, 그 핵심 내용 등에서 엿볼 수 있다.

　먼저 위원회의 발족 시기에 있어 해군의 〈셰드웰 위원회〉가 1870년 1월 말에 조직되었고, 앞서 소개한 바 있는 데본셔 공작의 〈왕립 과학 교육 및 과학 진흥 위원회(Royal Commission on Scientific Instruction and the Advancement of Science, 이하 데본셔 위원회)〉가 1870년 3월 중순에 조직되었다는 점은 상당히 의미심장하다. 이 두 위원회가 불과 한 달 반 정도의 간격을 두고 연속적으로 구성되었고, 두 위원회가 모두 '교육'을 중점적으로 다룬 위원회였다는 점을 고려할 때 당시 글래드스턴

---

104) 칠더스가 유일하게 소통의 끈을 놓지 않았던 다크레스에게도 별다른 언질 없이 독단적으로 위원회의 설치를 진행했다는 점은 특히 주목해볼 만하다. 다크레스가 해군본부 위원회의 수석 해군위원으로서 해군의 인력을 관리하는 역할을 맡고 있었기에 그에게는 필히 자문이나 조언을 구하여 교육개혁을 진행하는 것이 자연스러웠기 때문이다.

내각에서 갖고 있던 고민과 정책의 방향이 두 위원회에 공통적으로 반영되었을 가능성이 높다.[105) 또한 이 시기가 데본셔 공작을 비롯한 과학계의 인사들이 정부의 과학 분야에 대한 지원을 예의주시하고 있던 시점이라는 것을 고려한다면 이 연속적인 위원회의 설립은 그러한 과학계의 관심에 대한 정부의 호응이라는 측면에서 충분히 해석해볼 수 있다.

〈셰드웰 위원회〉의 위원 구성 면면을 살펴보면 그러한 연관성은 좀 더 명확히 드러난다. 먼저 위원장을 맡았던 찰스 셰드웰 소장(Rear-Admiral Charles F. A. Shadwell)은 군인이라기보다 과학자에 가깝다고 할 수 있을 정도로 당대의 저명한 천문학자이자 수학자였다.[106) 이 위원회의 또 다른 두 명의 장교 위원들도 해군에서 과학과 관련된 분야에 종사하던 인물이었는데, 조지 리처즈(Captain George Henry Richards)는 해군 수로국의 국장(the Head of the Hydrography Branch)이었고, 아서 후드(Captain Arthur W. A. Hood)는 해군의 무기체계를 담당하는 해군 병기창장(the Director of Naval Ordnance)이었다.[107)

그뿐만 아니라 〈셰드웰 위원회〉의 민간 위원들도 주로 과학계의 인사들로 채워졌다. 먼저 알프레드 배리(Alfred Barry, 1826~1910)[108)는

---

105) *Report of the Committee on the Higher Education of Naval Officers*, pp.iii-iv; *Royal Commission on Scientific Instruction and the Advancement of Science*, Vol. I (London: H.M.S.O., 1872), pp.iii-iv.

106) 셰드웰은 준함장(Commander) 시절부터 함장(Captain), 소장(Rear Admiral) 시절까지 끊임없이 천문학 분야의 소논문을 출판했고 왕립 학회의 회원으로 임명되기도 했던 인물이다. 이런 학자로서의 역량을 인정받아 셰드웰은 칠더스의 교육개혁을 위한 위원회의 위원장을 맡게 되었다. Charles F. A. Shadwell, *Tables for Facilitating the Determination of the Latitude and Time at Sea by Observations of the Stars* (London: J. D. Potter, 1869), pp.v-vi.

107) Dickinson, *Educating the Royal Navy*, p.116.

108) 그는 칠더스와 거의 같은 시기에 케임브리지 대학의 트리니티 칼리지에서

킹스 칼리지(King's College London)의 총장으로서 위원회의 민간 위원으로 초청받을 무렵 자신의 대학에 공학 및 의학 교육을 도입하는 개혁을 진행 중이던 인물이었다.109) 또 다른 민간 위원이자 해군의 교육국장이었던 조세프 울리 역시 케임브리지 출신의 저명한 수학자이자 오랫동안 해군의 함정 건조 학교에서 교육을 담당했던 조선 전문가였다.110) 이러한 〈셰드웰 위원회〉의 위원 구성 면면은 향후 이 위원회의 보고서가 어떤 교육을 강조할지를 미리 예고하고 있었다. 1870년 7월에 제출된 〈셰드웰 위원회〉의 보고서는 다른 해군 경쟁국들의 장교 고등교육에 대한 분석과 함께 영국 해군 장교 교육의 현실을 진단하며 왕립 해군대학(Royal Naval College)의 개혁을 통해 장교들에게 '과학 위주의 고등교육'을 실시할 것을 권고하였다.111)

그리고 이 과학 위주의 고등교육 과목 중 가장 핵심이 되었던 한 과목은 바로 필자가 생각하는 이 교육개혁의 세 번째 목적과도 연결된다. 그것은 바로 '증기(steam)'에 대한 강조였다. 사실 〈셰드웰 위원회〉는 그 야심찬 출발에 비해 칠더스의 여타 개혁들과는 비교할 수 없을 만큼 소극적으로, 제한된 변화만을 권고하며 그 보고서를 마무리했다.112)

함께 수학했던 동문으로서 1868년부터 킹스 칼리지의 총장을 맡고 있었고, 칠더스의 요청으로 앞서 언급한 실습함 〈브리타니아〉의 교육개혁에도 참여했던 인물이었다.

109) *Oxford Dictionary of National Biography*, 2008 ed., s.v. "Barry, Alfred(1826-1910)," by E. H. Pearce, revised by David Hilliard.

110) Dickinson, "Joseph Woolley - Pioneer of British Naval Education," pp.2-11.

111) 〈셰드웰 위원회〉가 왕립 해군대학의 입학시험 과목으로 선정했던 5개의 과목은 산수, 대수학, 기하학, 평면삼각법, 구면삼각법 등 모두 수학 분야의 과목이었으며, 교과 과정으로 추천했던 10개의 과목 중 6개의 과목(증기, 수학, 고등 수학, 해상 천문학, 물리학, 함정 건조)이 과학 분야의 과목이었다. 그리고 나머지 4개의 과목은 언어, 야전 축성(Field Fortification), 법학, 해군 전술 등이었다. *Report of the Committee on the Higher Education of Naval Officers*, p.xv.

112) 이는 칠더스의 교육개혁을 긍정적으로 평가하는 디킨슨조차 동의하는 부분

이는 글래드스턴 1차 내각에서 〈데본셔 위원회〉의 발족을 결정했음에
도 불구하고 실질적으로는 과학 진흥에 대한 지원에 매우 소극적이었다
는 점과 일맥상통하는 부분이다. 당시 정부나 해군본부 모두 과학에
대해 관심을 갖는 모양새는 취하면서도 그것을 위한 예산의 증가는
결코 원치 않았던 것이다. 다만 〈셰드웰 위원회〉의 보고서에서는 유일
하게 한 가지 강조하고 있는 부분이 있었는데 그것이 바로 증기에 대해
배우는 교과목의 의무 수강이었다.[113]

〈셰드웰 위원회〉에서 제안한 왕립 해군대학의 10개의 과목 중 장교
들은 4개의 과목을 선택할 수 있었는데 그중 모든 장교들이 의무적으로
선택해야 했던 과목은 오직 증기(Steam) 과목의 '실용(practical)' 파트
단 하나였다.[114] 그렇다면 증기라는 과목의 수강 의무화는 해군 장교들
에게 무엇을 의미하는 것이었을까? 이는 앞서 살펴본 진급 및 전역
제도 개혁에서 언급된 1870년 2월 22일 추밀원령의 내용과 연결 지어
살펴볼 수 있다.

이 추밀원령이 발표된 2월 22일이라는 시기는 〈셰드웰 위원회〉가
조직된 후 약 한 달의 시간이 지난 시점이자, 〈셰드웰 위원회〉의 보고서
가 발표되기 약 네 달 전의 시점이었다. 만약 칠더스가 해군개혁을
통해 해군을 변화시키고, 또 장교들에게 어떠한 메시지를 전하고자

으로, 〈셰드웰 위원회〉의 권고 조치 중 대부분은 이미 포츠머스 왕립 해군대
학에서 실시하고 있는 내용과 별반 다를 바 없는 매우 제한적이고 보수적인
것이었다. 특히 학생을 가르치는 교수자의 숫자나 입학을 허용하는 장교
인원의 숫자는 예년 대비 거의 증가되지 않았다고 봐도 무방했다. 그리고
왕립 해군대학의 런던으로의 이전과 같은 문제는 그에 대한 검토만 이뤄졌을
뿐 어떤 뚜렷한 결론을 내리지는 않았다. Dickinson, "The Origins and
Foundation of the Royal Naval College," pp.97-98, 100.

113) *Report of the Committee on the Higher Education of Naval Officers*, p.xv.
114) *Report of the Committee on the Higher Education of Naval Officers*, p.xv.

했다면 이 두 가지 개혁에는 비슷한 맥락의 의도가 담겼을 가능성이 높다. 이런 점에서 1870년 2월 22일 추밀원령의 강제 전역 조항 중 '항해 경험 공백'의 기간 설정은 상당히 흥미롭다. 이 조항은 대장(Admiral), 중장(Vice-Admiral), 소장(Rear-Admiral) 계급의 경우 연령에 무관하게 '10년' 이상 해상 지휘를 맡지 않았을 때, 함장(Captain) 계급의 경우 연령에 무관하게 '7년' 이상 해상 보직을 받지 못했을 때 강제 전역하도록 규정하는 것이었다.[115] 그렇다면 이 항해 경험 공백의 기간은 무엇을 기준으로 설정했던 것일까? 필자가 보기에 추밀원령에 반영된 제독들의 10년, 그리고 함장들의 7년이라는 공백 기준은 당시 해군이 맞이한 시대적 변화를 매우 충실하게 반영한 것이었다. 그것은 앞서 소개한 장갑함 〈워리어(H.M.S. Warrior)〉의 도입 이후 영국뿐만 아니라 유럽 전체의 해군 패러다임이 바뀌는 시기와 정확히 맞아떨어진다.

프랑스의 장갑함 〈글루아르(Gloire)〉(1859)에 대응하여 만들어진 영국 최초의 대형 장갑함 〈워리어〉는 1860년에 진수되어, 1863년 영국 해군 소속으로 전력화되었다. 즉, 1870년 2월 22일 추밀원령에서 설정한 항해 경험 공백의 기준은 1860년 〈워리어〉의 도입 이후 유럽 해군의 패러다임 변화를 체감하지 못한 제독들과, 1863년부터 영국 해군 소속이 된 증기 장갑함을 운용하거나 경험해보지 못한 함장들에게 그들이 더 이상 '새로운 해군'에는 유의미한 전력이 아니라고 선언하는 것에 가까웠다. 그리고 같은 맥락에서 〈셰드웰 위원회〉의 개혁안 중 유일한 의무 조항이었던 증기 교육은 이제 영국 해군에서 고등교육을 받은 장교는 〈워리어〉 이후 해군의 주력이 된 증기 장갑함을 반드시 운용할 수 있어야 한다는 메시지를 전하고 있었다. 즉, 칠더스의 해군개혁을 맞이했던 당대의 장교들은 이제 살아남기 위해서는 '증기'와 같은 기술적 변화에

---

115) "Order in Council of 22 February 1870," *The Orders in Council*, Vol. 3, pp.302-314.

적극적으로 따라가야 한다는 압박 속에 놓이게 되었던 것이다.

결론적으로 칠더스는 해군 장관으로 선임되기 이전부터 의회에서의 연설 등을 통해 증기 장갑함의 등장 이후 유럽 내 해군력 패러다임의 변화를 강조하고, 그에 대한 기민한 대응을 요구하였다. 그리고 본인이 해군 장관이 되었을 때에는 그것을 위한 해군개혁을 적극적으로 추진하며 영국 해군을 시대적 변화에 걸맞은 '새로운 해군'으로 바꾸고자 노력했다. 그는 개혁을 통해 해군본부의 의사 결정 구조를 효율적으로 바꾸고, 해외 전대나 조선소에서의 불필요한 예산 지출은 감축하였으며, 장교들에게는 새로운 기술 변화를 적극적으로 좇을 것을 주문했다.

또한 칠더스는 이러한 해군개혁의 마침표로서 해군의 내적인 변화뿐만 아니라 외적인 하드웨어의 변화까지 신속히 추진하고자 했다. 그것은 기술의 발전으로 인한 유럽 해군력 패러다임의 변화에 더 이상 영국 해군이 뒤처지거나 끌려 다니지 않기 위해 신형 함정의 도입에 적극적으로 임해야 한다는 것이었다. 이러한 칠더스의 의도가 반영되었던 것이 바로 증기 포탑함 〈캡틴(H.M.S. Captain)〉의 신속한 전력화였다. 칠더스는 〈캡틴〉의 건조 과정이 지연되는 것을 용납하지 않으며 그 함정을 신속히 해군으로 인수할 것을 재촉했고, 〈캡틴〉의 시험 항해 결정 역시 일사천리로 진행했다. 그는 이러한 결정을 내릴 때까지만 하더라도 그것이 영국 해군에 긍정적인 변화를 가져올 것이라 믿어 의심치 않았다. 그러나 이 함정은 칠더스의 해군개혁에 마침표가 되기보다는 물음표를 남기는 예상 밖의 결과를 낳게 되었다. 과연 이 함정을 둘러싸고 어떤 일들이 벌어졌던 것일까?

Ⅲ부

해군개혁의 표류 : 개혁의 한계와 의의

5장

〈캡틴〉 침몰 사건으로 드러난 칠더스 개혁의 한계

1) 〈캡틴〉의 건조 과정과 칠더스의 개입

〈캡틴〉은 칠더스가 해군 장관으로 부임하기 이전부터 이미 건조가 계획되어 있었던 함정으로, 함정의 제작 아이디어를 제안한 사람은 크림 전쟁에 참전했던 쿠퍼 콜스(Cowper Phipps Coles, 1819~1870)라는 해군 장교였다. 콜스는 크림 전쟁 중 영국-프랑스 연합군이 세바스토폴 공략에 어려움을 겪을 때 러시아의 보급로를 차단하기 위해 실시한 타간로크 포위 작전(Siege of Taganrog, 1855)[1]에 참여했던 인물이었다. 그는 이 작전을 수행할 때 연합군의 군함이 얕은 해안에서는 자유롭게

---

1) 타간로크는 아조프 해(the Sea of Azov) 동쪽의 항구도시로 크림 전쟁 당시 러시아 육군의 핵심 보급로 중 하나였다. 영국-프랑스 연합군은 세바스토폴 공략이 여의치 않자 타간로크를 장악하여 러시아의 보급을 차단하고자 했다.

항해하기가 어려울 것이라 판단하고, 즉흥적으로 뗏목을 만들어 함포를 싣고 적에게 포격을 가하는 성과를 거두었다. 이러한 콜스의 임기응변은 곧 영국 국내에까지 알려져 많은 찬사를 받게 되었는데, 이는 크림 전쟁 내내 별다른 존재감을 보이지 못해 여론의 비난을 받던 영국 해군의 입장에서 그나마 체면치레를 할 수 있었던 몇 안 되는 성과 중 하나였다.[2]

이후 콜스는 크림 전쟁을 통해 얻은 경험과 명성을 바탕으로 해군본부에 새로운 무기체계의 개발을 제안하였다. 그 제안은 바로 회전하는 포탑을 장착한 '포탑함(a sea-going turret warship)'을 만들자는 것이었다. 이 제안의 추진에는 당시 과학 분야의 발전을 적극적으로 지지했던 앨버트 공의 정치적 지원과 해군을 이용한 포함 외교를 선호했던 파머스턴의 동의가 뒷받침되었다.[3] 또한 크림 전쟁에서 영국 해군의 미흡한 활약에 불만이 많았던 영국의 여론 역시 콜스의 신무기 개발을 적극적으로 지지했다. 이에 해군본부는 콜스의 제안에 따라 증기 전함 〈로열 소버린(H.M.S. Royal Sovereign)〉을 포탑함으로 개조하려는 계획을 세우게 되었다.[4]

하지만 이 포탑함의 제작에 대해 모든 해군 관계자들이 동의했던 것은 아니었다. 예를 들어 1863년부터 해군의 최고 건조 책임자(the

---

2) Don Leggett, *Shaping the Royal Navy: Technology, Authority and Naval Architecture, C. 1830-1906* (Manchester: Manchester University Press, 2015), p.141.

3) Stanley Sandler, "'In Deference to Public Opinion'—The Loss of H.M.S. Captain," *The Mariner's Mirror*, Vol. 59, Iss. 1 (1973), p.57; *Oxford Dictionary of National Biography*, 2008 ed., s.v. "Coles, Cowper Phipps(1819-1870)," by J. K. Laughton, revised by Andrew Lambert.

4) 〈로열 소버린〉의 개조는 1864년 8월에 완료되었으며, 이후 포탑함의 실용성 확인을 위한 실험 등에 주로 사용되었다. Sandler, "'In Deference to Public Opinion'," p.58; Leggett, *Shaping the Royal Navy*, p.142.

Chief Constructor)로 근무했던 에드워드 리드(Edward James Reed, 1830~ 1906)는 이 포탑함의 제작에 강하게 반대했다.[5] 리드는 자신의 오랜 함정 건조 경험에 비추어 볼 때 콜스의 제안대로 함정을 만들게 된다면 실용성과 안정성 모두에 문제가 있는 함정을 만들게 될 것이라고 판단 했다. 콜스의 제안은 낮은 건현(freeboard)[6]에 범장 설비를 갖추고 포탑 까지 탑재한 함정을 만들자는 것이었는데, 리드는 그렇게 건조한다면 그 함정은 결코 바다를 항해할 수 없으며 기껏해야 연안 방어 정도에만 활용할 수 있을 것이라고 보았다.[7] 당시 해군 통제관(the Controller)으로 서 해군의 함정 건조와 조선소 업무를 총괄하던 로빈슨 역시 리드의 견해에 동조하며 해군본부에 포탑함 건조를 재고할 것을 요청하였다.[8]

---

5) 에드워드 리드는 영국 시어네스(Sheerness)에서 태어나 그곳의 조선소에서 도제 생활을 하다가 능력을 인정받아 해군 함정 건조 학교(the Central School of Mathematics and Naval Architecture at Portsmouth)의 학생으로 선발되었다. 그는 이후 수많은 함정 건조에 참여하면서 함정 설계 및 제작에 대한 풍부한 경험을 갖게 되었다. *Oxford Dictionary of National Biography*, 2008 ed., s.v. "Reed, Sir Edward James(1830-1906)," by David K. Brown.

6) 건현이란 흘수선부터 선체 중앙부 상갑판까지의 수직 높이를 의미한다. 여기 서 흘수선이란 선체와 수면이 맞닿아 생기는 선이다. 건현이 높다는 것은 선박의 예비부력이 크다는 것이므로, 결국 선박의 안전성이 높다는 것을 의미한다. 공길영, 「건현」, 『선박항해사전』 (부산: 다솜출판사, 2015), p.20.

7) 리드는 해군 통제관 로빈슨의 최측근으로서 로빈슨이 10년 이상 해군 통제관 으로 복무하는 동안 7년 이상을 직속 부하인 최고 건조 책임자(Chief Constructor)로 근무했던 인물이다. 이 두 사람은 수 년 동안 조선소 업무의 다양한 사안에서 서로의 의견을 깊이 존중하며 긴밀한 관계를 유지하였으며 이는 포탑함 건조와 관련된 사안에서도 마찬가지였다. 그리고 1870년 로빈슨 이 개혁 조치로 인해 갑작스런 전역을 앞두고 칠더스에게 사임을 불사한 채 항의를 했을 때에는 리드 역시 그에 대한 충성심으로 함께 사임을 고려하기 도 했다. *Oxford Dictionary of National Biography*, s.v. "Reed, Sir Edward James"; Beeler, *British Naval Policy in the Gladstone-Disraeli Era*, 105; Leggett, *Shaping the Royal Navy*, pp.142-143.

8) Sandler, "'In Deference to Public Opinion'," p.59; *Oxford Dictionary of National Biography*, s.v. "Reed, Sir Edward James"; Leggett, Shaping the Royal Navy, pp.142-143.

이에 콜스는 자신을 지지하던 언론과 정치 세력을 등에 업고 로빈슨과 리드를 비롯한 포탑함 반대파들의 견해를 반박하며 해군본부를 압박했다.[9] 더군다나 이 시기는 햄프턴 로즈 전투(1862)에서 드러난 신형 장갑함의 위력에 영국 전역이 큰 충격을 받은 직후였기에 콜스의 주장은 잘 먹혀들어갈 수밖에 없었다. 결국 1865년 해군본부는 로빈슨과 리드를 설득하여 콜스의 아이디어가 반영된 포탑함 〈모나크(H.M.S. Monarch)〉를 새롭게 건조하도록 지시하였다. 그리고 콜스에게는 특허권을 부여하여 그의 아이디어에 대한 비용을 지불하며, 그가 〈모나크〉의 건조 과정에 조언자로서 참여할 수 있도록 허가하였다.[10]

그러나 이 〈모나크〉의 건조 과정 역시 순조롭지는 못했다. 콜스와 리드에게는 서로에 대한 신뢰가 전혀 없었고 그러한 관계 속에서 함정 건조를 위한 협조 관계는 제대로 이뤄질 수가 없었다. 리드는 콜스의 제안이 영국 해군에 부적절하다고 판단하여 함정 제원의 변경을 검토하며 진행을 늦추었고, 콜스는 자신이 제안한 함정을 그대로 구현할 수 없다고 주장하는 리드가 무능력한 기술자라고 생각했다. 이에 콜스는 포탑함 건조 과정의 지지부진함에 대해 다시 한 번 공론화를 시도했고,[11] 이에 불필요한 논란을 원치 않았던 해군본부에서는 1866년 8월

---

9) 특히 『타임즈(The Times)』를 비롯한 영국의 여러 유력 언론과 토리당의 정치인들이 콜스의 함정 건조에 적극적으로 힘을 실어줬다. 흥미로운 부분은 국방비 예산 감축을 강하게 주장했던 리처드 코브던도 콜스의 포탑함 건조를 적극 지지했다는 점이다. 코브던은 해군본부가 불필요한 함대 건설에 돈을 낭비하고 있으며 포탑함과 같은 신형 무기체계의 개발은 그러한 낭비를 막을 수 있는 좋은 방법이라고 보았다. Leggett, Shaping the Royal Navy, pp.145-151; Sandler, "In Deference to Public Opinion'," p.58.

10) Sandler, "In Deference to Public Opinion'," p.59; Leggett, Shaping the Royal Navy, p.144.

11) 현역 장교였던 콜스의 언론 활용은 해군 규정에 어긋나는 것이었고, 이에 해군본부에서는 그에게 징계를 내리고 기술적 조언자로서의 역할을 박탈하기도 했다. 하지만 콜스는 이에 굴하지 않고 대외적으로 자신의 행동을 옹호

결국 콜스가 원하는 대로 민간 기업 레어드 사(The Laird Company)12)에 별도로 외주를 맡겨13) 〈캡틴(H. M. S. Captain)〉을 추가로 건조하게 되었다.14)

이때 〈캡틴〉의 제작을 맡았던 레어드 사는 함정 건조의 경험이 풍부했던 업체인 만큼 매우 신속하고 충실하게 함정 건조 작업을 진행했다. 다만 레어드 사는 해군본부에서 요구하는 함정의 내구성과 강성 기준을 충족시키기 위해 함정 건조에 필요한 재료들을 다소 과도하게 사용하였다. 그 결과 1869년 3월 〈캡틴〉을 조선소 도크에 물을 채워 수면 위에

하였으며 이에 대한 여론의 강한 지지도 이어졌다. 결국 해군본부는 콜스의 공개적 비판을 용서해주고 그의 제안을 들어주게 되었다. Leggett, *Shaping the Royal Navy*, pp.148-149.

12) 레어드 사는 1828년부터 철제 함정을 만들기 시작한 함정 건조 업체로서 그 명칭이 가족의 이름에 따라 〈윌리엄 레어드 앤 선(William Laird & Son)〉, 〈존 레어드, 선즈 앤 컴퍼니(John Laird, Sons & Co.)〉 등으로 바뀌었으며 메서즈 레어드(Messrs Laird)라고 불리기도 했다. 이 회사는 1830년대부터 꾸준히 증기 군함을 제작하여 동인도회사 및 미국 등에 판매했던 경험이 있는 회사였다.

13) 다만 이 함정 건조의 책임 소재를 정하는 데에는 약간의 추가적인 논쟁이 있었는데, 해군본부에서는 콜스와 레어드 사에 함정 건조의 모든 책임을 부여하려고 하였고 콜스와 레어드 사 측에서는 추후 함정에 문제가 발생했을 때 법적 소송의 책임을 피하기 위해 전적인 책임을 맡는 것은 거부하고자 했다. 결국 함정의 설계와 세부적인 사항에 대해서는 콜스와 레어드 사가 책임을 지고, 해군 통제관 로빈슨이 설계에 따른 건조와 재료 및 작업 방식을 점검하는 책임을 맡게 되었다. Sandler, "'In Deference to Public Opinion'," pp.59-60.

14) 〈캡틴〉의 추가적인 건조와 별개로 기존에 추진되었던 〈모나크〉의 건조는 리드의 의중을 반영하여 끝까지 진행되었다. 이에 콜스나 그를 지지하던 장교들은 〈모나크〉를 〈캡틴〉과 비교하며 결함을 지적하고 폄하하기도 했다. 그런데 흥미로운 사실은 1870년 8월 〈캡틴〉이 해협 전대 소속으로 시험 항해를 떠날 때 〈모나크〉 역시 동행했고, 9월 7일의 악천후 속에서 〈캡틴〉은 침몰했지만 〈모나크〉는 무사히 살아남았다는 것이다. 〈모나크〉는 이후에도 수십 년간 영국 해군 소속으로 대양을 누비며 더 활동했다. Leggett, *Shaping the Royal Navy*, pp.127-128.

띄우는 실험을 했을 때 함정은 설계상의 흘수선(waterline)[15]보다 13인치나 더 깊게 물에 잠겼다. 리드는 이에 대한 보고를 받고 〈캡틴〉의 안전성에 대해 강하게 문제를 제기했다. 그는 애초 〈캡틴〉의 기존 설계에서도 함정이 지나치게 깊게 잠겨 위험할 수 있다고 우려하였는데, 그 설계보다도 함정이 더 깊게 잠기게 되자 항해 안정성에 큰 문제가 생길 것이라 판단했던 것이다. 이에 리드는 레어드 사에서 함정의 낮은 건현과 과중한 무게의 문제를 해결할 때까지 최종 잔금 지급을 보류할 것을 해군본부에 권고했다.[16]

하지만 이 시기 여러 개혁들을 강하게 밀어붙이고 있던 칠더스는 그러한 함정 건조의 지연을 결코 용납하지 않았다. 그는 과거의 다른 해군 장관들처럼 콜스와 리드 간의 의견 다툼에 휘둘리며 시간과 예산을 낭비하는 것을 원치 않았다. 더군다나 칠더스는 이미 장관이 되기 이전부터 의회의 해군 예산 심의에서 〈모나크〉와 〈헤라클레스〉 등의 함정 건조 지연에 대해 강력히 비판하고, 그로 인해 불필요하게 예산이 낭비되고 있음을 지적하기까지 했던 인물이었다. 또한 〈캡틴〉은 당시 영국에서 군비 감축을 주장했던 코브던과 같은 인물조차 적극 지지했을 정도로 추후 해군의 추가적인 예산 지출을 막아줄 압도적인 신무기로서 많은 기대를 받고 있었다.[17] 이러한 여러 이유로 인해 칠더스는 리드와 로빈슨이 제기한 부정적인 의견들을 일축한 채 〈캡틴〉의 인수를 일사천리로 진행시켰다.[18]

---

15) 흘수선이란 선체와 수면이 맞닿아 생기는 선을 의미한다.

16) *Minute by the First Lord of the Admiralty with Reference to H.M.S. "Captain," with the Minutes of the Proceedings of the Court Martial and the Board Minute Thereon* (London: Eyre & Spottiswoode, 1870), pp.25-29.

17) Leggett, *Shaping the Royal Navy*, pp.150-152.

18) Sandler, "'In Deference to Public Opinion'," p.61.

이와 같은 칠더스의 단호한 〈캡틴〉 인수 결정에는 앞서 그가 장관직 수락 연설에서도 밝힌 '해군의 예산 감축'과 '강한 해군 만들기'라는 다소 대비되어 보이는 두 가지 목표가 동시에 반영되어 있었다. 칠더스는 〈워리어〉나 〈모니터〉의 등장으로 과거의 함정들이 도태되는 패러다임의 변화를 목도하면서 영국 해군이 경쟁국들의 해군에 비해 시대적 변화에 뒤처지고 있음을 안타깝게 여겼다. 그랬기 때문에 그는 〈캡틴〉이라는 신형 포탑함만큼은 어떤 경쟁국보다도 먼저 도입하여 해군력 경쟁을 선도하고자 했던 것이다. 그는 소수의 강력한 함정으로 타국의 증기 함대를 압도하고, 그것을 통해 불필요한 해군의 예산 낭비를 막겠다는 복안을 갖고 있었다.[19] 물론 이러한 생각은 당시에는 상당히 합리적인 판단으로 여겨졌으나, 그 과정에서 자신이 잘 알지 못하고 통제할 수 없는 전문 분야에 대한 중요한 결정을 내릴 때에는 좀 더 주의를 기울이고 여러 조언을 들어볼 필요가 있었다. 그러나 칠더스는 그러한 절차를 따르기보다는 자신의 판단만을 믿고 함정의 인수 및 시험 항해를 밀어붙였다. 과연 당시 칠더스는 어떤 자신감으로 전문가들의 조언을 무시한 채 독단적인 판단을 내렸던 것일까?

이에 대해서는 칠더스가 여러 개혁 과정에서 보여준 단호함뿐만 아니라, 그가 장관 부임 초기에 해군의 기동 훈련에서 보여준 한 이례적인 행동에서도 그 근거를 짐작해볼 수 있다. 칠더스는 1869년 지중해 함대의 기동 훈련을 참관하기 위해 예비 함대에 편승하여 항해에 나간 적이 있었다. 보통의 해군 장관들이라면 해군의 훈련을 이해하기 위해 그것을 관찰하고 질문하는 정도에서 참관을 마쳤을 것이다. 하지만 칠더스는 함대 사령관을 무시하고 함대 지휘권을 빼앗아오는 유례없는 행동을 하며, 해군 장관 명으로 함대에 지휘명령을 내리는 기행을 보이

---

19) Childers, *The Life and Correspondence*, Vol. 1, pp.160-161, 163-164.

기도 했다. 이것은 절차 자체로도 적법하지 않은 것이었으며, 사령관이나 함장의 지휘권을 절대적으로 존중하는 해군의 전통을 고려할 때 장교들에게 큰 모욕감을 주는 행동이었다.[20] 그는 장관으로 부임하며 자신이 해군의 생리에 대해 충분히 이해하고 있고, 해군의 수장으로서 어떤 판단과 결정이든 독단적으로 내릴 권한이 있다고 생각했다. 그 결과 칠더스는 함정 건조라는 복잡하고 난해한 사안에 대해서도 자신이 인수나 출항 등을 결정할 권한이 있다고 판단하며 절차를 무시한 채 다소 부적절하게 개입하고 말았던 것이다.[21]

2) 〈캡틴〉의 침몰과 책임 논쟁

칠더스의 이와 같은 경솔한 판단은 곧 그의 정치적 생명과 건강에 큰 타격을 입히는 결정적인 사건을 초래했다. 그것은 바로 전 국민적 관심과 지지 속에서 야심차게 건조된 〈캡틴〉이 1870년 9월 7일 항해 중 돌풍으로 전복, 침몰하게 되었던 사고였다.[22] 건조 전부터 세간의 많은 관심을 받았던 이 함정에는 특별히 선발된 인원들이 승조원으로

---

20) P. H. Colomb, *Memoirs of Sir Astley Cooper key* (London: Methuen, 1898), p.385; Rodger, "The Dark Ages of the Admiralty, 1869-85, Part I," p.336.

21) Rodger, "The Dark Ages of the Admiralty, 1869-85, Part I," p.336.

22) 1870년 8월 4일 〈캡틴〉은 네 번째 시험 항해를 위해 해협 전대(the Channel Squadron) 소속으로 출항하였고, 이후 지브롤터의 지중해 전대(the Mediterranean Squadron)와 연합 함대를 꾸려 훈련 및 시험 항해를 진행하였다. 이 시험 항해는 약 한 달가량 문제없이 진행되었으나 9월 6일 밤부터 기상이 악화되며 문제가 발생했다. 자정이 지나 9월 7일 새벽이 되자 강한 돌풍이 매우 심하게 불었는데 함대 소속의 대부분 함정들이 돛의 크기를 줄이며 버텼으나 〈캡틴〉은 돌풍에 급격히 기울어 전복되었고 곧 침몰하였다. *Minute by the First Lord of the Admiralty with Reference to H.M.S. "Captain,"* pp.35-36.

〈그림 26〉 군함 〈캡틴〉

탑승하고 있었다. 사건 당시 〈캡틴〉에는 전임 해군 장관이었던 패킹턴의 조카와 육군 차관 토머스 베링(Thomas George Baring, 1st Earl of Northbrook, 1826~1904)의 아들을 비롯한 여러 고관대작들의 자녀 및 친인척들이 장교 혹은 사관후보생으로 속해 있었다. 그리고 여기에는 칠더스의 둘째 아들인 레너드(Leonard Childers)도 함께 포함되어 있었다. 안타깝게도 이 사고에서 〈캡틴〉에 탑승했던 500여 명의 승조원들 중 18명을 제외한 480여 명은 살아남지 못했고, 생존자 가운데 장교나 사관후보생은 없었다.[23] 결과적으로 칠더스에게 〈캡틴〉의 침몰은 그의 주요 추진 과제 중 하나가 뼈아픈 실패로 돌아갔음을 의미하는 동시에, 사랑하는 가족을 앗아갔던 충격적인 사건이기도 했다.

---

23) 이 사건으로 〈캡틴〉의 함장 및 모든 장교, 사관후보생, 그리고 〈캡틴〉의 항해를 지켜보기 위해 함께 탑승했던 콜스까지 모두 사망하였다. Childers, *The Life and Correspondence*, Vol. 1, pp.189-192.

이 사건이 칠더스에게 특히 악재였던 것은 그가 사건이 벌어지기 직전에 스위스로 요양차 여행을 떠나 사건 당시에는 해군본부를 비우게 되었다는 점이었다. 칠더스는 〈캡틴〉의 침몰로부터 무려 10일이 지난 9월 17일에야 여행의 목적지인 스위스 생모리츠(St. Moritz)에 도착하였고, 그다음 날이 되어서야 비로소 이 사건에 대한 전보와 서신들을 확인할 수 있었다. 애초 그의 여행 목적은 오랫동안 앓아온 신경쇠약 증세를 달래고자 함이었는데, 여행지에서 전해들은 충격적인 소식은 오히려 그의 건강을 더 악화시킨 것으로 보인다. 칠더스의 성격을 고려할 때 그토록 심각한 사건이 벌어졌음에도 불구하고 당장 귀국하지 못하고 몸을 추스를 때까지 스위스에 더 머물러야했다는 사실은 이를 방증해준다.[24)]

결과적으로 칠더스가 사건 소식을 들은 후 심신을 회복하여 영국으로 돌아오기까지는 한 달에 가까운 시간이 걸렸다. 이 한 달이라는 시간은 여러 언론과 수많은 인물들이 〈캡틴〉의 침몰을 두고 칠더스와 그의 해군본부에 대해 다양한 논평들을 내놓기에 충분한 시간이었다. 이 논평들의 최초 의도는 〈캡틴〉의 제작과 그것을 해군으로 인수하는 과정에서 어떠한 문제가 있었고, 그 책임이 누구에게 있는지에 대한 '책임 논쟁'이었다. 하지만 그러한 책임 논쟁은 얼마 지나지 않아 곧 칠더스의 개혁 전반에 대한 논쟁으로 확산되었다.

〈캡틴〉의 침몰과 관련하여 최초로 칠더스에 대한 비난의 포문을

---

24) 칠더스는 해군본부 위원회 수석 해군위원 다크레스에게 보내는 서신에서 〈캡틴〉 침몰 사건에도 불구하고 9월 말까지 스위스에 머무를 것임을 언급했다. 그리고 이 와중에도 "글래드스턴이 본국으로 소환하지 않는다면"이라는 단서를 붙이면서 글래드스턴의 의중을 신경 썼다. 칠더스는 원래 계획보다 2주 이상을 스위스에서 더 머무르다가 10월 18일에 런던으로 복귀하였다. Childers, The Life and Correspondence, Vol. 1, p.193.

연 것은 〈캡틴〉 제작에 가장 불만이 많았던 에드워드 리드였다. 리드는 레어드 사가 〈캡틴〉을 제작할 때 해군이 요구했던 제원보다 함정을 더 무겁게 만들었고, 이로 인해 함정의 건현이 원래 설계보다 더 낮아졌다는 사실을 명확히 인지하고 있었다. 그러나 그의 조언과 만류는 칠더스의 판단에 의해 묵살되었고 리드는 함정 전문가로서 자존심에 큰 상처를 입었다. 결국 리드는 이 문제를 비롯하여 여러 가지 이유로 해군에서의 근무에 회의감을 느낀 채 〈캡틴〉 침몰 사건이 벌어지기 약 두 달 전 민간 군수 업체 휘트워스(Whitworth)로 자리를 옮긴 상태였다.[25]

이제 리드는 더 이상 해군의 소속이 아니었기에 그 누구보다도 〈캡틴〉의 문제에 대해 자유롭게 발언할 수 있는 입장에 있었다. 그는 사건 직후부터 『타임즈』와 같은 언론을 통해 공개적으로 〈캡틴〉이 제작 단계에서부터 문제가 있었다는 주장을 펼쳤다.

리드는 〈캡틴〉이 근본적으로, 그리고 출발부터 항해에 적합하지 않았다고 주장했다. [그에 따르면] 〈캡틴〉의 침몰은 이미 예정된 것이었는데, 그것은 어떤 특별한 계산 착오나 우연한 상황의 결합 때문이 아니라 애초에 그것이 제작된 원리 그 자체에 문제가 있다고 보았다. (…) 리드는 해군의 최고 건조 책임자로서 오래 전부터 무거운 포탑이 있고 건현이 낮은 함정은 안전할 수 없다고 주장해왔음을 밝혔다.[26]

---

25) Sandler, "'In Deference to Public Opinion'," pp.61-63; Leggett, *Shaping the Royal Navy*, p.153.
26) 『타임즈』는 오랫동안 〈캡틴〉의 제작과 칠더스의 개혁을 지지했던 언론으로서, 이 기사에서도 리드의 주장뿐만 아니라 그에 대해 반박하는 조지 엘리엇 제독(Admiral George Elliot)의 주장도 함께 싣고 있다. "The Loss of the Captain," *The Times*, 26 September, 1870, p.9.

이러한 리드의 주장은 10월 3일에 열린 〈캡틴〉의 침몰에 대한 군사재판(court martial)에서도 이어졌다. 리드는 법정에서 "〈캡틴〉이 최초 설계보다 낮은 건현으로 제작되고 있어 이에 대해 조사가 필요하다고 끊임없이 문제를 제기"했지만, "로빈슨 외에는 그 누구도 그 주장에 귀를 기울이지 않았다"고 주장했다. 심지어 리드는 "증인은 〈캡틴〉의 항해 적합성(seaworthiness)에 대해 어떤 의혹을 갖고 있었다고 말할 수 있는가?"라는 재판장의 직접적인 질문에 대해서도, "내가 〈캡틴〉의 항해 적합성에 대해 가졌던 의혹은 훨씬 더 높은 건현이 필요하다고 주장했다는 사실에서 명확하게 드러난다"라고 증언하며 〈캡틴〉 침몰에 대한 책임을 자신과 로빈슨의 주장을 제대로 듣지 않은 해군 수뇌부 측으로 돌렸다.[27]

이렇게 리드로부터 촉발된 〈캡틴〉 침몰의 책임 논쟁은 이후 해군본부 수석 해군위원인 다크레스를 비롯한 칠더스 측 관계자들에 의해 반박이 이뤄지면서 더욱 심화되었다. 그들의 주장은 만약 〈캡틴〉이 정말 안전하지 않고 침몰의 위험이 있었다면 해군 통제관인 로빈슨과 최고 건조 책임자인 리드가 그 위험에 대해 적극적으로 문제를 제기하고 출항을 멈췄어야 했다는 것이었다. 해군사가 빌러는 이러한 주장에 동의하며 리드의 증언을 재평가하기도 했다. 빌러는 리드가 그 이전까지 함 안정성(stability)의 문제나 침몰의 위험에 대한 언급을 명확하게 한 적은 없다는 점을 지적하며, 〈캡틴〉의 참사를 이미 예상했다는 그의 증언이 "진실과 거짓 사이에 놓인 솔직하지 못한 것"이라고 평가했다.[28]

그러나 이와 같은 빌러의 주장은 19세기 중후반 영국에서의 함정 및 항해에 대한 지식을 고려할 때 다소 재고의 여지가 있는 부분이다.

---

27) "The Loss of the Captain," *The Times*, 4 October, 1870, p.3.
28) Beeler, *British Naval Policy in the Gladstone-Disraeli Era*, pp.113-114.

왜냐하면 리드가 끊임없이 문제를 제기했던 '건현의 높이' 자체가 당시에도 이미 함 안정성과 직접적으로 결부되는 요소로 여겨졌기 때문이다. 건현의 높이는 곧 함정의 예비부력을 의미하는 것으로서 건현이 높아질수록 함 안정성이 높아진다는 것은 당시에도 당연하게 받아들여지던 이치였다.[29] 다만 이 시기까지는 조선공학 및 과학적 계산의 수준이 파도나 돌풍에 안전한 적정 건현을 정확히 산출할 수 있는 정도까지는 아니었기에,[30] 경험적 판단에서 안전을 위해 건현의 높이를 더 높여야 한다는 리드의 주장이 칠더스를 제지할 만큼 큰 효과를 발휘하지는 못했던 것이다. 하지만 해군 함정 건조의 경험이 풍부했던 로빈슨과 리드로서는 〈캡틴〉의 낮은 건현이 설계 단계에서부터 위험하다고 느껴졌고, 그것이 최초의 설계보다 더 낮아졌다는 사실을 접했을 때에는 직관적으로 큰 불안을 느끼며 건조 중단 및 조사의 필요성에 대해 목소리를 높였던 것이다.

만일 칠더스가 〈캡틴〉의 인수 및 출항을 결정하기 전에 로빈슨이나

---

29) 당시 해군 장교들의 경우 경험적으로 건현의 높이 문제가 함 안정성과 관련하여 중요하다는 것을 인식하고 있었다. 이런 점에서 함정 건조 경험이 풍부했던 리드와 로빈슨이 〈캡틴〉의 제작 단계에서 기존 설계보다 낮아진 건현에 불안감을 느끼고 문제를 제기했던 것은 지극히 자연스러운 일이었다. *The Times*, 4 October, 1870, p.3.

30) 영국에서 함 안정성에 대한 과학적인 계산 방법은 1860년대부터 막 걸음마 단계로 접어들고 있었다. 해군의 함정 건조 기술자였던 프레더릭 반스(Frederick Barnes)는 이 분야의 전문가로서 함정의 무게중심과 기울기 등을 통해 함 안정성에 대한 새로운 계산법들을 고안해내고 있었다. 다만 그 계산법은 즉시 함정 건조에 적용되지는 못했는데 그러던 중 〈캡틴〉을 비롯한 포탑함의 건조 과정에서 함 안정성에 대한 논란들이 불거지자, 리드를 비롯한 포탑함 반대파들이 반스의 계산법을 통해 함 안정성 문제를 과학적으로 증명하고자 노력했다. 하지만 결국 〈캡틴〉의 제작 단계에는 이 노력이 반영되지 못했고, 오히려 〈캡틴〉의 침몰 이후에 함 안정성 계산 방식이 표준화되어 함정 건조에 이용되었다. David McGee, "The Amsler Integrator and the Burden of Calculation," *Material History Review*, Vol. 48 (1998), pp.62-63.

리드와 긴밀하게 소통하며 그들의 조언을 진지하게 구했다면 위와 같은 '낮은 건현에 대한 불안감'을 함께 공유할 수 있었을지도 모른다. 그러나 칠더스는 그런 과정을 거치지 않았고 해군 함정 경험이 전혀 없던 그로서는 낮은 건현이 갖는 문제에 대한 직관적인 불안감은 느낄 수가 없었다. 심지어 그는 리드가 건현 문제의 수정이 이뤄질 때까지 〈캡틴〉 계약에 대한 잔금 지급을 보류해야 한다고까지 주장했음에도 불구하고 그 우려에 귀를 기울이지 않았다.[31] 과연 이런 상황을 두고 로빈슨이나 리드에게 '적극적인 문제 제기를 하지 않았다'라고 지적할 수 있을까? 그것은 단지 칠더스가 해당 분야에 경험이 많고 전문성을 가진 참모들의 의견을 제대로 듣지 않은 탓이었다.

이러한 실책은 해군본부 위원회의 조직 개편 이후부터 제기되었던 여러 문제들과도 결부되어 있는 것이었다. 칠더스는 해군본부 위원회를 장관을 중심으로 한 일원화 된 수직적 체계로 바꾸었고, 이후 모든 중요한 결정을 내릴 때 여러 고위 장교들의 다양한 의견을 종합하여 듣는 대신 단독으로 보고된 의견만을 듣고 자의적인 판단을 내렸다. 이로 인해 칠더스는 주로 자신의 입맛에 맞는 의견들만 받아들이게 되었고, 그의 의도나 결정에 대한 정보는 위원들에게 원활하게 공유되지 않았다. 그랬기 때문에 해군본부 위원들은 위원회 차원의 중요한 결정에 참여하기는커녕 그 결정들이 이미 내려지고 난 뒤, 혹은 그 결정이 본격적으로 실행되고 난 뒤에야 그 사안에 대해 전해 듣곤 했던 것이다.[32]

이런 상황에서 해군본부 위원들이 각자가 속한 부서 외에 다른 부서에서 일어나는 일이나 결정에 대해 관심을 갖는 것은 사실상 거의 불가

---

31) Beeler, *British Naval Policy in the Gladstone-Disraeli Era*, p.118.

32) Rodger, "The Dark Ages of the Admiralty, 1869-85, Part I," p.337.

능했다. 물론 '공식적인 의논'이라는 명목으로 관련 내용을 기록한 회람이 돌곤 했지만 그것을 통한 의견 제시나 정보 공유는 실질적으로 이뤄지기가 어려웠다. 회람은 전달 속도가 매우 느리거나 제대로 돌지 않았을 뿐만 아니라, 과중한 업무에 시달리던 위원들이 그것을 자세히 읽고 내용을 첨가하여 다시 주고받으면서 의견을 상세히 공유하기란 쉽지 않았다.33) 결론적으로 칠더스의 해군본부 운영 철학이었던 '개인 책임제(personal responsibility)'라는 원칙은 표면적으로는 업무 처리의 효율을 높였을지 모르겠으나, 중요한 사안의 결정에 있어서는 전문적이고 다양한 의견을 들어볼 수 있는 기회를 사실상 차단하게 되었던 것이다.34)

이와 같은 해군본부 의사결정 구조의 문제에도 불구하고 칠더스는 해군본부 운영에 대한 비난이나 〈캡틴〉 침몰 사건에 대한 책임이 자신에게로 향하는 것을 그냥 지켜보지만은 않았다. 그는 건강을 어느 정도 회복한 뒤 1870년 10월 18일 런던으로 복귀하여 이 사건에 대한 반박 보고서를 준비하였다. 이로부터 약 한 달이 지난 11월 30일 그가 발표한 반박 보고서는 표면상으로는 "해군본부 위원들의 명에 의해(by Order of the Lords Commissioners of the Admiralty)" 발간된 것이라 명시하고 있었으나,35) 이것이 출판될 때까지 해군본부 위원회의 그 어떤 위원도 사전 검토는커녕 내용에 대한 언질조차 듣지 못했다.36) 즉, 이 보고서는 칠더스가 자기변호를 위해 지면을 온전히 활용했던 그의 '변호문'에 가까웠다.37)

---

33) Rodger, "The Dark Ages of the Admiralty, 1869-85, Part I," p.337.

34) Rodger, "The Dark Ages of the Admiralty, 1869-85, Part I," p.338.

35) *Minute by the First Lord of the Admiralty*, p.1.

36) Rodger, "The Dark Ages of the Admiralty, 1869-85, Part I," p.340.

37) 이 보고서의 1장은 〈캡틴〉이 건조되는 과정 전반을 다루고 있으며, 2장은 함정의 진수 이후부터 침몰까지의 과정을 다루고 있다. 이 1, 2장은 대부분 이미 알려진 사실을 정리하는 부분이나 그 설명 곳곳에서 칠더스가 이 문제의

특히 이 보고서의 후반부에 해당하는 3장은 처음부터 끝까지 칠더스가 항변하는 내용이 주를 이루고 있다.[38] 그 항변의 핵심은 사건의 모든 책임으로부터 자신의 발을 빼고, 사건에 연루된 여러 인물에게 그 책임을 나누어 돌리려는 것이었다. 먼저 칠더스는 "자신이 해군 장관직을 맡기 이전부터 이미 함정 건조 계획이 결정되어 있었으며, 자신이 부임했을 때에는 그 건조가 진행되고 있었고",[39] "함정 설계에 대한 전적인 책임은 콜스와 레어드 사에 있었음"을 분명히 했다.[40] 그리고 함정의 건조가 끝난 후에 그 함정이 항해에 적합한지 판단하는 부분에 있어서는 "해군 통제관과 최고 건조 책임자를 비롯한 통제관 예하의 장교들이 함 안정성 계산 등의 책임을 져야한다"고 주장했다.[41] 또한 그는 "함정이 시험 항해를 하는 데에 문제가 있으리라 예상되었다면 당연히 해군본부의 수석 해군위원과 해군 통제관이 미리 조언을 했어야 함에도 불구하고 그들이 위험에 대해 제대로 경고하지 않았다"고 밝히기도 했다.[42]

이러한 칠더스의 보고서는 발표 직후 세간의 많은 관심을 받았고, 그의 항변은 일시적으로 그에게 우호적인 여론을 만들기도 했다. 당시 해군본부 위원회의 내부 사정을 잘 모르던 이들에게는 그 보고서에 담긴 칠더스의 해명이 상당히 설득력 있게 들렸고, 그로 인해 칠더스의 처지와 가족사에 대한 위로와 동정의 시선도 이어지기도 했다. 예를 들어 『타임즈』에서는 칠더스의 주장을 그대로 받아쓰면서 "해군 장교들

책임이 자신이 아닌 다른 사람들에게 있음을 암시하는 부분이 나타난다.

38) *Minute by the First Lord of the Admiralty*, pp.60-67.
39) *Minute by the First Lord of the Admiralty*, pp.60, 62.
40) *Minute by the First Lord of the Admiralty*, p.63.
41) *Minute by the First Lord of the Admiralty*, p.63.
42) *Minute by the First Lord of the Admiralty*, pp.63-64.

이 그에게 〈캡틴〉의 항해 안정성에 대해 미리 경고하지 못한 점", 그리고 "함 안정성에 대한 실험을 제때 진행하지 못하여 그 결과를 해군 장관이나 〈캡틴〉의 함장 등에게 제대로 알려주지 못한 점" 등이 이 사건의 중요한 원인이라고 지목하였다.[43]

하지만 〈캡틴〉 침몰 사건의 정국은 이대로 쉽게 끝나지는 않았다. 로빈슨과 리드는 칠더스에게 지지 않고 그의 보고서에 정면으로 반박하는 자료를 공식적으로 발표하며 대응하고자 했다. 먼저 로빈슨은 「해군 장관의 보고서에 대한 스펜서 로빈슨의 답변(Reply Made by Sir Spencer Robinson to the Minute by the First Lord of the Admiralty)」[44]이라는 반박문을 통해 칠더스가 보고서에서 자신의 발언을 일부만 선별하여 왜곡하였음을 지적했다. 그뿐만 아니라 로빈슨은 이 보고서가 자신에게 어떠한 언질도 없이 작성 및 발표되었다는 점에 큰 불만을 표시했다.[45]

> 그 보고서가 언급하는 사실들은 거의 전부 내가 알고 있는 것이다. 그렇기에 그 보고서가 출간되기 전에 나와 상의가 이뤄지지 않은 점은 매우 유감스럽다. 만약 그랬다면 그 [보고서의] 서술에서 많은 부정확함과 오해들을 지적할 수 있었을 것이다. (…) 그러나 그 보고서는 장관과 전문적인 그의 조언자들 간에 충분한 의사소통이 이뤄지지 않은 채 발표되었다. 나는 나 자신과 내가 소속된 부서의 누명을 해명하기 위해 보통의 공식적인 절차를 어기게 될 지라도 사실에 대한 완벽하고 정확한 진술을 하고자 한다.[46]

---

43) "The Loss of the Captain," *The Times*, 16 December, 1870, p.9.

44) "Copy of the Reply Made by Sir Spencer Robinson to the Minute by the First Lord of the Admiralty," *Accounts and Papers: Thirty-Seven Volumes* (Session 9 Feb. – 21 Aug. 1871).

45) "Copy of the Reply Made by Sir Spencer Robinson," *Accounts and Papers*, p.1.

그리고 리드는 오랫동안 칠더스를 옹호해왔던 언론인 『타임즈』에 서신을 보내 이 사건의 실체를 좀 더 자세히 드러내고자 했다. 여기서 흥미로운 부분은 리드 역시 로빈슨처럼 칠더스가 자신들의 의견을 존중했는지의 여부만을 따진 것이 아니라, 그가 '의도적인 배제'와 같은 치명적인 조직 운영상의 문제를 저질렀음을 지적했다는 점이다.

〈캡틴〉이 바다로 나가는 것이 나의 승인에 달려있었다는 해군 장관의 주장은 설득력이 없다. (⋯) 나는 그 배에 대해 어떠한 정확한 계산도 할 수 없었는데, [그것은] 함정 설계자들이 가지고 있던 도면과 세부사항이 나에게는 공유되지 않았기 때문이다. 그러므로 나는 [이 문제에] 끼어들 수조차 없었다.[47]

이러한 로빈슨과 리드의 주장은 영국 여론에 해군본부의 조직이 과연 제대로 기능하고 있는가에 대한 의문을 야기했다. 이에 칠더스의 곁을 끝까지 지켰던 일부 장교들이 반대 의견을 내며 여론을 달래고자 했지만 그것은 결코 쉽지 않았다.[48] 왜냐하면 로빈슨과 리드 외에도 다른 해군 관계자들이 계속 이 논쟁에 가세하며 칠더스와 그의 해군본부 위원회에 대한 비판을 끊임없이 이어갔기 때문이었다.

사실 로빈슨과 리드는 〈캡틴〉 침몰 사건에 직접적으로 연루된 인물들이었기에 이들의 해군본부에 대한 비판은 책임을 회피하기 위한 발언으로 여겨질 수도 있었다. 하지만 그들과 같은 사건 당사자가 아닌, 해군본부 위원회 출신의 또 다른 내부 고발자가 나타나 칠더스의 해군

---

46) "Copy of the Reply Made by Sir Spencer Robinson," *Accounts and Papers*, p.1.
47) "The Loss of the Captain," *The Times*, 21 December, 1870, p.12.
48) Leggett, *Shaping the Royal Navy*, p.161.

본부 개혁이 조직 운영에 악영향을 미쳤음을 주장했을 때에는 그 무게 감이 남달랐다. 그 내부 고발자는 바로 해군본부 부위원이었던 존 헤이 였다.

헤이는 칠더스가 직접 작성한 보고서에 대해 페이지별로 조목조목 다시 반박하는 『〈캡틴〉 침몰 사건에 대한 견해들(Remarks on the Loss of H.M.S. 'Captain')』[49]이라는 191페이지에 달하는 책자를 발간했다. 여기 서 헤이는 칠더스의 주장들이 사실과 다를 뿐만 아니라 그의 해군본부 조직 개혁과 그 이후 위원회의 운영 방식이 〈캡틴〉 침몰 사건과 직접적 인 연관이 있다고 주장했다. 그 주장의 일부를 살펴보면 다음과 같다.

이전의 해군본부 위원회가 회의를 위해 자주 만났던 것처럼, 칠더스의 해군본부 위원회가 그러한 문제를 논의하기 위해 만나지 않았다는 것은 매우 유감스러운 일이다. 만약 네 명의 경험 많은 해군 장교들이 해군본 부에 제출된 [〈캡틴〉과 관련된] 보고에 대해 함께 상의했다면, 그 어떤 민간인 해군 장관이라도 경솔하게 〈캡틴〉의 특성에 대한 충분한 정보와 경고 없이 시험 항해에 내보내지는 않았을 것이다.[50]

위와 같은 문제 제기는 의회에서도 마찬가지로 나타났다. 한때 칠더 스와 해군본부에서 함께 근무한 바 있었던 전임 해군 장관 서머싯 공작 은 1871년 2월 16일 상원에서 해군본부 위원회의 현 상태에 문제를 제기하며, 이를 조사하기 위한 특별위원회의 발족을 건의했다. 그는 여기서 당시 해군본부 위원회가 지닌 문제점에 대해 상당히 긴 발언을

---

49) John Charles Dalrymple Hay, *Remarks on the Loss of H.M.S. 'Captain'* (London: Edward Stanford, 1871).

50) Hay, *Remarks on the Loss of H.M.S. 'Captain,'* p.167.

남겼는데 이를 요약하면 아래와 같다.

나는 여러분들에게 현재 해군 행정조직이 매우 미흡한 상태에 있다고
밝히는 바입니다. (…) 민간인 해군 장관은 해군 장교들을 주변에 두고
조언을 받아야 합니다. 만약 해군 장관이 그들의 조언 없이 업무를
처리하고자 한다면 끊임없이 어려움을 겪을 것이고, 공익을 해칠 것이
며, 해군 장교들은 불만을 가질 것입니다. (…) 만약 해군 장관이 해군
장교들을 단지 그의 사무원(clerk)으로 여기고, 그들에게 일방적으로
지시하고 따르게만 한다면, 일처리가 비효율적일 뿐만 아니라 그들은
큰 불만을 갖게 될 것입니다.[51]

여기서 서머싯 공작은 앞서 헤이가 그랬던 것처럼 해군본부 위원회
조직의 문제를 〈캡틴〉 침몰 사건과 직접적으로 결부시키기도 했다.

칠더스는 자신이 해군에 관하여 의회와 국가에 대해 전적으로 책임을
지는 사람이라고 주장한 바 있습니다. 하지만 그는 〈캡틴〉의 침몰이라
는 참사가 발생했을 때에는 그 충격으로부터 회복되자마자 정교한 보고
서를 작성하여 자신에게는 어떠한 책임도 없음을 주장했습니다. 그는
그 책임을 해군 통제관에게 돌렸는데, 해군 통제관은 끊임없이 〈캡틴〉
의 제작을 반대했던 사람입니다. (…) 저는 만약 칠더스가 해군 장교들의
조언을 들었다면 이 사건은 발생하지 않았을 것이라고 생각합니다.
그러나 해군 장교들에게는 의견을 제시하는 것이 허락되지 않았습니다.
추측하건대 그들이 [칠더스의] 방으로 들어가면 다시 쫓겨 나왔을 것입
니다. 저는 [해군본부] 위원회의 회의가 몇 주 동안이나 거의 열리지

---

51) *Hansard* (Lords), 3rd ser., Vol. 204, 16 February, 1871, Col., 299.

않았다고 감히 단언할 수 있습니다.[52]

이와 같이 끊임없이 이어진 전·현직 해군 관계자들의 직접적인
비난은 칠더스의 반박 보고서를 곧 무용지물로 만들었다. 잇달아 불거
진 칠더스에 대한 폭로와 비난은 과거 칠더스에게 우호적이었던 언론들
마저 등을 돌리게 하고, 나아가 그의 해군본부 위원회가 가진 문제점에
대해 한 목소리로 비판하게 만들었다.[53] 이처럼 계속된 여론의 비난은
칠더스의 오랜 신경쇠약 증세를 다시금 악화시켰고, 결국 이 모든 상황
을 견디기 힘들었던 칠더스는 글래드스턴의 간곡한 만류에도 불구하고
1871년 3월 해군 장관직을 사임하게 되었다.[54]

　이처럼 칠더스의 해군개혁은 〈캡틴〉의 침몰이라는 우발적인 사건을
통해 그 한계를 드러내며 미완으로 남겨지게 되었다. 그렇다면 만약
〈캡틴〉의 침몰이 아니었다면 칠더스의 개혁은 성공적으로 마무리될
수 있었을까? 필자는 두 가지 이유로 인해 결국 이 개혁의 성공적인
마무리는 어려웠을 것이라고 생각한다. 먼저 그 첫 번째 이유는 칠더스
의 해군본부 운영 방식이 언젠가는 큰 문제를 야기하게 될 불안정한
것이었다는 점이다. 앞서 소개한 존 스튜어트 밀의 『대의 정부론』은
군의 위원회 제도와 관련하여 "위원회는 단지 자문하는 것으로 그쳐야
하고, 최종적인 결정은 장관 자신의 몫이 되어야 한다"[55]라고 언급하며

---

52) *Hansard* (Lords), 3rd ser., Vol. 204, 16 February, 1871, Cols., 300-301.
53) 예를 들어 『타임스』는 진급 및 진역 제도 개혁이 단행된 이후 칠더스와 로빈슨
　　간의 갈등이 외부로 드러났을 때 확고하게 칠더스 편을 들었지만, 〈캡틴〉
　　침몰 사건과 관련하여 칠더스의 해군본부가 가진 문제점이 끊임없이 언급되
　　자 더 이상 그를 옹호하지 않았다. Beeler, *British Naval Policy in the Gladstone-
　　Disraeli Era*, pp.107, 130-131.
54) Hamilton, *The Making of the Modern Admiralty*, p.155.
55) Mill, *Considerations on Representative Government*, p.246.

칠더스의 행동에 힘을 실어줬던 것처럼 보인다.[56] 하지만 이 문장의 바로 다음에 오는 문장들은 오히려 칠더스의 경솔한 행동들을 이미 예견하고 꾸짖고 있는 듯하다.

> 그러나 위원회는 하찮은 존재로 간주되거나, 스스로를 그렇게 여겨서는 안 된다. 위원회는 장관이 기분 내키는 대로 다루는 존재가 되어서도 안 된다. 힘이 있고 자기 의지대로 일을 처리할 수 있는 이[장관]에게 조언을 해줄 위원회는 반드시 그들의 의견을 표명할 수 있는 위치에 있어야 한다. 그리고 장관은 그 의견을 채택하든 안 하든 일단 의견을 반드시 듣고 검토해야만 한다.[57]

만일 칠더스가 이런 부분을 좀 더 고려하며 장관 업무에 임했다면, 그리고 비전문가로서 잘 알지 못하는 영역에 대해 좀 더 조심스럽게 접근했다면 그의 강한 추진력과 문제의 핵심을 꿰뚫는 능력을 좀 더 오래, 더 쓰임새 있게 활용할 수 있었을지 모른다. 하지만 그는 개혁에 당장 걸림돌이 되는 고위 장교들의 반발과 규합을 차단하는 데에 너무 많은 신경을 쓴 탓에 그 과정에서 부적절한 개입이나 판단이 이뤄지는 것을 인지하지 못했다. 이는 어찌 보면 개혁의 추진에 필연적으로 따르는 딜레마를 여실히 보여주는 것이었다. 개혁이라는 것에는 항상 반발을 무릅쓰고서라도 구태를 벗어나기 위해 강하게 밀어붙여야 할 문제와

---

56) 밀은 1865-1868년 자유당 소속 하원 의원으로 활동하기도 했는데, 글래드스턴은 그를 '합리주의의 성인'이라 부르며 깊은 존경을 표했다. 밀 역시 글래드스턴을 급진적 자유주의 이념을 실현할 최적의 정치인으로 평가함으로써 그가 정치적 입지를 유지하고 또 강화하도록 배려했다. 김기순, 『글래드스턴』, p.181.

57) Mill, *Considerations on Representative Government*, pp.246-247.

전문성 있는 조언자들의 의견을 고려하며 조심스럽게 접근해야 할 문제가 혼재되곤 한다. 그렇기 때문에 만약 개혁의 추동자가 개혁을 진행하는 과정에서 이 두 가지 문제를 구분할 수 있는 혜안을 갖추지 못한다면 둘 중 어느 쪽에서든 개혁의 위기가 도래할 수밖에 없다.

그리고 개혁의 성공이 어려웠던 두 번째 이유로는 개혁의 배턴을 이어받을 후임자의 문제를 들 수 있다. 칠더스의 해군개혁은 비록 〈캡틴〉 침몰 사건에서 드러난 그의 부적절한 개입과 판단으로 인해 오명을 쓴 채 멈춰지기는 했으나, 그 방향성과 취지 자체는 해군의 해묵은 과제를 해결하려는 것이었고 그 추진력 또한 남달랐다. 그러나 그의 후임자인 조지 고셴(George Joachim Goschen, 1831~1907)은 칠더스와는 달리 해군에 대한 충분한 이해나 경험 등을 갖추지 못했고, 개혁의 후속 조치를 하는 과정에서 칠더스 때와는 다른 여러 장애물에 직면하기도 했다. 과연 고셴은 칠더스의 배턴을 이어 받아 어떤 장애물들을 넘으며, 궁극적으로 어떠한 목표를 향해 나아갔던 것일까?

6장

후임 해군 장관 조지 고셴과 개혁의 표류

1) 고셴이 직면한 정치적 난국

칠더스의 사임 이후 해군 장관직을 물려받았던 고셴은 런던의 유명한 금융가 집안 출신으로서 잉글랜드 은행(the Bank of England)의 이사로도 재직했던 금융계의 인사였다. 그는 정치 데뷔도 시티 오브 런던(the City of London)의 보궐 선거를 통해 하게 되었는데, 1863년 하원 의원으로 당선된 고셴은 주로 무역과 조세 분야에서 두각을 나타내며 정치 경력을 쌓았다. 이를 눈여겨봤던 글래드스턴은 1차 내각 수립 시 고셴에게 빈민법 위원회 위원장(President of the Poor-law board)의 자리를 제안했는데, 이를 수락한 고셴은 여기서도 조세 분야에서 상당한 능력을 발휘하며 자유당의 주요 인사로 부상하였다.[1]

---

[1] *Oxford Dictionary of National Biography*, 2008 ed., s.v. "Goschen, George Joachim, 1st Viscount Goschen(1831-1907)," by Thomas J. Spinner Jun.

〈그림 27〉 조지 고셴

글래드스턴은 칠더스의 예기치 않은 사임 이후 갑작스레 후임 해군 장관을 내정해야 하는 상황에서 이러한 고셴의 재정 분야의 전문성에 크게 주목했던 것으로 보인다. 사실 자유당 내에 칠더스만큼 해군에 대한 지식과 전문성을 갖추고 글래드스턴의 의중을 깊이 이해했던 인물은 존재하지 않았다. 그나마 검증된 인사들 가운데 쉽게 자리를 옮길 수 있고 예산 긴축이라는 기조에도 부응할 수 있었던 인물이 바로 고셴이었던 것이다. 다만 고셴은 이전까지 해군과 관련된 어떤 직책도 맡아본 적이 없었고, 해군에 대해 별다른 관심조차 가져본 적이 없었기에 해군본부의 운영에 있어서는 상당히 부담이 되는 인사였다. 이런 점에서 어찌 보면 고셴의 해군 장관 기용은 당시 글래드스턴이 얼마나 해군의 '예산 감축'을 갈망하고 있었는지를 보여주는 결정이기도 했다.2)

그러나 당시 해군본부가 처해 있었던 정치적 난국은 미숙한 신임 장관이 헤쳐나가기에는 결코 만만치 않은 것이었다. 고셴은 장관으로

---

2) 고셴의 생애와 해군 장관으로서의 활동에 대해서는 다음을 참고. Arthur D. Elliot, *The Life of George Joachim Goschen, First Viscount Goschen, 1831-1907*, Vol. 1 (London: Longmans, Green, and Co., 1911).

부임하여 해군본부의 업무를 미처 파악하기도 전에 전임자의 유산에 쏟아진 여론의 비난부터 수습해야 했다. 당시 해군본부의 운영 방식에 대한 국민적 우려를 불식시키기 위해 고셴이 가장 먼저 취했던 조치는 해군본부의 체계를 다시 '칠더스 이전으로' 되돌리는 것이었다.3) 고셴은 해군 장관과 해군본부 위원들이 업무를 진행함에 있어 서로 고립되지 않도록 일주일에 두 번씩 정기 회의를 갖고, 일상적인 만남도 수시로 갖고자 했다. 그뿐만 아니라 고셴은 해군본부 위원회에 해군 장교의 숫자를 다시 늘리고, 그들을 단지 장관을 '보좌하는' 사람이 아닌 장관의 '지휘하에 있는' 개별적인 주체로 존중하는 모습도 보여줬다.4) 이러한 조치들은 〈캡틴〉 침몰 사건 이후 해군본부에 대해 부정적이었던 여론을 일시적으로 달래는 데에는 어느 정도 효과가 있었다.5)

하지만 이와 같은 표면적인 '과거로의 회귀'는 당시 해군본부 위원회에 내재했던 근본적인 문제를 여전히 비켜 가는 것이었다. 고셴은 해군본부의 운영 방식을 모두 칠더스 이전의 체제로 되돌리는 듯 했지만, 주요 사안을 결정함에 있어 해군 장관의 독단적인 판단으로 최종 결정을 내리는 방식은 여전히 고수했기 때문이다. 여기에 더해 해군에 대한 이해도가 전혀 없었던 고셴은 위원회의 개편에도 불구하고 해군본부 위원들과 원만한 관계를 유지하기 어려웠고,6) 해군본부 장교 위원들은

---

3) Logan, "The Admiralty," pp.55-56.

4) "Order in Council of 5th February 1872," *The Orders in Council*, Vol. 3, pp.362-363; Murray, "The Admiralty," p.476; Rodger, "The Dark Ages of the Admiralty, 1869-85, Part I," pp.341-342.

5) Hamilton, *The Making of the Modern Admiralty*, p.159; Rodger, "The Dark Ages of the Admiralty, 1869-85, Part I," p.341.

6) 고셴은 칠더스의 해군본부에서 거의 유일하게 칠더스를 지지해줬고, 또 칠더스 사임 이후에도 자리를 지켰던 주요 인물인 수석 해군위원 다크레스와도 원만하게 지내지 못했다. Rodger, "The Dark Ages of the Admiralty, 1869-85, Part I," p.341.

정기 회의를 하더라도 그 회의에서 서로의 업무나 각 부서의 주요 사안에 대해 깊이 있는 논의를 나누지 않았다.[7] 즉, 고셴은 해군에 대한 전문성이나 정치적 지지 기반이 전혀 없는 상태로 해군의 주요 사안에 대한 결정 권한을 행사하기 위해 암중모색을 거듭해야 했던 것이다.[8] 이런 상황에서 고셴에게 이전까지 칠더스가 추진해 왔던 여러 해군개혁의 변수를 조정하며 그 추동력을 이어나갈 것을 기대하는 것은 무리였다.

그뿐만 아니라 고셴이 장관으로 부임한 직후 잇달아 터진 해군의 해상 사고들은 그의 입지를 더욱 불안정하게 만들었다. 고셴이 부임하고 약 세 달 정도가 지난 1871년 7월 1일 영국 해군의 해협 전대(the Channel squadron)는 지브롤터 근해를 항해하던 중 위험천만한 해상 사고를 겪게 되었다. 전대 소속 함정 중 하나인 철갑함 〈아쟁쿠르(H.M.S. Agincourt)〉가 사고 다발 지역인 펄 락(Pearl Rock)을 통과하던 중에 좌초하는 사고가 발생했던 것이다. 다행히 〈아쟁쿠르〉가 다른 함정과 크게 충돌하지는 않았고 또 악천후가 시작되기 전에 함정을 구조할 수 있었기에 더 큰 피해로는 이어지지 않았으나, 이 사건은 아직 〈캡틴〉 침몰 사건의 충격에서 벗어나지 못한 영국 국민들에게 해군본부에 대한 의심을 심어주기에 충분했다.[9]

그리고 이러한 의심은 〈아쟁쿠르〉 사건이 발생한 지 얼마 지나지 않아 또 다른 사건의 소식이 전해지며 강한 확신과 비난으로 바뀌게 되었다. 그것은 〈아쟁쿠르〉 사건보다 한 달 전에 이미 벌어졌으나 영국에는 뒤늦게 알려진 〈메가에라(H.M.S. Megaera)〉의 침몰 소식이었다.

---

7) Rodger, "The Dark Ages of the Admiralty, 1869-85, Part I," pp.341-343.
8) Beeler, *British Naval Policy in the Gladstone-Disraeli Era*, pp.135-149.
9) Norman McCord, "A Naval Scandal of 1871: The Loss of H.M.S. Megaera," *The Mariner's Mirror*, Vol. 57, Iss. 2 (1971), p.123.

6월 중순경 〈메가에라〉는 오스트레일리아에서 영국으로 복귀하던 중 모리셔스(Mauritius) 근처 세인트 폴 아일랜드(St. Paul's Island) 근해를 통과하다가 선저에 파공이 발생하여 난파, 침몰하게 되었다. 다행히 침몰 전에 승조원들은 대피하여 인명 피해는 거의 없었으나, 〈캡틴〉의 침몰로부터 불과 1년도 지나지 않은 시점에 잇달아 발생한 두 건의 해상 사고는 해군본부의 신뢰도에 치명적인 타격을 주었다.[10]

이에 영국 언론에서는 과거 〈캡틴〉 침몰 사건 때 이상으로 해군본부에 대해 부정적인 의견들을 잇달아 쏟아냈다. 1871년 8월 4일 『타임즈』에서는 사설을 통해 〈메가에라〉의 침몰에 나타난 해군본부의 잘못된 업무 처리 방식에 대해 강력히 비난했다. 그리고 8월 7일에는 에드워드 리드가 『타임즈』의 지면에 긴 편지를 실어 당시의 내각 및 해군본부의 문제점에 대해 강하게 비판하며, "이것이 바로 내가 [글래드스턴] 내각의 결정이 무분별하고, 고압적이고, 위험한 방식으로 이뤄진다고 주장하는 이유이다"라는 언급을 남기기도 했다.[11] 이러한 해군본부에 대한 비판 기사들은 다양한 인물들의 목소리를 통해 8월 8일까지도 이어졌다.[12]

여기에 더하여 보수당에서도 여론의 분위기를 등에 업고 자유당 내각을 적극적으로 공격하고 나섰다. 이때 디즈레일리의 가까운 동료이자 보수당의 주요 인사였던 헨리 레녹스 경(Lord Henry Lennox, 1821~1886)이 그 공격의 선봉에 섰는데, 8월 7일 하원에서는 레녹스 경을 필두로 하여 〈메가에라〉에 대한 해군본부의 판단 및 조치 등에 대해 치열한 논의가 벌어졌다.[13] 여기서 고셴은 이 사건에 대한 정부 차원의

---

10) McCord, "A Naval Scandal of 1871," pp.123-127.

11) "The Loss of Megaera," The Times, 4 August, 1871, p.9; "The Loss of the Megaera and its Lessons," The Times, 7 August, 1871, p.12.

12) "The Megaera," The Times, 8 August, 1871, p.9.

충실한 조사가 진행될 것이라는 점과, 〈메가에라〉의 출항 결정 이전에 함정 상태에 대해 안심할 만한 정보가 많이 있었다는 원론적인 수준의 답변을 내놓았다. 그러나 고셴의 이러한 대응은 해군본부의 판단에 불만을 가진 많은 이들을 설득하지는 못했고, 보수당에서는 글래드스턴 내각이 〈메가에라〉의 경우처럼 해군의 예산을 반드시 투입해야 할 곳에도 예산을 과도하게 아끼고 있다는 의혹을 제기했다.[14]

이러한 해군본부에 대한 비난은 곧 내각의 수장인 글래드스턴에 대한 비난으로도 이어졌다. 더군다나 당시 글래드스턴이 당해의 해군 예산안 통과를 지연시키고 있었기에 보수당의 의혹은 더욱 합리적인 의심으로 여겨졌다. 여기에 더하여 〈메가에라〉 침몰 사건에 대한 면밀한 조사 결과 당시 해군본부가 〈메가에라〉의 노후된 상태에 대해 정확하게 인지하지 못한 채 오스트레일리아까지 병력을 이송하는 장거리 항해를 지시했다는 사실이 밝혀지면서 고셴과 글래드스턴은 더욱 난감한 상황에 처하게 되었다.[15] 즉, 〈메가에라〉 침몰 사건을 통해 〈캡틴〉의 침몰 이후에도 해군본부에서 안전에 대한 경각심 없이 업무를 처리하고 있었고, 함정 수리와 같이 반드시 필요한 분야에 충분한 예산을 투입하지 않았음이 대외적으로 드러나게 된 것이다. 이 사건으로 인해 위축된 고셴은 이후 해군본부의 행보 하나 하나를 결정함에 있어 여론과 야당의 부정적인 시선을 마주하며 더욱 조심스럽게 행동할 수밖에 없었다.

이 당시 고셴의 입장에서 더욱 난감했던 것은 그러한 와중에도 글래드스턴이 끊임없이 해군의 예산 감축을 강하게 요구해왔다는 점이었다.

---

13) *Hansard* (Commons), 3rd ser., Vol. 208, 7 August, 1871, Cols., 962-999.

14) McCord, "A Naval Scandal of 1871," p.128.

15) McCord, "A Naval Scandal of 1871," p.128.

사실 애초부터 글래드스턴은 고셴에게 칠더스처럼 해군에 대한 깊은 이해와 전문성을 바탕으로 효과적인 개혁을 추진할 것을 기대했던 것은 아니었다. 글래드스턴은 고셴에게 고민하지 말고 단지 더 많은 예산 감축을 통해 해군 예산을 절약하는 데 집중할 것을 주문했다. 〈메가에라〉의 침몰 직후인 1871년 9월 16일에 글래드스턴이 고셴에게 보낸 서신은 이러한 상황을 잘 설명해준다.

> 저는 [육군 장관] 카드웰에게 육군과 해군 예산이 다음 회기에는 적어도 200만 파운드는 감축되어야 한다는 취지의 편지를 보냈습니다. 그의 답변은 그 목표를 달성하기 위하여 [육군에서는] 많은 몫을 해줄 수 있다는 것이었습니다. (…) 저는 당신에게 이른 시일 내에 [예산안의] 세부 사항에 대한 답을 요구하는 것은 아닙니다. 다만 저는 지금도 내년 예산안에 대한 당신의 의견에 따라 어떤 식으로든 영향을 받을 만한 사안이 많이 있다는 것에 의심의 여지가 없습니다. 저는 당신이 제 견해를 합리적인 것이라 여겨주기를 바랍니다.[16]

이처럼 고셴은 부임 직후부터, 〈메가에라〉 침몰 사건 직후까지 글래드스턴의 압박 속에서 이미 칠더스가 충분히 감축한 해군 예산을 더욱 감축해야 하는 입장에 놓여있었다. 그러나 해군의 생리에 대해 낱낱이 꿰뚫고 있던 칠더스가 감축이 가능한 대부분의 분야에 이미 손을 써놓은 상태에서 더 감축할 만한 빈틈을 찾는 것은 결코 쉬운 일이 아니었다. 이에 고셴은 9월 22일 글래드스턴에게 다음과 같은 답장을 보내기도 했다.

---

16) "Mr. Gladstone to Goschen, September 16, 1871," Elliot, *The Life of George Joachim Goschen*, Vol. 1, p.115.

예산의 감축은 보통 두 가지의 경우에 가능합니다. 먼저 첫 번째는 많은 사소한 부분들을 절약하고, 큰 규모의 부서들에서 발생하는 낭비를 줄이는 것입니다. 그리고 두 번째 경우는 지출이 발생하는 실질적이고 확실한 결과물을 줄임으로써 가능합니다. 이 경우 첫 번째는 부서의 절약을 의미하는 것이고, 두 번째는 부서의 장이 독단적으로 결정할 수 없는 정책적인 사항을 포함합니다. 칠더스는 [해군이라는] 부서에 큰 변화를 야기했을 뿐만 아니라 그 이상을 더 했습니다. **칠더스는 해군에 절약 정신을 강하게 심어놓았고, 그 결과 그의 후임자들에게는 더 이상 경제적 개혁을 할 여지가 거의 남아있지 않습니다. 제가 해군본부에 부임하고 나서 6개월 동안 절약할 만한 부분들에 대해 검토해본 결과, 솔직히 말해서 많은 방향에서 이미 [절약은] 한계에 도달했고, 더 이상의 감축은 거의 불가능하다고 봅니다.**[17)

이와 같은 고셴의 답변을 들은 글래드스턴은 "많은 부분에 있어 칠더스가 거둬들일 수확물을 거의 남겨놓지 않았다는 것을 잘 알고 있다"라고 하며 그의 하소연을 들어주는 듯했지만, 그러면서도 여전히 고셴에게 조금이라도 추가적인 감축을 해낼 것을 요구했다.[18) 즉, 고셴은 해군 장관으로 부임한 지 불과 6개월도 채 지나지 않은 시점에 그의 능력으로는 도저히 해결하기 어려운 난감한 상황에 놓이게 되었던 것이다. 그는 여론과 해군 내부의 불만을 고려하면 예산을 함부로 감축할 수가 없었고,[19) 그렇다고 또 내각의 수장인 글래드스턴의 감축 압박

---

17) 굵은 글씨는 필자가 임의로 강조한 부분이다. "Goschen to Mr. Gladstone, September 22, 1871," Elliot, *The Life of George Joachim Goschen*, Vol. 1, p.115.
18) "Mr. Gladstone to Goschen, September 23, 1871," Elliot, *The Life of George Joachim Goschen*, Vol. 1, p.118.
19) 고셴은 앞서 글래드스턴에게 보낸 편지에서 "설령 정치적 방편이라 할지라도

을 그냥 무시할 수도 없었다. 이런 난처한 상황을 타개하기 위해 당시 고셴이 꺼내들었던 카드는 바로 '해군 장교의 고등교육'이라는 전임자가 남긴 미완의 개혁과제였다.

2) 해군 장교 고등교육 개혁의 완성, 혹은 활용?

글래드스턴과 그리니치 문제[20]

그렇다면 고셴은 왜 자신이 잘 알지도 못하는 분야인 해군 장교의 고등교육이라는 주제를 꺼내들게 되었던 것일까? 이 부분은 앞서 서론에서 살펴본, 로건을 비롯한 일부 선행 연구자들이 "고셴은 예산 감축보다 해군에서 요구하는 바에 더 집중했다"라고 주장한 부분을[21] 재평가할 수 있는 여지를 제공해준다. 앞서 필자가 언급했던 것처럼 당시 고셴은 해군의 예산 감축을 놓고 이러지도 저러지도 못하는 딜레마적 상황에 놓여있었다. 하지만 그렇다고 해서 그가 긴축보다는 해군의 요구에 더 집중했다고 보는 것은 다소 부적절한 평가로 여겨진다. 특히

경제적 압박으로 인해 어떤 참사가 발생하지 않아야 한다는 것과 우리가 맡은 일을 철저히 잘 수행해야 하는 것 모두 저에게 동일하게 중요한 부분입니다"라고 언급하기도 했다. "Goschen to Mr. Gladstone, September 22, 1871," Elliot, *The Life of George Joachim Goschen*, Vol. 1, p.118.

20) '글래드스턴과 그리니치 문제' 부분은 디킨슨의 연구와 주장에 주로 기대어 내용을 작성하였음을 밝힌다. Dickinson, "Educational Provision for Officers of the Royal Navy, 1857-1877," p.314; Dickinson, "The Origins and Foundation of the Royal Naval College," p.103; Dickinson, *Educating the Royal Navy*, p.134; Dickinson, *Wisdom and War: The Royal Naval College Greenwich, 1873-1998* (London: Routledge, 2016[2012]), p.34.

21) Logan, "The Admiralty," p.56.

고셴의 주요 업적으로 평가되는 왕립 해군대학의 이전 문제는 디킨슨의 주장처럼 '정치적 활용'의 색채가 훨씬 더 짙게 드러나기 때문이다.[22]

이 정치적 활용이라는 부분에 대해 제대로 이해하려면 먼저 내각 수립 이후 글래드스턴과 그의 선거구 간의 관계에 대해 살펴볼 필요가 있다. 글래드스턴은 1868년 총선 당시 두 의석이 배당된 그리니치 (Greenwich) 선거구에서 2위로 당선되었는데, 이때 그는 "다시 의회로 가게 되긴 했지만 이것은 승리보다는 패배에 가깝다"라고 언급하는 등 상당한 아쉬움을 표했다.[23] 이는 그가 앞으로 자신의 선거구와 갖게 될 불편한 관계를 예고하는 것이기도 했는데, 그의 핵심 정책 중 하나인 해군 예산의 긴축이 곧 그리니치 지역구에 상당한 부정적인 여파를 미치게 될 것이었기 때문이다. 1869년 칠더스의 결정으로 그리니치의 해군 병원과[24] 울리치(Woolwich), 뎁포드(Deptford) 조선소가[25] 문을 닫게 되었을 때 그리니치에는 다수의 실업자가 발생하게 되었고, 그것은

---

22) Dickinson, "Educational Provision for Officers of the Royal Navy, 1857-1877," p.314; Dickinson, "The Origins and Foundation of the Royal Naval College," p.103.

23) M. R. D. Foot and H. C. G. Matthew eds., *The Gladstone Diaries*, Vol. 7 (Oxford: Oxford University Press, 1982), p.xcii.

24) 그리니치 병원은 17세기 말부터 퇴역 해군 장병들의 요양 시설로 활용되었던 곳으로, 18세기부터 나폴레옹 전쟁 때까지는 상이 장병과 전쟁으로 남편을 잃은 미망인 및 고아들의 거주시설로 주로 기능했다. 하지만 19세기 중반으로 접어들면서는 과거처럼 전쟁이 많지 않았기에 상이 장병의 숫자가 점차 감소했고, 상선 업계의 활황으로 퇴역 해군 장병들이 재취업 되는 경우가 많았기에 그리니치 병원에 머무는 이의 숫자는 계속해서 줄어갔다. 이로 인해 그리니치 병원은 이미 칠더스가 해군본부 민간 위원으로 근무하던 시절부터 수익성 및 활용도가 점차 떨어져 폐원이 검토되었던 시설이었다. Dickinson, *Educating the Royal Navy*, p.132.

25) 울리치 조선소와 뎁포드 조선소는 과거 범선 시대에는 함정 건조를 위한 장소로 활용되었으나, 증기 군함 건조가 본격화되면서 대규모 건조 시설이 필요해짐에 따라 그 설비를 갖출 공간의 확보가 여의치 않아 1869년에 폐쇄되었다. Jonathan Coad, *Support for the Fleet*, p.52.

곧 내각의 수장이자 지역구의 의원이었던 글래드스턴에 대한 강한 불만으로 이어지게 되었다.[26]

당시 글래드스턴은 겉으로는 크게 내색하지 않았으나 이러한 지역구의 불만에 대해 충분히 인지하고 또 상당한 부담감도 갖고 있었던 것으로 보인다. 총선 이후 글래드스턴이 1871년 늦여름까지 애버딘(Aberdeen), 횟비(Whitby), 웨이크필드(Wakefield) 등과 같이 런던에서 한참 떨어진 지역들에도 방문하여 연설을 하였음에도 불구하고, 막상 가까운 자신의 지역구에서는 계속해서 대중 연설을 미루고 회피했다는 점은 이를 방증해준다. 이후 글래드스턴이 마지못해 그리니치 유권자 앞에서 연설을 결심했던 것은 선거 이후 무려 3년 가까운 시간이 흐른 1871년 10월 말이었다.[27] 또한 글래드스턴이 연설을 앞두고 이례적으로 주변에 연설 내용과 주의사항에 대한 조언까지 구했다는 점은 그가 이 연설에 대해 얼마나 부담을 갖고, 또 우려하고 있었는지를 잘 보여준다.[28]

그런데 여기서 주목할 만한 사실은 그동안 해군 장관으로서 글래드스턴에게 아쉬운 모습만 보여 왔던 고셴이 그리니치의 대중들 앞에서 무슨 말을 해야 할지 고민하던 그에게 매우 흥미로운 제안을 해왔다는 점이다. 이는 디킨슨이 '발견'한 고셴의 서신을 통해 밝혀진 내용으로서 당시 서신에 담긴 고셴의 제안은 다음과 같다.[29]

제가 만약 당신의 입장에서 그리니치의 청중들 앞에서 연설해야 하는

---

26) Dickinson, *Educating the Royal Navy*, p.134.
27) Dickinson, "The Origins and Foundation of the Royal Naval College," p.102.
28) *The Gladstone Diaries*, Vol. 7, p.xciii.
29) Dickinson, "Educational Provision for Officers of the Royal Navy, 1857-1877," p.281.

골치 아픈 임무를 맡았다면 울리치와 그리니치의 노동자들을 해고한 것에 대해 뭐라고 말해야 할까요. 아마 감축을 위한 국가적 필요에 대해 얘기하겠지만 그것만으로는 지역구의 민심을 만족시킬 수는 없을 것입니다. (…) 저는 [그리니치] 병원과 관련하여, 그곳이 국가에 더 큰 관심사가 될 것이라고 말하는 것보다 더 좋은 방법은 없다고 생각합니다. (…) 만약 해군 교육 분야에서 진행될 대규모 계획에 대해 당신이 동의하고 또 내각에서도 동의한다면 [연설에서] 이 부분에 대한 어떤 결정을 언급할 수 있을 것이라고 생각합니다.[30]

이러한 제안은 당장 다음 날 그리니치의 대중들 앞에 서야하는 글래드스턴의 입장에서 거부하기 힘든 것이었다. 물론 여기서 고셴이 제안한 '대규모 계획'에는 글래드스턴이 결코 원치 않을 추가적인 예산 지출이 필연적으로 따를 것이었으나 당시 글래드스턴에게는 더 나은 대안도, 고민할 시간도 많지 않았다. 결국 그는 다음 날 고셴의 제안을 그리니치의 지역구민들 앞에서 공언하게 되었다.

신사 여러분, 이제 여러분들의 지역적 관심사에 대해 한 마디 하겠습니다. 그것은 곧 국가적인 주제에 대한 것이기도 합니다. 그것은 바로 그리니치의 병원에 대한 얘기입니다. 저는 정부에서 이 건물과 관련된 문제에 대해 고민하고 있다는 사실을 지역구 대표단(deputation)에게

---

30) 이 서신은 디킨슨이 학계에서 최초로 인용한 사료로서 당시 장교 교육개혁이 어떻게 정치적으로 활용되었는지를 보여주는 핵심적인 자료이다. 이 서신은 영국 도서관(British Library)에 보관된 글래드스턴 관련 자료집에서 다른 연도에 잘못 섞여 편철되어 있던 것을 디킨슨이 처음 발견한 것이다. Gladstone Papers, Additional MS. 44161, Goschen to Gladstone, 27 Oct, 1871, Dickinson, "Educational Provision for Officers of the Royal Navy, 1857-1877," p.281에서 재인용.

전했습니다. 그리고 그 이후 저희 해군 장관은 이 문제에 대해 주의 깊게 검토하고 있습니다. 저는 바라건대 그의 계획이 충분히 발전되었을 때 여러분도 만족하고 국가도 만족할 수 있는 목적으로 그 병원을 활용하게 될 것이라고 믿습니다.[31]

여기서 글래드스턴이 언급한 '그리니치 병원의 활용'은 이미 칠더스의 장관 재임 시절부터 논의되어 왔던 왕립 해군대학(Royal Naval College)의 이전을 추진하여 그 부지로서 그리니치 병원의 빈 건물을 활용하겠다는 의미였다. 다만 이 결정은 정치적 위기에 놓인 글래드스턴에게 고센이 구원의 손을 내밀면서 급진적으로 내려진 것이었기에 해군본부 위원회와의 사전 논의 등은 제대로 이뤄지지 않은 것이었다.[32] 이런 점에서 볼 때 왕립 해군대학의 이전 문제는 애초 그 시작부터가 분명 해군을 위한 결정이라고 보기는 어려웠다. 물론 이 지점에서 로건과 같은 연구자들은 '고센이 글래드스턴이 거부할 수 없는 상황을 활용하여 자신이 원하는 해군의 발전을 성취해낸 것이 아닌가?'라는 질문을 할 수도 있을 것이다. 하지만 왕립 해군대학의 이전을 두고 벌어진 여러 논의들과 그 결과물을 면밀히 분석해보면 그 질문에 대한 답은 분명 '아니오'였다.

포츠머스에서 그리니치로: 왕립 해군대학 이전의 목적

디킨슨이 이미 밝힌 바와 같이 왕립 해군대학을 포츠머스(Portsmouth)

---

31) 굵은 글씨는 필자가 임의로 강조한 부분이다. Arthur Tilney Bassett, *Gladstone's Speeches: Descriptive Index and Bibliography* (London: Methuen & Co., 1916), p.402.
32) Dickinson, "The Origins and Foundation of the Royal Naval College," pp.103-104.

에서 그리니치로 이전하자는 주장은 칠더스가 해군 장관으로 재임하던 시절부터 이미 논의된 바 있었던 문제였다.[33] 당시 〈셰드웰 위원회〉에서는 장교들의 고등교육을 검토하며 보고서의 상당 부분을 왕립 해군대학 이전의 필요성을 검토하는 데에 할애하였고, 여기에는 해군대학의 이전을 위한 부지로서 그리니치 병원의 빈 건물을 고려하는 것까지도 포함되어 있었다.[34] 다만 이 보고서에서는 위원들의 중지를 하나로 모아 뚜렷한 결론을 내리지는 않았는데, 그것은 위원회 내에서 해군 장교들과 민간인 위원들 간의 의견이 완전히 엇갈렸기 때문이었다. 다음은 〈셰드웰 위원회〉의 보고서 중 왕립 해군대학 이전 문제를 검토한 부분이다.

그리니치의 현재 건물들이 교육 목적으로 사용될 수 있다는 제안을 특별히 참고하여 왕립 해군대학을 위한 최적의 부지를 고려했을 때, 우리 위원회는 만장일치로 앞으로 수년간 해군의 발전에 영향을 미칠 이 질문이 해군과 해군대학의 최대 이익을 고려하여 결정되어야 한다고 판단했다. 이 결정에는 경제적인 측면이 무시되어서는 안 되겠지만, 그리니치 건물들을 대학의 목적에 맞게 바꾸는 비용과 현재 포츠머스에

---

33) 포츠머스 왕립 해군대학은 1729년 개교하여 최초에는 생도들을 교육하기 위한 기관으로 이용되었는데, 이후 수많은 변화들을 거친 끝에 1838년부터는 급격한 기술 변화를 따라잡기 위해 해군 장교들에게 과학 교육을 하기 위한 기관으로 변모하게 되었다. 다만 이런 취지에도 불구하고 장교들은 해군대학의 교육과정이 '군인으로서' 반드시 필요한 교육이 아니라 생각하여 별로 선호하지 않았고, 또한 이 교육들이 어떠한 의무사항도 아니었기 때문에 많은 장교들이 교육을 신청하지는 않았다. 그뿐만 아니라 해군의 제대로 된 관심을 받지 못한 만큼 왕립 해군대학의 시설과 교수진 또한 대단히 부실했다. Dickinson, "The Origins and Foundation of the Royal Naval College, Greenwich," pp.92-93.

34) *Report of the Committee on the Higher Education of Naval Officers*, pp.xix-xxii.

있는 해군대학을 필요한 만큼 확장하는 비용 간의 차이를 이 사안의 결정을 내리는 데에 있어 부차적 요소 이상으로 고려해서는 안 될 것이다. 위원회 위원들은 포츠머스 왕립 해군대학의 존치와 그리니치로의 이전을 둘러싼 문제에 [일치된 의견으로] 동의하지 못한 것을 유감스럽게 생각하며, 두 장소를 옹호하며 각각 주장한 내용들을 해군본부 위원회에서 판단하도록 모두 제출하는 것이 적절하다고 생각했다.[35]

이 보고서에서 포츠머스에 왕립 해군대학이 존치되어야 한다고 주장했던 쪽은 해군 장교 위원이었던 셰드웰 소장과 리처즈 함장, 그리고 후드 함장이었다. 그들은 "포츠머스가 해군의 모항인 만큼 해군대학에서 교육받는 해군 장교들이 해군 조병창(Naval Arsenal)을 통해 다양한 등급의 함정들이 건조되고, 수리되는 과정을 직접 볼 수 있을" 뿐만 아니라, "신형 함정의 건조 시 다양한 실험이 진행되는 모습까지 참관할 수 있을 것"이라고 주장했다. 또한 그들은 "포츠머스에 있는 해군 병기창(Naval Gunnery Establishment)이 학생 장교들에게 무기체계의 급속한 발전을 보여주는" 생생한 현장이라는 주장도 덧붙였다.[36] 그리고 셰드웰을 비롯한 해군 장교 위원들에게는 이러한 포츠머스의 장점에 비해 그리니치의 장점은 '전문적인 해군 장교의 양성'에는 그다지 유의미한 것이 아니었다. 그들은 그리니치의 좀 더 넓고 상태가 좋은 건물들은 포츠머스의 교육 시설을 보강하여 극복할 수 있는 문제이고, 런던의 학식이 뛰어난 수학자나 과학자들을 채용할 수 있다는 장점은 장교들의 전문성을 위한 실용적인 교육에는 그다지 의미가 없다고 보았던 것이다.[37]

---

35) *Report of the Committee on the Higher Education of Naval Officers*, p.xix.
36) *Report of the Committee on the Higher Education of Naval Officers*, p.xix.

반면 그리니치로의 이전에 동의했던 위원들은 올리를 비롯한 민간인 위원들이었다. 그들은 해군대학을 확장하려고 할 때 더 넓은 그리니치 병원 부지가 적합하다는 점, 같은 봉급으로 포츠머스에서보다 훨씬 유능한 교육자들을 채용할 수 있다는 점, 해군대학의 교육 과정은 주로 이론적인 교육으로 구성되어 있다는 점, 포츠머스 근해에서 하는 실용적인 교육은 템즈(Thames) 강이나 채텀(Chatham) 근해에서도 충분히 가능하다는 점 등을 들며 그리니치로의 이전을 주장했다.[38]

사실 이 보고서를 제출했던 〈셰드웰 위원회〉의 발족 자체부터가 해군본부 위원들과의 어떠한 협의도 없이 칠더스의 독단적인 결정으로 이뤄졌다는 점을 고려할 때, 보고서상에 나타난 해군 장교 위원들과 민간인 위원들 간의 의견 충돌이 칠더스의 결정에 어떤 큰 장애물이 되었으리라 생각되지는 않는다. 그렇다면 칠더스는 왜 이 보고서의 발표 이후 해군대학을 그리니치로 이전하는 데에 아무런 관심을 보이지 않았던 것일까?

디킨슨은 『셰드웰 보고서』의 중요성에 대해 거듭 강조하면서도 이 이유에 대해서는 거의 언급하지 않았는데, 필자는 여기에 크게 두 가지의 가능성이 결부되어 있다고 생각한다. 먼저 첫 번째는 앞서 언급했듯 칠더스가 교육개혁 자체에 큰 뜻을 두지 않았을 가능성이다. 만약 칠더스가 해군 장교들의 고등교육을 정말 혁신적으로 개혁하고자 했다면 『셰드웰 보고서』에 언급된 것처럼 왕립 해군대학을 포츠머스에 남겨 해군 실무자들의 영향력 아래에 두는 것보다는, 런던으로 이전하여 해군본부에서 직접 관할하는 것이 훨씬 유리한 판단이었다.[39] 하지만

---

37) *Report of the Committee on the Higher Education of Naval Officers*, p.xx.

38) *Report of the Committee on the Higher Education of Naval Officers*, pp.xx-xxi.

39) *Report of the Committee on the Higher Education of Naval Officers*, p.xxi.

만약 칠더스가 단지 '증기 기술'을 강조하고 자신의 교육에 대한 전문성과 권위를 보여주는 정도에만 교육개혁의 목표를 한정하였다면 왕립 해군대학의 이전과 같이 복잡한 문제에 개혁의 동력을 낭비할 이유는 없었을 것이다. 『셰드웰 보고서』의 결론에서 해군대학의 이전 문제를 모호한 결론으로 끝맺으며 그 판단을 해군본부 위원회로 넘겼음에도 불구하고 이후 어떠한 추가적인 검토나 조치가 이뤄지지 않았다는 점은 이 문제에 대한 칠더스의 무관심을 보여주는 것이었다.

그리고 두 번째 가능성은 칠더스가 교육 분야에 불필요한 예산 지출을 원치 않았을 경우이다. 비록 『셰드웰 보고서』에서는 '적당한 비용(moderate expense)'으로 해군대학을 더 넓고 좋은 부지로 이전할 수 있을 것이라 언급하고 있지만,[40] 필자는 당시 칠더스가 좀 더 현실적인 판단을 내렸을 것이라 생각한다. 칠더스는 오스트레일리아에서 멜버른 대학이라는 새로운 대학을 세우며 필요한 예산을 직접 입안해봤던 인물이었다. 그랬기에 그는 한 대학을 이전함에 있어 얼마나 많은 비용이 소모될 것인지 〈셰드웰 위원회〉의 위원들보다 훨씬 더 정확한 판단을 내렸을 가능성이 높다.[41] 특히 해군의 불필요한 예산을 더욱 감축하기를 원했던 칠더스로서는 큰 비용을 지출해야 하는 해군대학의 이전에 대해 부정적으로 생각했을 가능성이 높다.

그러나 고셴의 입장에서는 이러한 가능성들, 즉 칠더스가 왜 해군대학의 이전을 적극적으로 추진하지 않았는지에 대해 깊이 이해하기 어려웠을 것이다. 그는 단지 장관으로 부임한 이후 약 6개월 동안 글래드스

---

40) *Report of the Committee on the Higher Education of Naval Officers*, p.xx.

41) 실제로 1877년 〈고든 위원회(the Gordon Committee)〉에서 왕립 해군대학의 그리니치로의 이전 후 예산을 검토한 결과 그 비용은 과거 포츠머스 해군대학의 연간 예산의 10배 이상이 소모되었다. Dickinson, "The Origins and Foundation of the Royal Naval College," p.109.

턴의 긴축 압박 속에서 전임자가 남긴 미완의 과제들 중 그나마 '수확의 여지'가 남아 있는 안건들을 찾아 헤맸고, 그 결과 왕립 해군대학의 이전 문제를 발견하여 적절한 시점에 꺼내들게 되었던 것이다. 또한 고셴의 판단에는 글래드스턴을 곤란한 상황에서 도와주며 그에게 정치적 빚을 지우고, 이 문제로 그의 관심을 돌려 차후 해군 예산 감축의 압박에서 조금이나마 벗어나려는 의도도 있었을 것이다. 더군다나 〈세드웰 위원회〉의 보고서상에는 경제적인 측면에서 포츠머스의 시설을 보강하는 것보다 그리니치로 해군대학을 이전하는 것이 좀 더 효율적이라 판단하고 있었기에 고셴은 이것이 '절약과 효율'이라는 내각의 기치에서도 크게 벗어나지 않는 결정이라 생각했을 것이다.[42]

고셴의 불안한 정치적 입지

하지만 고셴의 이러한 정치적 판단은 그의 생각과는 다소 상이한 결과로 흘러갔다. 무엇보다 고셴의 입장에서 가장 당황스러웠던 부분은 글래드스턴이 이 계획에 대해 이후 어떠한 대외적인 관심이나 지지 의사도 보이지 않았고, 심지어 자신의 선거구를 포함한 그 어느 곳에서도 해군대학의 이전 문제를 다시 언급한 적이 없었다는 것이다.[43] 해군

---

42) 이 보고서에서는 포츠머스에 해군대학을 존치하고 시설을 보강하는 것과 그리니치 병원 부지로 해군대학을 이전하는 것 간에 얼마나 비용 차이가 나게 될 것인지에 대해서는 구체적으로 밝히고 있지 않다. 하지만 포츠머스 옹호파와 그리니치 옹호파 모두 경제적인 효율 면에서 그리니치로 이전하는 것이 더 좋을 것이라는 점에는 동의하고 있었다. *Report of the Committee on the Higher Education of Naval Officers*, p.xx.

43) 이후 글래드스턴이 해군대학의 이전 문제를 언급했던 것은 자신의 일기 도입부에 그리니치 병원이 해군 교육의 중심이 될 것이라고 써놓은 것이 전부이다. Dickinson, "The Origins and Foundation of the Royal Naval College," p.104.

대학의 이전이라는 사안은 이제 고셴 스스로가 글래드스턴에게 제안하고, 대외적으로 '해군 장관이 고려 중인 사안'으로 공언된 문제였다. 즉, 고셴은 『셰드웰 보고서』에서 이미 드러난 것처럼 거의 대부분의 해군 장교들이 반대했던 왕립 해군대학의 이전 문제를 어떠한 정치적 지지도 없이 단독으로 관철시켜야 하는 상황에 놓이게 되었던 것이다.[44]

결국 이 문제에서 발을 뺄 수가 없게 된 고셴은 해군대학의 이전을 추진하기 위해 1872년 3월 13일 해군본부 자체적으로 차석 해군위원(the Second Naval Lord) 존 탈레튼 소장(Rear Admiral John Walter Tarleton, 1811~1880)을 위원장으로 하는 소위원회를 출범시켜 해군대학의 이전을 위한 계획 수립을 지시했다.[45] 이 〈탈레튼 위원회(the Tarleton Committee)〉에는 해군본부 민간 위원이었던 캠퍼다운 백작(Robert Haldane-Duncan, 3rd Earl of Camperdown, 1841~1918)도 포함되었는데,[46] 그가 해군의 입장을 설명하기 위해 1872년 5월 3일 상원에서 다른 의원들과 벌였던 토론은 이 사안의 진행이 얼마나 많은 정치적 난항을 겪고 있었는지를 잘 보여준다.

이 논의에서 해군 제독 출신이기도 했던 로더데일 백작(Thomas Maitland, 11th Earl of Lauderdale, 1803~1878)은 포츠머스 옹호파들이 내세운 주장들을 일일이 열거하며, "장교들이 전문적인 지식을 향상시킬 수 있는 모든 기회가 갖춰져 있는 포츠머스를 버리고, 해군과 완전히 유리된 그리니치로 [해군대학을] 이전하려는 내각의 의도가 무엇인가?"

---

44) 〈셰드웰 위원회〉의 해군 장교 위원들만 해군대학의 이전에 대해 반대 의견을 표했던 것이 아니라, 이 보고서 작성 중 진행한 설문조사에 응했던 거의 대다수의 해군 장교들이 해군대학의 이전에 반대했다. *Report of the Committee on the Higher Education of Naval Officers*, pp.71-111.

45) Dickinson, *Wisdom and War*, p.32.

46) Dickinson, "The Origins and Foundation of the Royal Naval College," p.104.

라고 불만을 드러냈다.[47] 이 같은 반대 의견은 비단 로더데일 백작뿐만
아니라 서머싯 공작이나 던세이니 남작(Edward Plunkett, 16th Baron of
Dunsany, 1808~1889)에 의해서도 동일하게 제기되었다.[48] 캠퍼다운 백작
은 이런 반대 의견들에 대해 그리니치 옹호파의 주장을 내세우며 반박
해보려 했지만, 로더데일 백작이 "이 사안과 관련하여 정말 많은 해군
장교들과 얘기해봤지만 포츠머스가 그리니치보다 낫다고 말하는 장교
는 단 한 명도 보지 못했다"라고까지 얘기하자, "이 사안은 아직 해군
장관이 고려 중인 사항입니다"라며 그 책임을 장관에게로 떠넘겼다.[49]

그리고 해군대학의 이전을 위한 실제 예산 산출에 들어갔을 때에는
그 문제가 더욱 심각해졌다. 고셴은 1872년 8월 1일 의회의 해군 예산
심의에서 "신중한 예산 검토 끝에 그리니치의 [해군대학으로의] 전환에
1만 파운드면 충분할 것이라고 보고 받았다"[50]라고 밝혔다. 하지만
그 발언은 사실과는 거리가 멀었다. 그는 이미 6월 29일에 〈탈레튼
위원회〉로부터 해군대학의 이전에 최소 3만 파운드 이상의 예산이 필요
할 것이라는 보고를 받은 상태였다.[51] 심지어 그 3만 파운드도 최소
추정치를 의미한 것이었기에 이전을 완료한 후 〈탈레튼 위원회〉에서
제안한 여러 교과 과정의 신설이나, 학생 및 교수의 증대 등을 고려한다
면 훨씬 더 많은 예산이 필요할 터였다. 이런 예산 확대를 글래드스턴이
쉽게 허용할 리가 없었다는 점에서 고셴의 발언은 이후 해군대학의
운영에 대해서는 고려하지 않은, 단지 위기의 순간을 회피하려는 것에
지나지 않았다.

47) *Hansard* (Lords), 3rd ser., Vol. 211, 3 May, 1872, Cols., 174-175.
48) *Hansard* (Lords), 3rd ser., Vol. 211, 3 May, 1872, Cols., 175-176.
49) *Hansard* (Lords), 3rd ser., Vol. 211, 3 May, 1872, Cols., 177-180.
50) *Hansard* (Commons), 3rd ser., Vol. 213, 1 August, 1872, Col., 291.
51) Dickinson, "The Origins and Foundation of the Royal Naval College," p.104.

결국 일시적인 눈속임으로 회기의 마지막에 해군대학의 이전을 위한 예산이 통과되었으나[52] 그것은 결코 해군을 위한 것도, 고셴을 위한 것도 아니었다. 해군의 입장에서는 해군대학을 이전한 직후부터 재무부로부터 과도한 예산 지출을 지적받으며 대학의 운영에 있어 상당한 제한을 받아야만 했다. 이로 인해 〈탈레튼 위원회〉에서 숙려 끝에 제안했던 해군대학의 여러 발전 방안들은 대부분 제대로 실현되지도 못했다.[53] 예를 들어 〈탈레튼 위원회〉에서 훗날 해군 정책 및 전략을 입안할 고위 장교들을 양성하기 위해 야심차게 제안했던 해군 전략 및 해군사 교육 과정은 아예 고려의 대상조차 되지 못한 채 묵살되었다.[54] 그뿐만 아니라 해군대학의 전반적인 교육 내용과 수준 역시 그리니치 옹호파에서 기대했던 것만큼 크게 향상되지는 않았는데, 당시 대부분의 장교들이 체감했던 해군대학의 교육 수준은 생도 시절 훈련함 〈브리타니아 (H.M.S. Britannia)〉에서 배웠던 것과 별반 다를 바가 없었다.[55]

한편 고셴 개인의 입장에서는 해군대학의 이전과 관련하여 정치적 목적으로 해군을 활용했다는 의혹까지 받아야 했다.[56] 예산 심의 단계부터 포츠머스 관계자들은 그 결정에 '정치적 계략'이 포함되어 있다고 비난하고 나섰으며,[57] 『브로드 애로우(Broad Arrow)』와 같은 언론에서는

---

52) Dickinson, "The Origins and Foundation of the Royal Naval College," pp.104-105.
53) Dickinson, Educating the Royal Navy, p.140.
54) 〈탈레튼 위원회〉에서는 〈세드웰 위원회〉에서 간과했던 해군사 및 해군 전략 교육의 강화를 제안했는데, 그것은 훗날 해군 정책 및 전략을 입안해야 할 고위 장교들을 양성하기 위한 야심찬 계획이었다. Dickinson, Educating the Royal Navy, pp.140, 145.
55) Dickinson, Educating the Royal Navy, pp.143-144.
56) Dickinson, "The Origins and Foundation of the Royal Naval College," pp.104-105.
57) 그중 제임스 엘핀스턴(Sir James Elphinstone)은 이 시기 포츠머스 지역구

예산 결정 과정 전반에 "중대한 의혹의 정황이 가득하다"라고 비판했다.[58] 이러한 비난은 1873년 1월 16일 해군대학의 이전을 승인하는 추밀원령이 발표된 이후에도 계속되었는데, 당시 군 내부의 여론을 반영했던 『유나이티드 서비스 매거진(United Service Magazine)』의 다음 기사는 해군대학의 이전에 대해 해군 내부에서 어떤 생각을 가졌는지를 잘 보여준다.

해군 장교들의 고등교육에 대한 문제는 결국 논란의 영역을 지나 그리니치에 새로운 해군대학을 개교하는 것으로 결정되었다. 아마 그 누구도 이 문제를 둘러싼 어려움, 지연, 반대, 질투, 그리고 사소한 영향들에 대해 제대로 알지 못할 것이다. 우리는 지금, 그리고 이후에도 해군 교육을 위한 새로운 [대학의] 설립이 순수한 정치적인 고려로 인한 것인지, 혹은 해군을 이롭게 하기 위한 갈망에 의한 것인지 알 길이 없다. 새로운 해군대학의 설립은 의심의 여지없이 그리니치에 오래된 왕립병원이 존재했기 때문이며, 이 건물이 현재의 [해군대학의] 목적으로 이용되는 것은 의심의 여지없이 수상이 그리니치 지역구 의원이기 때문이다.[59]

이처럼 고셴은 그리니치로 해군대학을 이전하면서 해군 내·외에서 그 목적에 대한 의심을 받아야 했고, 내각으로부터는 예산의 감축은커

　의원이자 포츠머스 옹호파의 대표적인 인물이었다. *Hansard* (Commons), 3rd ser., Vol. 213, 1 August, 1872, Col., 286.

58) "The Intended Removal of the Naval College," *The Broad Arrow*, 10 August, 1872, p.172.

59) *Colburn's United Service Magazine and Naval and Military Journal* (London: Hurst and Blackett, Publishers, 1873), Part I, p.342.

넝 더 많은 지출을 야기했다는 따가운 눈초리를 받아야했다. 그뿐만 아니라 결론적으로 해군대학의 교육 수준 역시 기대만큼 높아지지 않았기에 해군대학의 이전이라는 고셴의 개혁 아젠다는 그 어느 면에서도 '해군을 위한 것'이라고 보기는 어려웠다.

이러한 실책은 고셴의 판단력 부족이나 어떤 악의 때문이라기보다는 근본적으로 그의 해군에 대한 이해 부족에서 기인했던 것이었다. 만약 그가 『셰드웰 보고서』에 담긴 함의를 읽을 수 있었다면 어땠을까? 『셰드웰 보고서』에서 과학 및 기술 교육의 강조를 말하면서도 단지 '실용 증기 기술'만을 장교들의 의무 과목으로 두었던 데에는 그 나름의 이유가 있었다. 〈셰드웰 위원회〉, 혹은 칠더스는 해군 장교들이 과학에 대한 깊은 이해를 갖게 된다면 해군의 발전에 도움은 되겠으나, 그것을 굳이 모든 장교들에게 강요할 필요는 없고 더욱이 깊이 있는 '학문'의 수준으로까지 필요하지는 않다고 보았던 것이다. 실제 당시 과학계에서 요구하던 수학, 과학 교육 등은 옥스퍼드와 케임브리지에서도 아직 걸음마 단계에 지나지 않았다.[60] 이런 상황에서 해군 정책 및 전략을 수립하고 함대를 지휘해야 할 해군의 고위 장교들에게 그리니치에서 학식이 뛰어난 수학자 및 과학자들에게 교육을 받아야 한다고 주장하는 것은 어불성설에 가까웠다.

또한 〈탈레튼 위원회〉에서는 오히려 왕립 해군대학의 교육 방향이 과학 일변도로만 쏠리게 되는 것을 경계하는 의견을 보이기도 했다. 해군 장교들이 증기 교육이나 기술 교육만 좇게 되면서 막상 해군을 운영하고 전쟁을 위한 전략을 수립할 역량은 갖추지 못하게 되었다고

---

60) 〈데본셔 위원회〉에 출두한 증언자들은 영국을 대표하는 옥스퍼드와 케임브리지가 과학 분야에 대한 교육과 연구를 소홀히 하고 있다고 지적했고, 이를 해결할 수 있는 주요한 방법으로 국가의 적극적인 지원이 필요하다고 강조했다. 이내주, 『영국 과학기술교육과 산업 발전, 1850-1950』, p.23.

보았던 것이다. 〈탈레튼 위원회〉에서는 이 문제를 바로잡기 위해 왕립 해군대학에 해군 전략과 해군사 교육의 강화가 필요하다고 진단했다. 하지만 해군대학을 그리니치로 이전하게 되면서 예상치 못할 정도로 불어난 예산 문제로 인해 그러한 신설 강좌는 아예 개설조차 되지 못했다.[61] 이 해군사 강좌는 이후 1875년이 되어서야, 그것도 심지어 한평생 수학 및 과학을 가르치던 한 민간인 교관의 애청에 의해 미흡한 수준으로 설치되었다.[62] 즉, 당시 해군 수뇌부에서는 과학 기술의 발전으로 새롭게 강조해야 할 교육과, 시대를 불문하고 장교들에게 필수적으로 이뤄져야 할 교육을 제대로 판단하지 못했고 오히려 해군 내 과학 분야의 인사가 그것을 요구하는 상황에까지 이르게 되었던 것이다.[63]

만약 고셴이 이런 부분을 이해하고 포츠머스에서, 혹은 그리니치에서라도 해군 장교들에게 꼭 필요한, 균형 잡힌 교육을 실시하는 데에 관심을 기울였다면 단지 '수확의 여지'를 운운할 것이 아니라 해군개혁의 후속 조치로서 해군의 발전에 기여할 수 있는 여지가 분명히 있었다. 하지만 고셴에게는 당장 눈앞에 예산 감축의 강한 압박이 놓여있었고, 여론과 야당으로부터는 적대적인 시선을 받으면서 운신할 여지조차 많지 않았다. 이런 와중에 1872년 2월 5일 고셴이 추밀원령을 통해 발표했던 진급 제도 개편안은 칠더스의 개혁에 대한 후속 조치였다기보다는, 여전히 조금이라도 예산을 감축하려는 절박함이 느껴졌던 '이삭줍기'에 불과했다.

지금껏 이 추밀원령의 의미나 실효성에 대해서는 관심 있게 다뤄진

---

61) Dickinson, *Wisdom and War*, p.32.

62) 이 교관은 바로 존 녹스 로튼(John Knox Laughton)이라는 인물이다. 로튼은 이후 영국 해군 역사학 운동을 선도하며 해군사 교육의 중요성을 강조했다. 로튼에 대해서는 이 책의 7장에서 좀 더 자세히 언급하고자 한다.

63) Dickinson, *Educating the Royal Navy*, p.140.

바가 없는데, 이를 실제로 당시의 현역 장교 명부와 진급자 명단에 적용해보면 그것이 얼마나 허울뿐인 개혁안이었는지를 잘 알 수 있다. 이 추밀원령의 핵심은 진급 공석이 어느 정도 모였을 때 장교들을 일괄적으로 진급시키는 대신 진급의 공석이 발생할 때마다 즉각 진급자를 배정하겠다는 것과, 앞선 개혁에서 언급되지 않았던 '준위관(sub-lieutenant)'[64] 계급에도 40세의 연령 정년을 부과하겠다는 것이었다.[65] 여기서 즉각적인 진급 조치는 아주 약간이나마 진급 적체의 기간을 줄인다는 면에서 조금이라도 의미가 있었으나, 준위관에 대한 연령 정년의 규정은 그 실효성 자체가 매우 의심스러운 것이었다.

무엇보다도 당시 사관후보생이 위관 진급 시험을 통과해 준위관이 되는 나이가 대부분 20세 전후였음을 고려할 때 이 계급에서 40세가 될 때까지 위관이 되지 못하면 강제로 전역시킨다는 조항은 실제로 적용될 가능성이 거의 없었다. 준위관에서 위관으로 진급하는 것은 어떤 공적을 쌓아서 되는 것이 아니라 이미 시험을 통과하여 진급 자격이 있는 이들을 연공서열에 기준하여 진급시키는 것이었기 때문이다. 이 추밀원령이 시행되기 직전인 1871년 12월을 기준으로 준위관 계급의 최고참 장교들이 겨우 1866년과 1867년에 계급을 부여받은 장교들이었고, 그들조차도 특별한 경우를 제외하고는 대부분 연공서열대로 위관으로 진급했다는 점을 고려할 때 이 조항은 과거에도, 그리고 미래에도 적용될 가능성이 희박했다.[66] 이런 점에서 고셴의 준위관에 대한 연령

---

64) 19세기 중반 영국 해군에서 '준위관(sub-lieutenant)'이란 위관 진급 시험을 통과한 사관후보생이 아직 정식 위관으로 임명되지 않은 상태의 계급을 의미하는 것이었다. 즉, I부 1장 각주 53)에서 설명한 해군 장교 계급 체계에서 위관 계급 아래의 장교 계급이라 볼 수 있다.

65) "Order in Council of 5th February 1872," *The Orders in Council*, Vol. 3, pp.345-347.

66) 1866년과 1867년에 준위관이 된 장교들 54명 중 52명이 1872년에 위관으로

정년 신설은 단지 칠더스의 개혁안에 억지로 빈틈을 찾아 메우려는 시도에 불과했으며, 어찌 보면 '감축과 효율 증대'를 위해 무언가를 하고 있다는 것을 보여주기 위한 것에 지나지 않았다.

이처럼 고셴의 개혁 후속 조치들은 칠더스의 개혁 동력을 제대로 이어받은 것도 아니었고, 그렇다고 해군의 발전에 더 많은 관심을 두고 이뤄졌던 것도 아니었다. 물론 그가 글래드스턴의 예산 감축에 대한 집착에 맞서 해군 예산에서는 더 이상의 추가적인 감축이 어렵다고 반발했던 점은 어느 정도 높이 평가할 수 있겠으나, 이후 해군대학의 이전 문제와 같은 정치적 이슈로 글래드스턴과 깊이 얽히게 되면서 고셴이 시도할 수 있는 정책의 폭은 더욱 좁아지게 되었다. 결론적으로 고셴이 해군 장관으로서 보여준 행보들은 개혁을 중도에 이어받게 되었을 때 그 후임자가 최초 개혁을 추동했던 인물만큼 해당 분야의 전문성을 갖추지 못하거나, 여론 및 내각으로부터 정치적 지지를 충분히 받지 못하는 상황에서는 그 개혁의 배턴을 제대로 이어받기가 어렵다는 점을 여실히 보여주는 것이었다.

진급했으며, 이 54명의 나이는 모두 20대였다. *The Navy List Corrected to the 20th December, 1871* (London: H.M.S.O., 1872), pp.24-25; *The London Gazette*, February 9, 1872, pp.510-511.

7장

개혁의 표류를 보던 해군 내부의 시각들

그렇다면 1870년대 해군개혁이 진행될 때 그 과정을 오롯이 보고 겪었던 당대의 해군 장교 및 관계자들의 입장은 어땠을까? 서론에서 밝힌 바와 같이 1870년대 해군개혁을 제대로 평가하려면 단지 통계자료나 정계의 논의에만 주목할 것이 아니라 그것을 직접 체험했던 해군 내부의 목소리에도 귀를 기울여볼 필요가 있다. 당시의 해군개혁이 얼마나 해군의 전투력 및 조직 건강성을 향상시키는 데에 초점을 맞추고 있었는지, 그리고 그 목표가 실제로 얼마나 달성되었는지를 평가해 보기 위해서는 당시 해군 내부의 견해를 반드시 검토해 봐야하기 때문이다.

그러나 지금껏 1870년대 해군개혁에 주목했던 여러 연구들은 이러한 해군 내부의 견해에는 그다지 많은 관심을 기울이지 않았다. 그 이유는 비단 연구 주제나 범위 때문만이 아니라 그것을 살펴볼 만한 자료의 한계와도 깊은 관계가 있었다. 예를 들어 당대의 언론 기사나 팸플릿만으로는 개혁에 대한 해군 내부의 견해를 명확히 살펴보기가 어려운데, 이는 1862년에 제정된 해군 규정(Queen's Regulations & Admiralty Instructions)으로 인해 장교들이 군의 사전 허가 없이는 사적인 견해나 입장을 공개적으로 발표할 수가 없었기 때문이다.[1]

하지만 1870년대에 해군에 몸담고 있었던 해군 장교 및 관계자들의 목소리를 직접 들어볼 방법이 아예 전무한 것은 아니다. 이 장에서는 1870년대 해군개혁의 연구에서 이제껏 크게 주목받지 못했던 세 개의 자료를 통해 '개혁에 대한 당대 해군의 평가'를 검토해보고자 한다. 그 세 개의 자료란 에드워드 팬쇼(Sir Edward Gennys Fanshawe, 1814~1906)[2] 제독이 남긴 「해군 장교들의 입대, 교육, 그리고 진급에 대한 의견들 (Suggestions on the Entry, Education, and Promotion of Naval Officers, 1874)」[3] 이라는 회람 자료와 존 로튼(John Knox Laughton)[4]이 작성한 「해군의

---

1) 1862년의 해군 규정(Queen's Regulations & Admiralty Instructions)을 기준으로 할 때 '규율(Discipline)' 항목의 11조(개인, 집단의 이해관계를 대변하거나, 제도나 규율 변경을 요구하는 조합, 집회의 금지)나 12조(해군과 관련된 사항에 대한 개인의 의견을 공식적으로 발표하는 행위) 등이 이에 해당한다. *The Queen's Regulations and the Admiralty Instructions for the Government of Her Majesty's Naval Service* (London: H.M.S.O., 1862), p.106.

2) 팬쇼는 육군 장군 출신의 아버지와 해군 제독 출신의 삼촌을 비롯한 유서 깊은 군인 집안에서 태어나 자연스레 해군 장교로 임관하였고, 이후 많은 해상 경력을 쌓으며 승승장구하였다. 또한 글래드스턴 내각의 육군 장관으로서 육군개혁을 진행했던 카드웰의 매제이기도 하며, 그를 따라 자유당에 입당하기도 했다. *Oxford Dictionary of National Biography*, 2008 ed., s.v. "Fanshawe, Sir Edward Gennys," by J. K. Laughton, revised by Andrew Lambert.

3) Sir Edward Gennys Fanshawe, *Suggestions on the Entry, Education, and Promotion of Naval Officers* (London: Rivingstons, Waterloo Place, 1874).

4) 존 로튼은 19세기 중반 영국 해군에서 함정 승선 교관(1853-1866) 및 해군대학 교관(1866-1885)으로 복무했던 민간인 교관이었다. 그는 자신의 주 전공이 수학 교육이었음에도 불구하고 해군에서 역사학 교육의 중요성을 강조하며 해군 역사학 운동을 선도했던 인물이기도 하다. 로튼의 일생과 활동에 대해서

과학적 교육(Scientific Instruction in the Navy, 1875)」,5) 그리고 「해군의 진급, 산술적이고 역사적인 검토(Naval Promotion, Arithmetically and Historically Considered, 1880)」6)라는 왕립 합동군사연구소(Royal United Service Institution, 이하 RUSI)의 포럼 자료이다.

이 자료들이 특히 흥미로운 점은 앞서 살펴본 로빈슨이나 헤이의 편지처럼 단지 일방적으로, 개인 간에만 오갔던 의견이 아니라 다수의 해군 장교 및 관계자들에 의해 공유되었던, 그리고 시간을 거듭하며 많은 이들에게 읽혔던 글이라는 점이다. 이 자료들은 오랜 세월에 걸쳐 해군 장교 및 해군에 관심이 있는 이들에게 전파되며 해군 내부의 견해 형성에 상당한 영향을 미쳤다. 특히 뒤에서 다룰 왕립 합동군사연구소(RUSI)의 포럼 자료는 비단 발표자의 의견뿐만 아니라 발표 이후 포럼 내에서 이뤄진 다양한 인물들의 토론 내용도 그대로 포함하여 싣고 있다는 점에서 당대 해군 내부의 다층적인 목소리를 들어볼 수 있는 귀한 자료라 할 수 있다.

먼저 팬쇼 제독의 「해군 장교들의 입대, 교육, 그리고 진급에 대한 의견들(1874)」이라는 회람 자료부터 살펴보면, 이 자료는 분명 '장교가 사적인 견해를 표명하는 글'이었기에 당시의 해군 규정을 고려할 때 해군본부의 출판 허가를 받아야 마땅했다. 하지만 팬쇼는 이 자료의 출판 취지를 "사적인 회람을 위한 용도로 출판(Printed for Private

---

는 Andrew Lambert, *The Foundations of Naval History: John Knox Laughton, the Royal Navy and the Historical Profession* (London: Chatham Publishing, 1998); 석영달, 「역사 연구가 해군력에 미친 영향-빅토리아 시대 후기 영국 해군 역사학 운동을 중심으로」, 『학림』 제38집 (2016), pp.54-59를 참고.

5) John Knox Laughton, "Scientific Instruction in the Navy," *Journal of the Royal United Service Institution*, Vol. 19 (1875).

6) John Knox Laughton, "Naval Promotion, Arithmetically and Historically Considered," *The Journal of the Royal United Service Institution*, Vol. 24 (1881).

Circulation)" 한다고 표기하며 해군본부의 불필요한 검열이나 출판 제한을 피하려고 했던 것으로 보인다. 그는 서문에서도 "자신의 의견을 몇몇 사람들이 회람하고 거기에 대해 고민하면 좋겠다"라는 언급을 덧붙이며[7] 독자의 범위를 극히 제한할 것처럼 서술했다. 그러나 이 자료가 실제로 공개된 범위를 생각하면 이런 표현은 단지 눈속임에 지나지 않았다. 이 절의 마지막에 살펴보게 될 발표문, 「해군의 진급, 산술적이고 역사적인 검토(1880)」에서 로튼은 팬쇼의 글을 인용하며 각주에 서지 정보까지 정확히 명시하였고, 발표 내용에서도 공공연히 언급했다.[8] 또한 팬쇼 역시 당시 포럼의 의장으로서 포럼 폐회사에서 자신이 6년 전에 그런 글을 출판했다는 사실을 거리낌 없이 언급하기도 했다.[9] 이런 점을 고려할 때 팬쇼의 글은 비밀리에 소수의 인물들에게만 공유되었던 자료라기보다는 당대의 해군 장교 및 관계자들 사이에 꽤나 널리 읽히며 그들에게 어떤 방식으로든 상당한 영향을 미쳤으리라 보는 것이 적절할 것이다.

팬쇼는 칠더스의 해군개혁 진행 당시 이미 소장(Rear-Admiral) 계급에 있었고, 개혁 조치 이후에는 오히려 더 높은 계급인 중장(Vice-Admiral)으로 진급했던 고위 장교였다. 그는 개혁 조치가 효력을 발휘하게 된 첫날인 1870년 4월 1일 소장에서 중장으로 진급했는데, 이 진급은 매우 상징적인 의미를 담고 있었다. 당시 많은 해군 제독들이 소장이 된 이후 해상 근무를 기피했던 반면, 팬쇼는 1868-1870년 동안 몰타 해군 기지의 지휘관으로서 근무하며 〈히버니아(H.M.S. Hibernia)〉에 장성기

---

7) Fanshawe, *Suggestions on the Entry, Education, and Promotion of Naval Officers*, p.3.
8) Laughton, "Naval Promotion, Arithmetically and Historically Considered," p.552.
9) Laughton, "Naval Promotion, Arithmetically and Historically Considered," p.559.

를 올리고 있었기에 해상 근무 경력을 인정받아 중장으로 진급할 수 있었던 것이다. 그는 해군개혁이 한창 진행되던 1870~1873년 동안에도 북아메리카 해역의 사령관으로서 해상 근무를 수행하였고, 이후 1875년 왕립 해군대학의 총장으로 부임하기 직전인 1874년에 이 회람 자료를 작성하였다.[10] 즉, 팬쇼의 글은 칠더스의 개혁으로 인해 진급 적체가 일시적으로 해소된 시점에, 때마침 고위 계급으로 진급을 했던 한 해군 장교가, 개혁 이후 약 5년 정도가 지난 시점에 개혁에 대한 평가를 남긴 글이라 볼 수 있다.

　그는 이 글의 목적을 크게 두 가지로 요약하였는데 그중 하나는 1873년 왕립 해군대학(Royal Naval College)의 건립과 관련하여 장교들의 교육 과정에 의견을 개진하는 것이었고, 또 다른 하나는 1873년 8월 4일에 공표되었던 추밀원령[11]을 보며 해군의 진급 및 전역 제도 개혁에 대한 평가와 개선 요구 사항을 언급하는 것이었다.[12] 먼저 팬쇼는 해군 장교의 교육 과정에 대해서는 그것의 전반적인 '수준'에 대해 다음과 같은 문제 제기를 했다.

　나는 1828년부터 현재까지 해군에 근무해오면서, 그리고 그 기간 동안 모든 계급의 해군 장교들을 직접 겪으며 다음과 같은 결론에 이르렀다. 비록 과거에는 젊은 장교들의 입대 및 교육 시스템이 적절하게 작동했을

---

10) *Oxford Dictionary of National Biography*, 2008 ed., s.v. "Fanshawe, Sir Edward Gennys," by J. K. Laughton, revised by Andrew Lambert.

11) 이 추밀원령은 칠더스의 진급 및 전역 제도 개혁 틀 내에서 그 조치를 가속화하기 위한 조항들을 신설한 것이었다. "Order in Council of 4th August 1873," *The Orders in Council for the Regulation of the Naval Service*, Vol. 4 (London: H.M.S.O., 1883), pp.8-9.

12) 이런 점에서 팬쇼의 글은 1870년대 해군개혁 중 핵심이라 할 수 있는 교육개혁과 진급 및 전역 제도 개혁에 대한 그의 견해를 담은 것이라고 볼 수 있다.

지 몰라도, 현재에 이르러서는 군에서 요구하는 조건과 영국 신사들의 평범한 교육 수준, 외국 장교들의 교육 성취 등을 고려했을 때 그 교육의 효과는 분명 [해군 장교라는] 직업과 국가를 만족시키지 못하고 있다. 이처럼 상대적으로 낮은 교육 수준의 이유는 젊은 장교들이 보통의 동년배들처럼 대학에서 학위를 받는 22살까지 받게 되는 교육과정을 되짚어 보면 잘 알 수 있다.[13]

팬쇼는 장교 선발을 위한 입대 과정이 불과 11살의 나이에 시작되고, 이때부터 대부분의 교육 과정이 오직 위관 진급 시험의 통과에만 초점이 맞추어져 벼락치기 수준으로 빈약하게 이뤄지고 있다는 점에 강하게 문제를 제기했다.[14] 그리고 이 진급 시험을 통과해서 위관 장교가 되고 나면 이후 장교들의 교육은 사실상 완전히 끝난 것이나 다름이 없었다. 그렇기 때문에 19세기 중반 이후 과학 기술의 급격한 진보나 그로 인한 전략·전술의 급격한 변화가 나타났을 때 영국 해군 장교들에게는 그것을 따라잡을 만한 학습 시간이나 기회가 거의 주어지지 않았다.[15] 이런 점에서 팬쇼는 '교육의 의무화'를 제안하며 해군 장교들의 교육 수준을 높일 필요가 있음을 언급했다.

---

13) Fanshawe, *Suggestions on the Entry, Education, and Promotion of Naval Officers*, p.7.
14) 팬쇼가 언급한 당시 장교들의 선발 및 임관 과정은 다음과 같다. 먼저 11살의 나이에 '지명(nomination)'된 소년이 단기 시험 준비학교(crammer)에서 시험 준비를 하고, 12-13살에 시험을 통과하여 생도(cadet)로서 실습함 〈브리타니아(H.M.S. Britannia)〉에서 2년간 교육을 받는다. 그리고 이후 1년간 함정에 편승하여 실습을 한 후 15-16세의 나이에 군에 정식으로 입대하여 사관후보생(midshipman)으로서 함정에서 교육 및 복무를 시작한다. 그리고 19-20세에 위관 진급 시험을 치르면 비로소 준위관(sub-lieutenant)이 되어 위관으로서 자격을 갖추게 된다. Fanshawe, *Suggestions on the Entry, Education, and Promotion of Naval Officers*, p.7.
15) Fanshawe, *Suggestions on the Entry, Education, and Promotion of Naval Officers*, pp.8-9.

군에서 실질적으로 요구하는 만큼 해군 장교 교육의 수준을 높이는 것은 [해군 장교라는] 직업의 평판에 있어 당연히 해야 할 일이며, 해군이라는 숭고한 집단의 안녕을 책임 지고 있는 이들에게 반드시 해야 하는 의무(duty)가 되어야 한다.

팬쇼는 이 교육의 의무화에 있어 왕립 해군대학을 좀 더 적극적으로 활용할 필요가 있음을 주장했다. 그가 이 글을 남길 때까지 왕립 해군대학은 여전히 장교들에게 '의무적인 교육 과정'은 아니었다. 이에 팬쇼는 장교가 될 소년들을 불필요하게 일찍부터 군에 몸담게 하여 제대로 된 교육과정을 이수하지 못하게 하는 대신, 퍼블릭 스쿨(public school)에서 기본 교육을 마칠 만한 나이에 사관후보생으로 선발하여 왕립 해군대학에서 적어도 2년 이상 교육시킬 것을 제안했다. 이 과정을 통해 그들에게 장교로서 갖춰야 할 기본 지식을 가르친 후 시험을 통해 위관 장교로 임관시키고, 이후 어느 정도 함정 근무를 경험한 후 다시 왕립 해군대학의 '상급 과정(senior department)'에서 최소 1년 이상 의무적으로 교육시켜 군 생활에 필요한 고등교육을 이수할 기회를 부여하자는 것이었다.16) 이와 같은 팬쇼의 제안은 '칠더스-고셴'을 거치는 교육개혁에도 불구하고 여전히 선택 과정으로만 남아 있어 해군 교육에 별다른 영향을 미치지 못했던 왕립 해군대학의 기능을 강화하고, 그것을 해군 교육 활성화의 장으로서 활용하고자 하는 것이었다.

한편 팬쇼는 진급 및 전역 제도 개혁의 결과에 대해서는 좀 더 강한 어조로 비판적인 평가를 남기기도 했다.

---

16) Fanshawe, *Suggestions on the Entry, Education, and Promotion of Naval Officers*, pp. 10-11.

[1873년의 추밀원령이 1870년의 추밀원령의 뜻을 이어] 현역 명부의 감축을 가속화 한다는 것은 의심의 여지가 없다. 다만 그것은 나이, 특성, 전문적 능력 등에 대한 고려 없이 잘 훈련된 다수의 장교들을 이 나라로부터 빼앗는 짓이다. 이런 장교들을 고용하는 것을 거부하는 행위는 국고에 어떤 도움이 되더라도 결코 보상될 수 없다. (…) 또한 이러한 조치들은 진급의 원활한 흐름에도 어떠한 가시적인 성과를 만들어 내지 못하고 있다.[17]

이 글이 쓰인 '1874년'이라는 시점은 칠더스 및 고셴의 개혁에서 강제 전역 조건이 고위 계급의 적체 인력에 대부분 적용되었을 뿐만 아니라, 낮은 계급의 장교들에게도 "연령에 무관하게 5년 이상 해상 보직을 받지 못한 경우 강제 전역"이라는 조항이 적용되어 적체 해소가 분명 이뤄졌어야 했다. 하지만 팬쇼의 시선에서는 그 조치의 진급 적체 해소 효과는 미미해보였고, 오히려 그것이 우수한 장교들을 무분별하게 내보내며 해군의 역량에 악영향을 끼치는 것으로 여겨졌던 것이다. 팬쇼의 이러한 주장은 글의 곳곳에서 더 살펴볼 수 있다.

'진급의 원활한 흐름'이 결코 경험 없는 장교들을 자격 없는 계급에 미성숙한 상태로 진급시키는 것을 의미하는 것은 아니다. 진급은 능력 있고 경험 많은 장교들이 그들에게 정당하게 진급의 여건이 주어졌을 때, 그리고 그 진급이 미래 군의 효율성에 반드시 필요한 것이라고 여겨질 때 이뤄져야 하는 것이다. 이러한 목표가 과연 '전역'만으로 달성될 수 있을까? 그 답은 "결코 아니다"이다.[18]

---

17) Fanshawe, *Suggestions on the Entry, Education, and Promotion of Naval Officers*, pp.4-5.
18) Fanshawe, *Suggestions on the Entry, Education, and Promotion of Naval Officers*, pp.17-

그리고 이와 동시에 팬쇼는 칠더스와 고셴의 개혁 목표 및 방향과는 다소 상이한, 자신이 생각하는 진급 적체 해소를 위한 대안을 제시하기도 했다.

내가 생각할 때 [진급 적체 해소를 위해] 현역 장교 명부의 숫자를 줄이는 진정한 방법은 장교들의 입대 정원을 줄이고, 이것을 효과적인 전역 시스템으로 보완하는 것이다. 이때 효과적인 전역 시스템이란 능력 없는 장교들은 도태시키고 능력 있는 장교들만을 보유하는 목적의 시스템을 의미한다. 이것은 다소 느린 과정일 수 있지만 효과적인 방법일 것이다.[19]

이처럼 팬쇼는 1870년대의 진급 및 전역 제도 개혁의 혜택을 받은 인물임에도 불구하고 1874년의 시점에서 봤을 때 그 개혁이 어설프게 시도되었고, 실제 진급 적체 해소에는 큰 효과를 거두지 못했으며, 오히려 국가와 해군에 해악으로 작용했을 가능성에 대해 문제를 제기했다. 이러한 팬쇼의 평가가 과거 개혁 조치로 피해를 입었던 여러 장교들의 주장과 별반 다르지 않다는 점은 당시 개혁의 효과를 평가함에 있어 눈여겨볼 부분이다.

물론 팬쇼의 이 글을 조금 다르게 읽어볼 여지도 있다. 만약 그의 동료들 대다수가 칠더스와 고셴의 개혁에 피해를 입고 불만을 가졌던 이들이라고 한다면, 칠더스와 고셴 모두가 해군 장관직에서 물러난 1874년 5월이라는 시점에는 팬쇼 또한 불가피하게 개혁의 반대 입장에

18.

19) Fanshawe, *Suggestions on the Entry, Education, and Promotion of Naval Officers*, pp.19-20.

서야 했을지도 모른다. 즉, 팬쇼는 개혁의 몇 안 되는 수혜자로서 개혁의 풍파가 다 지나간 이후에는 불필요한 시기나 질투를 피하기 위해 자신이 개혁의 동조자가 아니었음을 밝혀야 했을 지도 모른다는 것이다. 이는 팬쇼가 서문(preface)의 서두를 시작하며 이 글이 "이미 2년 반 전에 작성된 글"이라고 굳이 언급하는 부분에서 그 뉘앙스가 짙게 묻어 난다.[20] 이 글의 출판 시기가 1874년 5월임을 고려할 때 '2년 반 전'이라는 시점을 언급하는 것은 이미 자신이 칠더스의 개혁 직후부터 그 개혁에 대해 불만을 갖고 있었다고 밝히는 것이기 때문이다.[21]

그렇다면 이러한 복잡한 이해관계에 있는 고위 계급의 장교가 아닌, 개혁의 온전한 수혜자라 할 수 있는 낮은 계급의 장교들이나, 개혁의 직접적 영향에서 한 발 떨어져 있었던 해군 관계자의 평가나 인식은 어땠을까? 이런 의문에 대해 실마리를 제공하는 자료가 바로 로튼이 남긴 두 편의 왕립 합동군사연구소(RUSI)의 포럼 발표자료이다. 이 자료들이 특히 흥미로운 것은 그것이 발표된 왕립 합동군사연구소라는 장소와 그 발표의 진행 방식 때문이다. 먼저 왕립 합동군사연구소는 19세기 중반 이후 "장교들의 사적인 견해 공표의 금지"라는 해군 규정에도 불구하고, 당대 장교 및 군 관계자들의 공식적인 의견 발표가 허락되었던, 거의 유일한 군의 '공론장(public sphere)'이라 할 수 있었다.[22] 그리고

---

20) Fanshawe, *Suggestions on the Entry, Education, and Promotion of Naval Officers*, p.3.
21) Fanshawe, *Suggestions on the Entry, Education, and Promotion of Naval Officers*, pp.3-6.
22) 왕립 합동군사연구소(RUSI)는 조지 4세(George IV, 1762-1830, 재위 1820-1830)의 승인으로 1831년 설립되어 1860년 왕실 칙허장(Royal Charter)을 받은 기관이다. 이 연구소는 '해군 및 육군의 과학, 문예의 진보와 촉진'을 표방하며 저널을 출판하고 포럼을 열어 장교들이 군 관련 사안에 대해 의견을 밝힐 수 있는 소통의 장으로서 기능했다. 왕립 합동군사연구소의 설립과 성장, 그리고 당대 군 관련 공론장으로서의 기능에 대해서는 석영달, 「19-20세기 영국 왕립 합동군사연구소(RUSI)의 친(親) 해군 활동과 논문 공모전이 갖는 의미」, 『STRATEGY 21』 통권 38호 (2015)를 참고.

왕립 합동군사연구소의 포럼은 해당 발표자의 발표가 끝나면 포럼에 참가한 각계각층의 군 관계자들이 형식에 구애받지 않고 해당 발표 및 발표 주제와 연관된 다양한 내용에 대해 폭넓은 토론을 벌이는 방식으로 진행되었다. 그랬기 때문에 왕립 합동군사연구소의 포럼은 당대 군 내부의 여러 의견을 경청할 수 있는 공청회와 같은 성격을 띠었다.[23] 이런 점에서 로튼의 포럼 자료는 당대 해군 내에서 해군개혁에 대해 보였던 다층적인 인식과 반응을 살펴보기에 매우 적절한 자료라고 할 수 있다.

로튼은 먼저 「해군의 과학적 교육(1875)」에서는 현역 해군대학의 교관으로서, 왕립 해군대학이 그리니치로 이전하며 표방했던 '과학 분야에서의 장교 고등교육의 향상'이라는 목표의 달성 여부에 대해 날카로운 평가를 남겼다. 로튼은 여기서 해군대학의 이전이 장교들의 고등교육을 활성화하여 궁극적으로 해군을 효율적으로 운영하는 데에 기여해야 했지만, 실제로는 그 취지나 목표가 거의 제대로 달성되지 않았음을 강하게 지적했다. 로튼은 왕립 해군대학의 각 과목별 교육 수준이나, 각 과정별 수강 신청자 등 모든 부분이 애초의 계획과 비교할 때 크게 미달된 상태임을 밝혔다.[24] 그리고 그의 발표에서 특히 흥미로운 부분은 자신이 수학 교관임에도 불구하고 왕립 해군대학의 교육 과정이 극단적으로 과학 분야에만 치중되어 장교들에게 반드시 필요한 해군사 및 전략, 전술 교육이 크게 소외받고 있음을 지적하고 있다는 점이다.[25]

---

23) 석영달, 「19-20세기 영국 왕립 합동군사연구소(RUSI)의 친(親) 해군 활동과 논문 공모전이 갖는 의미」, pp.223-231.

24) 그 외에도 로튼은 과거 장교들의 자발적인 탐구로 이뤄지던 학습 방식과는 달리 시험을 위한 주입식, 그리고 벼락치기 위주의 학습이 이뤄지고 있다는 점도 함께 지적하고 있다. Laughton, "Scientific Instruction in the Navy," pp.217-232.

25) 로튼은 이 발표보다 8개월 전에도 왕립 합동군사연구소(RUSI)의 포럼에서

해군본부의 1873년 1월 30일 회람에서 언급은 되었으나 도입하기에
바람직하거나 실용적이지 못하다는 이유로 빠진 과목이 하나 있습니다.
그것은 바로 해군사입니다. 아마도 역사는 과학이 아니라는 이유로
반대되었고, 또 '과학적 교육'이라는 명목하에서 그것이 포함될 수 없었
을지 모릅니다. 하지만 제 생각은 다릅니다. (…) 식물의 기원이나 곤충
의 행동을 탐구할 수 있다면 우리 역사 속의 훌륭하고 숭고한 이들의
말, 행동, 운명 등도 충분히 탐구의 대상이 됩니다. (…) 그리고 제가
정말 부끄러운 것은 현역의 해군 장교들 중 해군사의 주요 사건들을
명확하게 논할 수 있는 이들이 정말 극소수에 불과하다는 점입니다.
(…) 역사의 과학적 탐구는 전술, 전략 등의 학습에 기본이 되는 것이라
는 점에서 더욱 그러합니다.26)

또한 로튼은 왕립 해군대학의 위치 이전 문제에 대해서는 더없이
신랄한 비판을 남기기도 했다. 로튼은 포츠머스가 해군 장교들의 교육
을 위해 적절한 장소였으며, 그리니치로의 이전 이후 해군 장교들의
해군대학 교육에 대한 관심이 크게 떨어졌음을 지적했다.

저는 포츠머스가 해군의 과학적 교육의 중심지로서 많은 장점을 갖고
있었다고 생각합니다. 그리고 적절한 수용 능력과 예산이 갖춰졌다면
포츠머스의 해군대학은 어떤 면에서도 부족함이 없었습니다. 그러나
포츠머스에는 그리니치에서 제공할 수 있는 수용 공간이 없었고, 해군

「해군사의 과학적 탐구(The Scientific Study of Naval History, 1874)」라는 발표
를 통해 해군사 교육의 중요성을 강조한 바 있었다. J. K. Laughton, "The
Scientific Study of Naval History," *Journal of the Royal United Service Institution*,
Vol. 18 (1874).

26) Laughton, "Scientific Instruction in the Navy," pp.233-234.

본부에서는 추가적인 예산을 산정하는 것을 거부했습니다. 포츠머스 해군대학의 예산이 6,500파운드 정도였다면 그리니치의 예산은 35,000 파운드에 달했는데도 말입니다. (…) 고위 장교들의 [해군대학] 수강 현황은 포츠머스에서 25명이었다면 그리니치에서는 7명입니다. 7명만이 그 [증가된] 예산을 누리고 있습니다. 이처럼 고위 계급의 장교들이 그리니치 해군대학을 기피하는 한, 이곳은 바라던 것처럼 최대의 효과를 달성하지는 못할 것입니다.[27]

그뿐만 아니라 로튼은 이러한 해군대학의 이전 결정이 내려진 배경에 글래드스턴의 정치적 입김이 작용했음을 가감 없이 언급하기도 했다.

저는 포츠머스가 보수당 의원을 선출한 것으로 인해 처벌받았고, 그리니치는 수상에게 의석을 제공한 대가로 보상을 받았다는 소문에 대해 언급하고자 합니다. 저는 그러한 생각이 수상의 머릿속에 전혀 없었다고 생각하지는 않습니다. 만약 그런 생각이 수상의 머릿속에 존재했다면, 저는 그의 배은망덕한 그리니치 자치구에서는 그 생각에 대해 그다지 고마워하지 않는다는 것을 언급하고 싶습니다.[28]

이와 같은 로튼의 언급은 해군대학의 그리니치로의 이전이 해군의 고등교육을 향상시키는 데에 오히려 방해가 되었고, 글래드스턴에게도 그다지 큰 정치적 실익을 가져다주지 못한 결정이었음을 밝히는 것이었다. 발표가 끝난 후 여러 장교들이 참여한 토론에서 해군대학의 교육 방향에 대해서는 로튼의 발표를 두고 다양한 의견들이 오갔으나, '그리

---

27) Laughton, "Scientific Instruction in the Navy," p.239.
28) Laughton, "Scientific Instruction in the Navy," p.239.

니치 이전 문제'에 대해서만큼은 그의 발언에 대해 어떠한 반론이나 이견도 없었다는 점은 당시 해군 내부의 암묵적인 공감대를 짐작할 수 있게 해준다.

한편 로튼의 또 다른 발표인 「해군의 진급, 산술적이고 역사적인 검토(1880)」는 칠더스의 개혁이 시행된 지 약 10년 정도가 지난 1880년 이라는 시점의 견해들을 담고 있다는 점에서 흥미롭다. 앞서 살펴본 팬쇼의 글(1874)과 로튼의 포럼 발표문(1875)이 개혁으로부터 짧은 시간이 흐른 후의 의견들이라고 한다면, 1880년의 발표와 이후 토론 내용은 좀 더 많은 시간이 흐른 후에 개혁이 해군에 미친 영향력을 검토해볼 수 있는 단서들을 담고 있다. 그리고 이 자료는 비단 진급 문제뿐만 아니라 장교 교육에 대한 부분도 상당 부분 다루고 있다는 점에서 당대 해군의 주요 관심사가 무엇이었는지에 대해 시사해주기도 한다. 이 발표 이후 여러 계층의 장교들은 진급과 교육이라는 두 가지 화두를 놓고 거의 여섯 페이지에 달하는 다양한 의견을 교환했는데, 이 포럼의 좌장을 맡은 이가 팬쇼 제독이었고 그 역시도 마지막 폐회사에서 자신의 의견을 일부 덧붙였다는 점도 흥미롭다.[29]

이 발표에서 로튼은 영국 해군의 진급 문제가 단지 개인이나 조직 차원의 문제만이 아닌 국가 차원의 중요한 문제임을 밝히며 논의를 시작했다.

해군의 진급 제도에 대한 관심은 단지 [해군 장교들의] 개인적인 관심이나 [해군 내부의] 전문적인 관심만 해당되는 것이 아닙니다. 조국의 이익을 염두에 둔 모든 이들이 이 문제에 동일하게 관심을 보이고 있습

---

29) Laughton, "Naval Promotion, Arithmetically and Historically Considered," p.535.

니다. 왜냐하면 그것은 해군 조직의 안위에 직접적으로 영향을 미치는 문제이며, 그 해군 조직은 국회의 법령들에서 반복적으로 언급하는 것처럼 "왕국의 울타리이자 벽"이기 때문입니다.[30)]

이어 로튼은 1870년과 1873년에 시행된 진급 및 전역 제도 개혁을 가리키며 그 개혁들이 그다지 새로운 시스템을 도입한 것은 아니며, 그 개혁의 효과도 지속되지 못했음을 언급했다.

1870년의 전역 [개혁]은 비록 더 광범위하고 더 단호하긴 했지만 어떤 새로운 시스템을 도입하지는 못했습니다. 그리고 1873년에 임시적으로 시행된 계획 역시 세부 사항은 어느 정도 새로운 면이 있었지만 그것 역시 동일한 원칙에 기초한 것이었습니다. 그것은 바로 고참 장교들을 전역시키는 것이었습니다. 여기에서 일부는 자율적으로, 일부는 강제적으로 전역하게 되었으나 그것은 어쨌거나 고참 장교들을 전역시키는 것이었습니다. (…) 이 개혁들의 즉각적인 시행이 진급에 상당한 자극을 주었다는 것은 부인할 수 없습니다. (…) 하지만 이 효과는 지속될 수 없었고, 또 [실제로도] 지속되지 않았습니다. 그동안 계급이 낮은 장교들의 진급에는 적체가 발생했고, 이 적체는 현재의 특히 큰 불만사항입니다.[31)]

로튼은 여기서 상위 계급의 장교들을 일시에 전역시키는 것만으로는 더 이상 진급 적체 문제를 해결할 수 없음을 지적하며, 이 포럼을 통해

---

30) Laughton, "Naval Promotion, Arithmetically and Historically Considered," p.535.
31) Laughton, "Naval Promotion, Arithmetically and Historically Considered," pp.535-536.

새로운 논의의 장을 열고자 했다. 그러면서 그가 제시했던 대안은 과거 추천 제도 등으로 무분별하게 선발되었던 생도(cadet)32)의 입대를 제한하는 것이었다. 이는 어찌 보면 앞서 팬쇼 제독이 회람에서 장교 교육과 관련하여 언급했던 내용과 결을 같이 하는 주장이기도 하다. 로튼은 높은 지적 수준과 진급을 위한 자격을 갖춘 장교 후보군을 선발하기 위해서는 특별한 검증 없이, 또 너무 어린 나이에 생도들을 해군에 입대시키는 것이 바람직하지 않다고 보았다. 그는 해군의 운영 방식 자체가 범선 시대와는 판이하게 달라졌기 때문에 생도들이 어린 나이에 함상 생활을 하며 배울 수 있는 것도 많지 않고, 또 너무 어린 나이에 입대할 경우 장교로서의 자질이나 능력에 대한 평가도 쉽지 않다고 보았다.33) 그뿐만 아니라 로튼은 그런 부적절한 인원들이 장교 후보군의 다수를 차지할 경우 훌륭한 장교 후보자를 선발하기 위해 불필요한 인력을 솎아내는 데에도 많은 예산이 소모된다는 점을 지적하기도 했다. 결론적으로 로튼이 주장한 핵심은 애초에 진급할 만한 자격을 갖춘 높은 수준의 장교 후보군을 현재보다 적은 인원으로 뽑아, 그들을 장교로서 검증한 후 진급시키는 것이었다.34)

저는 [해군에서] 요구되는 높은 기준을 충족시키지 못한 이들이, 그 기준에 대해 분명히 알고 입대했다면, 이 나라에 [진급에 대해] 더 많은 어떤 요구를 할 것이라고 생각하지 않습니다. 그들은 군에서 계속 근무

---

32) 여기서 말하는 생도(cadet)는 사관후보생(midshipman)이 되기 이전의 장교 후보군을 가리키는 것이다. 생도-사관후보생-위관 장교로의 진급 과정에 대해서는 Ⅲ부 7장 각주 14)를 참조할 것.

33) Laughton, "Naval Promotion, Arithmetically and Historically Considered," pp.550-551.

34) Laughton, "Naval Promotion, Arithmetically and Historically Considered," p.552.

할 수도 있지만 특별하고 특수한 상황들을 제외하고는 진급 대상에서는 제외될 것입니다. 저는 통상적인 상황에서는 잘 훈련되고 자격을 갖춘 위관 장교들만이 보직에 임명되어야 하고, 그들이 진급 대상이 되어야 한다고 생각합니다. 그리고 그 숫자는 상대적으로 낮게 설정되어야 할 것입니다. 아마 300~500명 정도가 될 것이고, 더 적은 숫자로도 충분할 것입니다.[35]

로튼은 만약 이러한 제안이 실현된다면 출생이나 연줄 등으로 자리를 차지한 무능력한 장교들을 잘 훈련된 장교 집단이 대체하게 되어 향후 영국 해군이 좀 더 효율적인 군으로 성장하게 될 것이라고 보았다.[36]

이처럼 로튼이 발표를 통해 '진급 및 교육'이라는 주제에 대해 논의의 포문을 열자, 이후 여러 장교들이 토론에 참여하여 그의 견해에 대해, 그리고 자신들이 갖고 있던 생각에 대해 다양한 언급을 남겼다. 먼저 1870년대 해군개혁 당시 준함장(commander) 계급에 있었던 새뮤얼 롱 함장(Captain Samuel Long, 1840~1893)은 '자격을 갖춘 이들의 더 늦은 입대'라는 로튼의 의견에는 크게 동의하면서도, 이와 동시에 "차후 왕립 국방위원회(Royal Commission on National Defences)에서는 모든 해군 장교들에게 적절한 연령까지 고용을 보장하는 짜임새 있는 계획을 수립하길 바란다"라는 견해를 남기기도 했다.[37]

---

35) Laughton, "Naval Promotion, Arithmetically and Historically Considered," p.552.
36) 또한 이 발표에서 로튼은 상선(mercantile marine)의 경험 많은 인력을 위관 장교로 선발하자는 제안도 함께 주장했다. Laughton, "Naval Promotion, Arithmetically and Historically Considered," p.554.
37) Laughton, "Naval Promotion, Arithmetically and Historically Considered," p.554.

이와 같은 롱의 발언은 과거 급격한 개혁으로 인해 고용 안정성을 보장받지 못했던 계급이 낮은 장교들의 처지를 대변하고, 그것에 대한 개선이 필요함을 지적하는 것이었다. 롱은 포럼에 참가한 시점에는 함장 계급의 장교로서 추후 연공서열에 따라 제독으로의 진급이 보장되었지만, 개혁이 본격적으로 시행되던 당시만 하더라도 준함장 계급의 장교로서 불확실한 미래에 대해 우려하며 근무해야만 했다.[38] 이런 점에서 만약 과거의 롱과 같은 처지에 놓인 낮은 계급의 장교들이 미래에도 영국 해군의 근간을 이루게 된다면 당연히 해군 장교들의 사기는 떨어질 수밖에 없고, 그들이 온전히 복무에만 집중하기도 어려울 것이었다.

이어 칠더스의 개혁이 시행되기 직전에 준함장으로 진급하여 포럼 당시까지 해당 계급에 머물러 있었던 에드워드 도슨(Edward Stanley Dawson, 1843~1919)[39]이라는 장교 역시 이 토론에서 다양한 의견을 남겼다. 도슨은 먼저 로튼의 '생도들의 늦은 입대' 제안에 대해 강한 동의를 표명했는데, 그의 발언은 당시 생도 교육의 실상에 대해 엿볼 수 있다는 점에서 주목해볼 필요가 있다.

---

38) 준함장 계급의 장교와 함장 계급 장교의 입장 차이는 Ⅰ부 1장 각주 53)을 참고.

39) 포럼 발표자료에 첨부된 토론 속기록에서 도슨(Dawson)은 'Commander W. Dawson, R.N.'으로 기록되어 있는데, 여기서 이름(First name)의 'W'는 작성 중의 오타로 보인다. 1879년부터 1881년까지의 해군 기록부(The Navy List) 모두를 검토해보아도 포럼이 진행되었던 1880년 6월 25일 당시 영국 해군(R.N.)에서 도슨(Dawson)이라는 성을 가진 준함장(commander) 계급의 장교는 오직 에드워드 도슨(Edward Stanley Dawson) 단 한 명뿐이기 때문이다. 도슨은 1869년 11월 1일 준함장(commander)으로 진급하여 포럼이 진행되던 당시(1880년 6월)까지 해당 계급에 머물러 있다가, 이 포럼이 끝나고 1년 반이 지난 1881년 12월 31일 함장(captain) 계급으로 진급하였다. The Navy List Corrected to the 20th June, 1881 (London: H.M.S.O., 1881), p.76; The Navy List Corrected to the 20th June, 1882 (London: H.M.S.O., 1882), p.75.

저도 생도들이 더 늦은 나이에 입대할 필요가 있다는 로튼씨의 의견에 전적으로 동의합니다. 과거에는 유년 시절 범선을 타고 시맨십(seamanship)을 배울 기회가 있었지만, 현재에는 14살이나 15살의 소년이 실습함에 승선하더라도 단지 다트머스에 정박해있을 뿐입니다. 그리고 그들은 철갑함으로 옮겨가더라도 학습이 불가능한 상황에서 해군대학 입학 시험을 준비해야 합니다. 여기서 그들은 어떤 종류의 시맨십도 배울 수 없고, 어떠한 책임 있는 역할도 맡아보지 못합니다. (…) 그들이 육지의 퍼블릭 스쿨에서 더 많은 지적 능력을 갖추게 된다면, 그들은 훗날 현재보다 더 높은 수준의 시험을 통과할 수 있을 것입니다.[40]

이처럼 당시 해군의 중추가 되었던 함장, 준함장 계급의 장교나, 해군대학의 교관이었던 로튼 등이 일관되게 '생도들의 늦은 입대'를 주장하며 진급이나 교육 문제 등을 거론했던 것은 1880년이라는 시점에 이르러서도 그 두 문제가 여전히 만족스럽게 개선되지 않았음을 방증하는 것이었다. 이러한 문제 개선의 미진함은 앞서 살펴본 개혁의 한계들과도 상당한 관계가 있겠으나, 당시 영국 해군의 오랜 보수성과 관성역시 그 못지않게 많은 영향을 미쳤다. 도슨이 이와 같은 영국 해군의속성에 대해 발언을 남긴 부분은 상당히 의미심장하다.

저는 로튼씨의 발표에 거의 전적으로 동의하지만 [안타까운 것은] 우리가 태생적으로 보수적인 군이라는 사실입니다. 우리 군은 변화를 좋아하지 않습니다. 로튼씨가 제안한 급격한 변화들처럼 우리 군이 해상에서 맞이하는 상황들은 급격히 변화하고 있습니다. 무기체계의 속성이

---

40) Laughton, "Naval Promotion, Arithmetically and Historically Considered," p.557.

변하고 있고, 함정 그 자체도 변했습니다. 장교들이 이러한 변화들을 따라 함께 변하지 않는다면 그들은 그 뒤에 서게 될 것입니다.[41]

그리고 토론자 중 마지막으로 의견을 개진한 존 헤이의 발언은 이 주제에 대한 그의 오랜 생각과 정치적 행보를 반영하듯, 포럼 내에서 '진급 적체'라는 문제의 핵심에 가장 가깝게 다가간 것이었다. 그는 해군의 진급과 관련한 당시의 상황에 대해 평가하면서 로튼이 발표에서 제안한 계획에 대해서는 "구체적으로 해군에서 어떻게 진급을 시행해야 하는지"의 명확한 대안은 담기지 않았다고 지적했다.[42]

젊은 장교들은 인생에서 성공하고, 나라를 위해 성실하게 그리고 영예 롭게 봉사하기 위해 어떻게 그들의 직업에 임해야 할까요? 이 끔찍한 진급 적체가 계속되는 한 공직에 종사하는 사람들에게 너무나 중요한 자극인 경쟁과 야망이, 그 직업에서 성공할 기회를 전혀 잡을 수 없는 그 사람들의 마음속에 계속 남아 있으리라 기대할 수는 없을 것입니 다.[43]

그러면서 헤이는 단지 정년 조절을 통한 일시적인 전역 조치가 아닌 영국 해군의 계급 구조 자체에 대한 개혁이 필요함을 언급했다.

---

41) Laughton, "Naval Promotion, Arithmetically and Historically Considered," pp.557-558.
42) Laughton, "Naval Promotion, Arithmetically and Historically Considered," p.558.
43) Laughton, "Naval Promotion, Arithmetically and Historically Considered," p.558.

위관 장교의 적절한 진급을 보장해주려면 먼저 그 상위 계급의 자리를 늘려야 합니다. 우리는 군이 불합리한 규칙에 집착할 필요가 없고, 제독이나 함장, 준함장 명부의 숫자를 늘리면 안 된다는 불변의 법이 있는 것도 아닙니다. 위관 장교의 원활한 진급을 위해서는 그러한 방향으로 장교 명부가 조절되어야 합니다. 그래야 능력 있고 명예롭게 복무하는 이들이 자기 직업의 더 높은 자리에서 일할 기회를 얻을 수 있습니다.[44)]

이러한 주장은 얼핏 보면 진급 및 전역 제도 개혁으로 인해 해군에서 내쳐진 인물이 해군의 '파이 키우기'를 주장하는 것처럼 느껴질 수도 있다. 하지만 여기서 헤이가 주장하고자 한 변화는 장교 계급 피라미드의 '크기'를 키우는 것이 아니라, 그 피라미드의 '모양'을 아랫부분은 줄이고 가운데 부분을 더 두텁게 하여 항아리 모양으로 바꾸는 것이었다.

해군본부에서 [제가 제안한 대로] 계급 구조를 변경한다면 준함장 (commander)을 지금보다 더 임명해야 할 것입니다. 다만 더 많은 숫자의 준함장들이 임명되면 그들이 위관 장교들을 대신하여 [위관 장교들이 맡던] 함정의 직책을 일부 맡게 될 것입니다. 그렇게 된다면 [해군 운영에 필요한] 위관 장교의 숫자는 감소할 것이고 진급의 기회는 자연히 늘게 될 것입니다. 저는 이렇게 해군이 위관 장교 숫자를 적절히 조절하고, 위관 장교를 대체할 준함장 계급의 임명을 조절한다면 로튼씨가 제안한 [생도 입대 제한] 계획을 도와 원활한 진급이 오랫동안 지속될 수 있을 것이라 생각합니다.[45)]

---

44) Laughton, "Naval Promotion, Arithmetically and Historically Considered," pp.558-559.
45) Laughton, "Naval Promotion, Arithmetically and Historically Considered," p.559.

이러한 헤이의 제안은 위관 장교의 숫자를 줄이되 준함장 장교의 숫자는 늘려 진급의 기회를 확대하자는 것이었다. 이때 그 줄어든 위관 장교의 임무는 전보다 늘어난 준함장 장교들이 대신 메꾸어야 할 것이었다. 물론 이 제안은 당시 해군의 일부 보수적인 장교들에게는 불편하게 들릴 수도 있는 것이었다. 이것은 로튼의 계획에 암시된 생도 추천제의 제한을 전제하고 있었기에 오랜 세월 고위 장교들의 특권이었던 장교 후보군에 대한 추천을 제한하는 것으로 받아들여질 수도 있었다. 또한 준함장 계급의 장교들이 함정에서 일부 위관 장교들의 역할을 대체하게 하는 것 역시 오랜 해군의 전통을 거스르는 느낌을 줄 수 있었다. 하지만 헤이의 제안은 이 포럼 가운데, 나아가 그동안의 오랜 개혁의 논의 가운데 진급 적체 문제의 장기적이고 지속적인 해결을 위한 거의 유일한 아이디어라고 봐도 무방했다. 이 포럼의 의장을 맡았던 팬쇼 제독은 폐회사에서 발표자인 로튼을 제외하고는 유일하게 헤이의 발표에 대해서만 코멘트를 남겼다.

고위 계급의 인원 제한을 철폐하는 것에 대한 존 헤이 경의 의견은 매우 값진 것이며, 저는 그것이 실행되는 것을 보고 싶습니다. 해군의 운영을 위해 가장 많이 필요한 계급은 위관 장교입니다. 그들을 적절한 인원으로 설정한 후에는 [그들이] 자격이 되고 더 높은 계급에 올라 임무를 효율적으로 수행할 나이가 되었을 때 고민하지 말고 준함장으로, 그리고 함장으로 진급시킬 수 있어야 합니다.[46]

이러한 헤이와 팬쇼 간의 공감대는 진급 적체라는 문제에 대해 오랫

---

46) Laughton, "Naval Promotion, Arithmetically and Historically Considered," p.559.

동안 고민했던, 그리고 그것을 실제로 몸소 체험했던 장교들만이 가질 수 있는 것이었다. 물론 헤이의 제안을 실현하려면 위관 장교의 숫자를 얼마나 줄이고 준함장 계급의 장교를 얼마나 늘려야 할지, 또 기존에 위관 장교가 맡았던 어떤 역할을 준함장 계급으로 넘겨야 할지 더 많은 논의가 필요했을 것이다. 그뿐만 아니라 능력과 자질이 떨어지는 장교들을 어떻게 걸러내고, 또 다수의 장교들에게 열성적으로 복무하도록 어떻게 자극을 부여할 것인지에 대해서도 깊은 고민이 필요했을 것이다. 그러나 이러한 논의는 분명 능력 있고 자격을 갖춘 다수의 장교들이 진급하지 못한 채 적체되어 있는 상황에서, 단지 적체된 인원을 일시적으로 전역시켜 진급 공석을 확보하는 방법보다 훨씬 더 장기적이고 지속 가능한 대안을 만들 수 있었다. 그리고 이러한 논의들이 담지한 가능성과 그 가치는 다시금 칠더스와 고셴의 개혁 진행 과정에서 나타난 한계를 되돌아보게 한다.

이 장에서 살펴본 개혁에 대한 해군 내부의 목소리는 특히 교육과 진급이라는 두 가지 문제에 집중되어 있었다. 이 두 가지가 군의 조직 건강성에 근간이 되는 문제라는 점은 19세기 영국 해군에서도 별반 다르지 않았고, 이는 당대 영국 해군의 장교 및 관계자들, 그리고 1870년대 해군개혁의 추동자였던 칠더스와 고셴 역시 동의했던 부분이었다. 다만 여기서 문제가 되었던 부분은 그러한 개혁의 아젠다들을 다룸에 있어 다양한 계층의 충분한 논의나 공감대 형성 과정을 생략한 채 일부 인사들의 의견이나 정치적 이해관계만으로 독단적인 결정이 내려졌다는 점이었다. 위에서 언급한 세 개의 자료만 살펴보더라도 당대 해군 내부에 개혁의 진행에 있어 참고할 만한 유의미한 의견들이 다수 산재해 있었을 것이라는 점은 충분히 짐작이 가능하다. 하지만 그러한 가능성들은 실제 해군개혁의 진행 과정에서는 녹아들 기회조차 주어지지 않았다.

물론 당시 영국 해군이 지닌 오랜 보수성을 타파하기 위해서는 기득권의 반발을 제압하는 단호한 결정이나 판단이 필요한 순간들도 많았을 것이다. 만약 칠더스가 아니었다면 제도의 빈틈 속에 머무르며 영국 해군의 조직 건강성을 해치던 이들을 한동안 방치하게 되었을지도 모른다. 그러나 오랜 경험과 전문적인 식견이 필요한 사안을 다룰 때에는 단지 정계나 소수 인사들만의 견해를 따를 것이 아니라, 해군 내에 전문성을 가진 다양한 계층의 의견을 경청하고 그중에 유의미한 의견들을 식별해나가는 과정 또한 반드시 필요했다. 즉, 개혁의 성공을 위해서는 그와 같은 딜레마적 상황에서 해당 사안이 어떤 방향의 조치가 필요한 사안인지를 명확히 구분해내는 혜안과 지혜가 무엇보다도 요구되었던 것이다. 이런 점에서 개혁의 전반적인 과정을 조율하고, 최종적으로 현명한 판단을 내릴 수 있는 개혁 추동자의 존재는 개혁의 성공에 있어 절대적이고 핵심적인 요소였다.

19세기 영국의 해군개혁에 담긴 현재적 함의

18세기부터 19세기 초반에 이르기까지 수많은 전쟁에서 승승장구해 왔던 영국 해군은 그 이후에도 별 문제 없이 세계 최강의 자리를 그대로 유지할 것만 같았다. 당시 영국 해군은 말 그대로 세계의 해양 패권을 장악하고 있었고, 그것을 가능케 했던 우수한 해군 인력과 함대, 국내·외의 물적 인프라 등도 특별한 변수가 없다면 영원히 지속될 것만 같았기 때문이다. 아마도 이 시기에 영국 해군에 몸담았던 이들은 그들의 현재가 평생토록 지속되길 바랐을지도 모른다.

하지만 곧 영국 해군이 현실에서 마주해야 했던 것은 변화에 대한 강력한 요구였다. 영국 내부에서는 나폴레옹 전쟁 후 쉽게 회복되지 않았던 경제 상황과 국방 예산의 비효율적인 활용 등을 문제 삼으며 해군 장교단 및 함대의 대규모 감축을 요구했다. 그리고 영국 외부에서는 여러 경쟁국들이 영국 해군의 우위를 뛰어넘기 위해 새로운 무기체계의 개발을 가속화했다. 당시 영국 해군에서는 이러한 상황 변화에 대해 어느 정도 인지는 하고 있었으나, 그에 대한 적극적인 대응에 나서지는 않았다. 영국 해군은 전 세계의 해역에서 '존재의 명분'을 증명하느라 바빴고, 외부의 변화는 아직 뚜렷한 위협으로 인식되지 않았기에 변화 대신 현재에 안주하는 것을 선택했던 것이다. 무엇보다 도 영국 해군에서는 여타 경쟁국들의 해군이 그들을 위협할 만큼 성장할 것이라고는 전혀 예상하지 못했다.

그러나 이와 같은 판단은 곧 오판이었음이 드러났다. 1840년대 프랑스의 해군력 양성 계획으로 인해 영국에 야기된 '침공의 공포'와, 1850년 대 크림 전쟁에서 선보여진 타국의 새로운 해상 무기체계 등은 영국 해군에 경각심을 불러일으키기에 충분했다. 이에 영국 해군은 변화된 현실에 대응하기 위해 증기 장갑함의 건조나 해군 내부의 개혁과 같은 변화를 시도했지만 그러한 시도는 어떤 즉각적인 결실이나 성과로 이어지지는 못했다. 현재에 안주하려는 영국 해군의 오랜 보수성과 군사 문제에 무관심했던 정계 및 여론의 반응은 19세기 중반까지 간헐적으로 나타났던 개혁의 불씨를 금세 꺼트리곤 했다. 개혁을 강력히 지지하고 추동하려는 정치 세력도, 또 그것을 추진할 해군 내부의 세력도 존재하지 않는 상황에서 영국 해군이 어떤 혁신을 통해 새롭게 거듭나는 일이란 결코 쉽지 않았다.

이 책에서 주목한 시기는 바로 이 시점, 즉 글래드스턴 1차 내각이 수립되기 이전의 상황부터 칠더스 및 고셴의 해군 장관 부임 이후까지의 시기이다. 19세기 영국 해군사를 조망할 때 이 시기만큼 해군 내부에 큰 변화나 개혁의 움직임이 두드러지게 나타난 경우는 없었다. 다만 이 해군개혁은 너무나 광범위하고 방대했기에 이전까지 학계에서는 그 개혁 전반에 대해 관심을 기울이기보다는 개혁의 세부 분야에 집중하여 해당 내용에만 주로 천착해왔다. 이에 필자는 그동안 학계에서 이뤄진 여러 연구들을 비판적으로 수용하여 디딤돌로 삼고, 개혁의 진행에 직·간접적으로 결부된 다양한 인물들의 목소리를 추가적으로 발굴하여 1870년대 해군개혁의 전체적인 상을 새롭게 그려보고자 했다.

이 개혁의 핵심적인 추동자이자 주인공이라고 할 수 있었던 칠더스는 19세기 영국 해군사 전체를 통틀어 보더라도 그 누구보다 개혁을 위해 '준비된 장관'이었다. 그는 청년 시절부터 오스트레일리아에서 막중한 정부 직책을 맡아 새로운 변화를 직접 입안, 집행해보는 경험을 했고, 영국 복귀 후에는 해군본부 민간 위원으로서 해군 예산 업무와 해군 조선소 개혁 등의 실무 경험을 통해 해군에 대한 깊은 이해를 쌓았다. 또한 재무 차관으로 일하는 동안에는 훗날 내각의 수장이 될 글래드스턴과 두터운 신뢰 관계를 형성했을 뿐만 아니라, 국가 차원의 예산 업무에 대한 역량 또한 높일 수 있었다. 이렇게 충분한 경험과 실력을 쌓은 칠더스는 1867년의 의회 연설에서부터, 혹은 그보다 훨씬 더 이전부터 해군을 어떻게 개혁해야 할지 꽤나 긴 시간 동안 고민을 거듭해왔다. 그가 장관으로 부임한 이후 한 치의 망설임도 없이 해군개혁을 일사천리로 진행해나갈 수 있었던 데에는 이와 같은 그의 삶의 궤적이 개혁의 준비과정으로서 뒷받침되었기 때문이었다.

하지만 이처럼 준비된 장관조차도 한 조직의 혁신에 필연적으로 따르는 '개혁의 딜레마'를 피해갈 수는 없었다. 개혁이라는 것은 한 조직이 어떤 대내·외적인 어려움이나 문제를 인지한 시점에 그것을 해결하기 위해 추동하는 것이다. 이때 그 어려움이나 문제는 대부분 해당 조직이 외부로부터의 변수에 유기적으로 대응하지 못하고 현재에 안주하고자 했을 때 발생하게 된다. 그리고 그 안주의 시간은 길어지면 길어질수록 개혁에 더 많은 진통을 야기한다. 이는 조직의 건강성보다는 사적인 이해관계를 우선하며 구태에 머무르고자 하는 기득권의 반발이 점차 강도 높게 결집하기 때문이다. 이때 개혁의 추동자는 쉽게 결정하기 어려운 딜레마적 상황에 놓이게 된다. 구태를 타파하기 위해서는 응당 반대 의견을 제압하고 단호한 판단을 내려야 하지만, 또 조직의 발전을 위해서는 조직 내부의 다양한 계층으로부터 의견을 경청하며 신중한 검토를 거치는 과정도 필요하기 때문이다. 그러나 칠더스는 해군 장관으로 부임한 이후 이와 같은 개혁의 딜레마에 대해 깊은 고민을 하지는 않았다. 그는 어떤 상황에서도 줄곧 망설임 없이 '단호하고 독단적인 판단'을 내리며 여러 개혁의 아젠다를 정면 돌파해나갔다.

칠더스의 이와 같은 선택은 〈캡틴〉 침몰 사건 이전까지만 하더라도 정부와 여론으로부터 큰 정치적 지지를 받았다. 이는 그가 글래드스턴과 많은 국민들이 원했던 해군개혁을 그대로 구현하고, 또 흔들림 없이 실현해나갔기 때문이었다. 칠더스는 국제 정세 변화에 발맞춰 이전보다 규모는 작더라도 더 내실 있고 최신화된 '강한 해군'을 만들고자 했다. 그의 개혁 아젠다들은 그러한 포부를 실현하기 위해 매우 구체적이고 유기적으로 실현되었다. 그는 먼저 해군본부 조직 개혁을 통해 개혁의 반발을 차단할 수 있는 권력의 집중화를 꾀하고, 해외 파견 전대의 감축을 통해 불필요한 예산과 자원의 낭비를 줄였다. 그리고 진급 및 전역 제도 개혁과 교육개혁을 통해서는 그가 꿈꿨던 '새로운 해군'에 걸맞은 장교를 양성하고, 우대할 것임을 천명하였다. 칠더스는 이러한 개혁의 전체적인 방향성에서 그 방점을 찍을 신무기인 〈캡틴〉의 인수 또한 최대한 신속히 진행하고자 했다.

다만 여기서 그가 간과했던 것은 이러한 해군개혁의 진행 과정 속에는 해군의 주변부나 외부에서 아무리 오랫동안 경험을 쌓고 고민하더라도 결코 식별하기 어려운 문제 또한 존재했다는 점이다. 심지어 어떤 문제는 해군 내부에서조차 특별한 경험과 전문성이 없으면 인지하기 어려운 것도 있었다. 포탑함 〈캡틴〉의 제작은 바로 그러한 문제였다. 이때 칠더스는 그동안 고집해온 '독단적인 판단'이라는 방식 대신, 주변의 전문적 의견을 경청하고 검토하는 '신중한 결정' 또한 고려해야만 했다. 그러나 칠더스에게 그러한 혜안까지는 존재하지 않았고, 그는 이제껏 자신이 해왔던 방식만을 고수하고자 했다. 그 결과 칠더스는 〈캡틴〉의 침몰이라는 비극적인 사건과, 개혁의 갑작스러운 중단, 심지어 이전까지의 개혁에 대한 거센 비난까지 겪어야만 했다.

1870년대 해군개혁에 나타났던 딜레마적인 상황은 단지 이것만이 아니었다. 칠더스로부터 개혁의 배턴을 이어받은 고셴은 또 다른 난관에 맞닥뜨리며 개혁의 후속 조치를 감당해야 했다. 고셴은 부임 직후부터 글래드스턴으로부터는 예산 감축의 압박을 받았고, 야당과 여론으로부터는 〈메가에라〉 침몰 사건 이후 미숙한 업무 처리나 예산의 미진한 활용 등에 대해 의혹의 눈초리를 받아야 했다. 이런 상황에서 고셴은 해군 예산을 지나치게 감축할 수도 없었고, 또 글래드스턴의 감축 요구를 완전히 무시할 수도 없었다. 이와 같은 난처함 속에서 고셴이 찾아낸 타개책은 전임자가 남긴 유일한 미완의 과제인 '교육개혁'을 활용하는 것이었다. 하지만 해군에 대한 관심이나 이해가 부족했던 고셴으로서는 왜 전임자가 유독 그 과제만 미완으로 남겨놓았는지 짐작하기 어려웠다. 고셴은 이 문제에 대해 해군 내부의 전문가들과 충분한 논의를 거치지 않은 채 정치적 목적을 위해 무리한 판단을 내렸고, 그 결과 누구도 만족하지 못한 '해군대학의 이전'이라는 또 다른 문제를 낳게 되었던 것이다.

이처럼 1870년대 해군개혁은 그 진행 과정에서 여러 난관에 부딪치고, 때로는 방향을 잃고 표류하기도 했다. 하지만 그러한 전반적인 고민의 과정들이 역사의 흐름 속에서 아무런 의미가 없었던 것은 아니었다. 앞서 서론에서도 언급했듯이 1870년대의 개혁가들이 깊은 고민 끝에 꺼내들었던 여러 개혁의 아젠다는 20세기 초까지 영국 해군이 자강하기 위해 끊임없이 고심해야 했던 사안들이었다.[1] 20세기 초 피셔 제독이 개혁의 주요 안건으로 내세운 '낡고 무용한 함정들의 폐기', '해외 파견 함대의 국내 재배치', '해군력의 패러다임을 바꿀 신형 함정의 건조', '장교들의 진급과 교육 문제 해결' 등의 아젠다가 1870년대의 그것과 거의 일치하다시피 한 것은 결코 우연이 아니다.[2] 이처럼 거의 유사한 개혁의 아젠다를 해군에 대해 좀 더 깊이 이해하고, 강한 추진력 까지 겸비한 피셔 제독이 추진하게 되면서 영국 해군은 1차 세계대전 이전 급변하는 세계 정세에 맞춰 국가와 국민을 보호할 준비를 할 수 있었던 것이다.

한편 이와 같은 개혁의 연결성은 1870년대의 해군개혁을 하나의 '실패한 개혁'이 아닌 훗날의 개혁을 위한 '첫걸음'으로 생각해 볼 수

---

1) 필자의 이러한 주장은 '피셔 시기(Fisher Era)' 개혁에 대한 연구에서 후기수정 주의에 해당하는 '혁명이 아닌 진화'라는 시각과 맥을 같이 한다. 후기-수정주 의 입장의 최신 연구라 할 수 있는 빌러의 논문 「글래드스턴부터 피셔까지: 자유주의 해군개혁의 수사와 본질, 1865-1910 (From Gladstone to Fisher: The Rhetoric and Substance of Liberal Naval Reform, 1865-1910)」(2017)은 이 주장을 잘 뒷받침해준다. 이 논문은 빌러 교수가 2017년 미국 해군사관학 교에서 개최된 해군사 심포지움에서 발표한 후 아직까지 지면으로는 출판하 지 않은 미공개 논문이다. 필자는 빌러 교수가 이 책의 논지 전개에 도움이 될 것이라며 원고를 제공해준 덕분에 내용을 확인할 수 있었다. 아직 미출판 한 논문을 흔쾌히 제공해준 빌러 교수에게 진심으로 감사를 표한다. John F. Beeler, "From Gladstone to Fisher: The Rhetoric and Substance of Liberal Naval Reform, 1865-1910," the paper presented to the Naval History Symposium, Sept. 2017, Annapolis, Maryland, U.S.A. and unpublished. I am indebted to Professor Beeler for sharing this paper.
2) 피셔 제독의 해군개혁이 목표한 핵심 사안을 자세히 살펴보려면 Arthur J. Marder, *From the Dreadnought to Scapa Flow: The Royal Navy in the Fisher Era, 1904-1919*, Vol. 1 (London: Oxford University Press, 1975[1961]), pp.28-45를 참고.

있는 여지도 제공해준다. 이러한 시각은 범위를 더욱 확장하여 보면 19세기 전반에 걸쳐 이뤄진 여러 개혁 시도나, 혹은 그 언저리의 모든 노력들을 아울러 살펴볼 수 있는 가능성도 열어준다. 1830년대 그레이엄의 개혁부터 1860년대 전후 해군 내·외에 나타난 다양한 문제의식, 1870년대의 해군개혁과 이후 1880-90년대에 해군 예산을 둘러싸고 펼쳐진 다양한 논쟁 및 캠페인[3] 등은 분명 동떨어진 사건이 아닌, 일련의 유기적인 역사적 흐름이었다. 그리고 20세기 초 해군개혁의 주체였던 피셔 제독이 이미 1850년대부터 해군에 몸담은 채 그러한 역사적 흐름을 온전히 목도하고, 또 체험하며 성장해왔다는 사실은 그러한 개혁의 연결성을 다시 한 번 강조해준다.[4] 개혁을 향해 걸어 나간 여러 개혁가들이 남긴 발자국은 역사의 흐름 속에서 일련의 발자취를 만들었고, 개혁의 후예들은 이를 따라 방향타를 잡으며 훗날의 개혁을 향해 나아갈 수 있었던 것이다.

마지막으로 칠더스와 고셴이 개혁의 진행 과정에서 겪었던 고민과 어려움은 비단 19세기나 20세기 초의 개혁뿐만 아니라, 150년이 지난 현재의 시점에도 개혁을 고민하는 여러 조직에 유의미한 시사점을 전해준다. 먼저 1870년대 해군개혁의 성패에 있어 가장 중요했던 부분은 개혁의 진행 중 직면하게 되는 딜레마적 상황에 현명히 대처할 수 있는

---

3) 1880-1890년대에는 새로운 개혁의 시도보다는 1870년대 해군개혁을 통해 만들어진 틀 속에서 타국보다 강한 함정을 갖추기 위한 기술 개발 경쟁이나, 그것을 위한 해군 예산 확대를 둘러싼 논쟁 및 캠페인 등에 많은 관심이 쏠렸다. 이에 대해서는 Marder, *The Anatomy of British Sea Power*, pp.119-143, 174-205; McNeill, 『전쟁의 세계사』, pp.352-408; 서상규, 「W. T. 스테드의 해군 캠페인과 19세기 말 영국 해군 개혁」, pp.129-176 등을 참고.

4) 피셔 제독은 1854년 13살의 나이로 입대하여 생도로서 크림 전쟁에도 참전하였다. *Oxford Dictionary of National Biography*, 2008 ed., s.v. "Fisher, John Arbuthnot, 1st Baron Fisher(1841-1920)," by Paul G. Halpern.

개혁 추동자의 존재였다. 특히 군과 같은 전문적이고 특수한 조직의 경우 개혁의 추동자는 조직 내부의 반발을 감수하더라도 단호하게 결정할 문제와, 다양한 계층으로부터 전문적인 의견을 구하며 진행할 문제를 엄밀히 구분해야 했다. 그뿐만 아니라 해당 조직에 대한 오랜 관심과 전문성, 그리고 조직 구성원과의 원활한 의사소통 및 교감 능력은 개혁의 추동자로서 필수적으로 갖추어야 할 요소였다.

또한 1870년대 해군개혁은 개혁의 추동자나 아젠다 외에도 개혁에 영향을 미칠 수 있는 외부 요소의 존재에 대해서도 생각해볼 여지를 남긴다. 이 개혁의 경우 두 명의 개혁 추동자 각각에 대한 내각의 신뢰나 여론의 정치적 지지는 분명히 달랐고, 그 차이는 이들이 수행할 수 있는 개혁의 폭과 방향성에 심대한 영향을 미쳤다. 그리고 내각에서 기치로 내세웠던 주요 목표나 개혁 관계자 간의 정치적 이해관계는 그것과 뚜렷이 결부되어 있지 않은 사안에까지 영향을 미치기도 했다. 이런 점에서 영국 해군개혁은 개혁의 추동자가 겪을 수 있는 외풍의 다양한 양상을 보여줌과 동시에, 개혁의 성공을 위해서는 그 추동자가 중심축을 견고히 유지해야 한다는 교훈을 명징하게 시사해주는 역사적 사례이다.

1. 1차 자료

Accounts and Papers: Thirty-Seven Volumes, Session 9 February–21 August 1871, Vol. XL. London: H.M.S.O., 1871.

Babbage, Charles. *Reflections on the Decline of Science in England, and on Some of Its Causes*, London: B. Fellowes, 1830.

Briggs, John H. *Naval Administration 1827-1892*, London: Low, 1897.

Bright, John and James E. Thorold Rogers eds. *Speeches on Questions of Public Policy by Richard Cobden, M.P.* Vol. 1. London: Macmillan and Co., 1870.

Childers, Hugh C. E. *Naval Policy: A Speech Delivered in the House of Commons, on the 21st March, 1867, During the Debate on the Naval Estimates*, London: Longmans, Green, and Co., 1867.

Childers, Spencer. *The Life and Correspondence of the Right Hon, Hugh C. E. Childers, 1827-1896*, Vol. 1, London: John Murray, 1901.

Colburn's United Service Magazine and Naval and Military Journal, London: Hurst and Blackett, Publishers, 1873.

Elliot, Arthur D. *The Life of George Joachim Goschen, First Viscount Goschen, 1831-1907*, Vol. 1, London: Longmans, Green, and Co., 1911.

Fanshawe, Edward Gennys. *Suggestions on the Entry, Education, and Promotion of Naval Officers*, London: Rivingstons, Waterloo Place, 1874.

Hay, John Charles Dalrymple. *Memorandum: Rear-Adimral Sir John C. Dalrymple Hay's Compulsory Retirement From the British Navy*, London: Edward Stanford, 1870.

Hay, John Charles Dalrymple. *Remarks on the Loss of H.M.S. 'Captain,'* London: Edward Stanford, 1871.

Hansard (Commons). 3rd ser. Vol. 82, 30 July, 1845.

Hansard (Commons), 3rd ser. Vol. 112, 28 June, 1850.

Hansard (Commons), 3rd ser. Vol. 119, 16 February, 1852.

Hansard (Commons), 3rd ser. Vol. 119, 20 February, 1852.

Hansard (Commons), 3rd ser. Vol. 144, 10 March, 1857.

Hansard (Commons), 3rd ser. Vol. 169, 24 February, 1863.

Hansard (Commons), 3rd ser. Vol. 181, 9 March, 1866.

Hansard (Commons), 3rd ser. Vol. 185, 14 March, 1867.

Hansard (Commons), 3rd ser. Vol. 186, 21 March, 1867.

Hansard (Commons), 3rd ser. Vol. 208, 7 August, 1871.

Hansard (Commons), 3rd ser. Vol. 213, 1 August, 1872.

Hansard (Lords). 3rd ser. Vol. 111, 17 June, 1850.

Hansard (Lords). 3rd ser. Vol. 204, 16 February, 1871.

Hansard (Lords). 3rd ser. Vol. 211, 3 May, 1872.

Laughton, John Knox. "The Scientific Study of Naval History," *Journal of the Royal United Service Institution*, Vol. 18 (1874).

Laughton, John Knox. "Scientific Instruction in the Navy," *Journal of the Royal United Service Institution*, Vol. 19 (1875).

Laughton, John Knox. "Naval Promotion, Arithmetically and Historically Considered," *The Journal of the Royal United Service Institution*, Vol. 24 (1881).

Mill, John Stuart. *Considerations on Representative Government*, London: Parker, Son, and Bourn, West Strand, 1861.

Minute by the First Lord of the Admiralty with Reference to H.M.S. "Captain," with the Minutes of the Proceedings of the Court Martial and the Board Minute Thereon, London: Eyre & Spottiswoode, 1870.

Reports from Committees: Seven Volumes, London City Traffic Regulations (Lords);

Navy (Promotion and Retirement), Session 5 February – 28 July 1863, Vol. X, London: H.M.S.O., 1863.

Report from the Select Committee on Scientific Instruction; Together with the Proceedings of the Committee, Minutes of Evidence, and Appendix, 15 July, London: H.M.S.O., 1868.

Report of Commissioners for Inquiring Into Naval and Military Promotion and Retirement: With Appendices, London: H.M.S.O., 1840.

Report of the Committee on the Higher Education of Naval Officers, with the Minutes of Evidence and Appendix, London: H.M.S.O., 1870.

Report on the Organisation of the Permanent Civil Service, Together with a Letter From the Rev. B. Jowett (Northcote and Trevelyan Report), London: H.M.S.O., 1854.

Royal Commission on Scientific Instruction and the Advancement of Science: First, Supplementary, and Second Reports, with Minutes of Evidence and Appendices, Vol. I, London: H.M.S.O., 1872.

Shadwell, Charles F. A. Tables for Facilitating the Determination of the Latitude and Time at Sea by Observations of the Stars, London: J. D. Potter, 1869.

The Navy List Corrected to the End of June, 1816, London: H.M.S.O., 1816.

The Navy List Corrected to the End of December, 1821, London: H.M.S.O., 1821.

The Navy List Corrected to the 20th December, 1830, London: H.M.S.O., 1830.

The Navy List Corrected to the 20th September, 1840, London: H.M.S.O., 1840.

The Navy List Corrected to the 20th June, 1850, London: H.M.S.O., 1850.

The Navy List Corrected to the 20th December, 1869, London: H.M.S.O., 1870.

The Navy List Corrected to the 20th December, 1871, London: H.M.S.O., 1872.

The Navy List Corrected to the 20th June, 1881, London: H.M.S.O., 1881.

The Navy List Corrected to the 20th June, 1882, London: H.M.S.O., 1882.

The Orders in Council and Some of the Acts of Parliament for the Regulation of the Naval Service, London: H.M.S.O., 1856.

The Orders in Council for the Regulation of the Naval Service, Vol. 2, London: H.M.S.O., 1864.

The Orders in Council for the Regulation of the Naval Service, Vol. 3, London: H.M.S.O., 1873.

The Orders in Council for the Regulation of the Naval Service, Vol. 4, London: H.M.S.O., 1883.

The Queen's Regulations and the Admiralty Instructions for the Government of Her Majesty's Naval Service, London: H.M.S.O., 1862.

2. 2차 자료

1) 단행본

Bartlett, C. J. Great Britain and Sea Power, 1815-1853, Aldershot: Gregg Revivals, 1993[1963].

Bassett, Arthur Tilney. Gladstone's Speeches: Descriptive Index and Bibliography, London: Methuen & Co., 1916.

Beeler, John F. British Naval Policy in the Gladstone-Disraeli Era, 1866-1880, Stanford: Stanford University Press, 1997.

Berki, R. N. The History of Political Thought: A Short Introduction, London: Dent, 1977.

Bethell, Leslie. The Abolition of the Brazilian Slave Trade: Britain, Brazil and the Slave Trade Question, 1807-1869, Cambridge: Cambridge University Press, 1970.

Black, Jeremy. The British Seaborne Empire, New Haven: Yale University Press, 2004.

Brewer, John. The Sinews of Power: War, Money and the English State 1688-1783, Cambridge, MA: Harvard University Press, 1989.

Clowes, William Laird. The Royal Navy: A History From the Earliest Times to the Present, Vol. 7, London: S. Low, Marston and Company, 1903.

Coad, Jonathan. Support for the Fleet: Architecture and Engineering of the Royal Navy's Bases, 1700-1914, Swindon: English Heritage, 2013.

Colomb, P. H. Memoirs of Sir Astley Cooper key, London: Methuen, 1898.

Dickinson, H. W. *Educating the Royal Navy: Eighteenth and Nineteenth Century Education for Officers*, New York: Routledge, 2007.

Dickinson, H. W. *Wisdom and War: The Royal Naval College Greenwich, 1873-1998*, London: Routledge, 2016[2012].

Foot, M. R. D. and H. C. G. Matthew eds. *The Gladstone Diaries*, Vol. 7, Oxford: Oxford University Press, 1982.

Fox, Grace. *British Admirals and Chinese Pirates, 1832-1869*, New York: Routledge, 2019[1940].

Fuller, H. J. *Empire, Technology and Seapower: Royal Navy Crisis in the Age of Palmerston*, London: Routledge, 2013.

Hamilton, C. I. *The Making of the Modern Admiralty: British Naval Policy-Making, 1805-1927*, Cambridge: Cambridge University Press, 2011.

Hass, J. M. *A Management Odyssey: The Royal Dockyards, 1714-1914*, New York: University Press of America, 1994.

Hobhouse, C. *1851 and the Crystal Palace*, London: H.M.S.O., 1937.

Kennedy, Paul. *The Rise and Fall of British Naval Mastery*, London: Penguin Books, 2017[1976].

Lambert, Andrew. *The Foundations of Naval History: John Knox Laughton, the Royal Navy and the Historical Profession*, London: Chatham Publishing, 1998.

Lambert, Nicholas A. *Sir John Fisher's Naval Revolution*, Columbia: University of South Carolina Press, 1999.

Leggett, Don. *Shaping the Royal Navy: Technology, Authority and Naval Architecture, C. 1830-1906*, Manchester: Manchester University Press, 2015.

Lewis, Michael. *The History of the British Navy*, London: Penguin Books, 1957.

Luckhurst, K. W. *The Story of Exhibition*, London: Studio Publication, 1951.

Mahan, Alfred Thayer. *The Influence of Sea Power Upon History, 1660-1783*, London: Sampson Low, Marston & Co., 1890.

Marder, Arthur J. *The Anatomy of British Sea Power: A History of British Naval Policy in the Pre-Dreadnought Era, 1880-1905*, New York: Alfred A.

Knopf, 1964[1940].

Marder, Arthur, J. *From the Dreadnought to Scapa Flow: The Royal Navy in the Fisher Era, 1904-1919*, Vol. 1, London: Oxford University Press, 1975[1961].

Mathieson, William Law. *Great Britain and the Slave Trade, 1839-1865*, New York: Octagon Books, 1967.

Meadows, A. J. *Science and Controversy: A Biography of Sir Norman Lockyer, Founder Editor of Nature*, New York: Macmillan, 2008[1972].

Morgan-Owen, David G. *The Fear of Invasion: Strategy, Politics, and British War Planning, 1880-1914*, Oxford: Oxford University Press, 2017.

Morse, Hosea Ballou. *The International Relations of the Chinese Empire*, Vol. 2, London: Longmans, Green, and Co., 1918.

Navy Records Society. *British Naval Documents 1204-1960*, London: Ashgate, 1993.

Padfield, Peter. *Rule Britannia: The Victorian and Edwardian Navy*, London: Random house, 2002[1981].

Parkes, Oscar. *British Battleships*, Annapolis: Naval Institute Press, 1990[1957].

Parkinson, Roger. *The Late Victorian Navy: The Pre-Dreadnought Era and the Origins of the First World War*, Woodbridge: The Boydell Press, 2008.

Porter, A. N. *Atlas of British Overseas Expansion*, London: Routledge, 1991.

Sandler, Stanley. *The Emergence of the Modern Capital Ship*, Newark: University of Delaware Press, 1979.

Schofield, B. B. *British Sea Power: Naval Policy in the Twentieth Century*, London: B. T. Batsford Ltd., 1967.

Schurman, D. M. *The Education of a Navy: The Development of British Naval Strategic Thought, 1867-1914*, London: Cassell, 1965.

Sweetman, Edward. *The Educational Activities in Victoria of the Rt. Hon. H. C. E. Childers*, Melbourne: Melbourne University Press, 1940.

Thomas, Graham A. *Pirate Killers, The Royal Navy and the African Pirates*, Barnsley: Pen & Sword Maritime, 2011.

Till, Geoffrey. *Sea Power: A Guide for the Twenty-First Century*, Abingdon: Routledge, 2009[2004].

Watts, Anthony John. *Pictorial History of the Royal Navy*, Vol. 1, London: Ian Allan, 1970.

Wilson, Evan. *A Social History of British Naval Officers, 1775-1815*, Woodbridge: The Boyedell Press, 2017.

Woodward, Ernest Llewellyn. *The Age of Reform, 1815-1870*, Oxford: Clarendon Press, 1962[1938].

Altick, Richard D. 지음, 이미애 옮김, 『빅토리아 시대의 사람들과 사상』, 서울: 아카넷, 2011.

Dickie, Iain, Martin J. Dougherty, Phyllis J. Jestice, Christer Jorgensen and Rob S. Rice 지음, 한창호 옮김, 『해전의 모든 것』, 서울: Human& Books, 2010.

George, James L. 지음, 허홍범 옮김, 『군함의 역사』, 서울: 한국해양전략연구소, 2004.

Grant, R. G. 지음, 조학제 옮김, 『해전 3,000년』, 대전: 해군본부, 2015[2012].

Headrick, Daniel R. 지음, 김우민 옮김, 『과학기술과 제국주의』, 전주: 모티브북, 2013.

Kennedy, Paul 지음, 김주식 옮김, 『영국 해군 지배력의 역사』, 서울: 한국해양전략연구소, 2010.

McNeill, William H. 지음, 신미원 옮김, 『전쟁의 세계사』, 서울: 이산, 2005.

White, Paul 지음, 김기윤 옮김, 『과학 지식인의 탄생: 토머스 헉슬리』, 서울: 사이언스북스, 2006.

아오키 에이치 지음, 최재수 옮김. 『시 파워의 세계사 2: 증기력 해군의 발달』, 서울: 한국해사문제연구소, 2000.

공길영, 『선박항해사전』, 부산: 다솜출판사, 2015.

김기순, 『신념과 비전의 정치가, 글래드스턴』, 파주: 도서출판 한울, 2007.

김영한 엮음. 『서양의 지적운동 II』, 서울: 지식 산업사, 1998.

설혜심, 『소비의 역사: 지금껏 아무도 주목하지 않은 '소비하는 인간'의 역사』, 서울: 휴머니스트, 2017.

원태재, 『영국 육군개혁사: 나폴레옹 전쟁에서 제1차 세계대전까지』, 서울: 도서출판 한원, 1994.

이내주, 『영국 과학기술교육과 산업 발전, 1850-1950』, 파주: 도서출판 한울, 2009.

이영석, 『영국 제국의 초상: 19세기 말 영국 사회의 내면을 읽는 아홉 가지 담론들』, 서울: 푸른역사, 2009.

이영석, 『영국사 깊이 읽기』, 서울: 푸른역사, 2016.

이영석, 『제국의 기억, 제국의 유산』, 서울: 아카넷, 2019.

전윤재·서상규, 『전투함과 항해자의 해군사』, 서울: 군사연구, 2009.

2) 논문

Bartlett, C. J. "The Mid-Victorian Reappraisal of Naval Policy," in Kenneth Bourne and Donald Cameron Watt eds., *Studies in International History: Essays Presented to W. Norton Medlicott,* Hamden: Archon Books, 1967.

Beeler, John F. "'Fit for Service Abroad': Promotion, Retirement and Royal Navy Officers, 1830-1890," *The Mariner's Mirror.* Vol. 81, Iss. 3 (1995).

Beeler, John F. "From Gladstone to Fisher: The Rhetoric and Substance of Liberal Naval Reform, 1865-1910," the paper presented to the Naval History Symposium, Sept. 2017, Annapolis, Maryland, U.S.A. and unpublished.

Benjamin, Daniel K. and Anca Tifrea. "Learning by Dying: Combat Performance in the Age of Sail," *The Journal of Economic History.* Vol. 67, Iss. 4 (2007).

Canuel, Hugues. "From a Prestige Fleet to the Jeune École: French Naval Policy and Strategy under the Second Empire and the Early Third Republic(1852-1914)," *Naval War College Review,* Vol. 71, No. 1 (2017).

Clayton, Paul and Judith Rowbotham. "An Unsuitable and degraded diet? Part two: Realities of the Mid-Victorian Diet," *Journal of the Royal Society of Medicine,* Vol. 101, No. 7 (2008).

Dickinson, H. W. "Educational Provision for Officers of the Royal Navy, 1857-1877," Ph.D. dissertation, University of London, 1994.

H. W. Dickinson. "The Origins and Foundation of the Royal Naval College, Greenwich," *Historical Research*, Vol. 72, No. 177 (1999).

H. W. Dickinson. "Joseph Woolley — Pioneer of British Naval Education, 1848-1873," *Education Research and Perspectives*, Vol. 34, No. 1 (2007).

Fiarbanks, Jr. Charles H. "The Origins of the Dreadnought Revolution: A Historiographical Essay," *The International History Review*, Vol. 13, No. 2 (1991).

Finer, S. E. "The Transmission of Benthamite Ideas 1820-50," in Gillian Sutherland ed., *Studies in the Growth of Nineteenth Century Government*, London: Routledge, 1972.

Gale, Caitlin M. "Barbary's Slow Death: European Attempts to Eradicate North African Piracy in the Early Nineteenth Century," *Journal for Maritime Research*, Vol. 18, No. 2 (2016).

Gough, Barry M. "The Crimean War in the Pacific: British Strategy and Naval Operations," *Military Affairs*, Vol. 37, No. 4 (1973).

Hamilton, C. I. "The Childers Admiralty Reforms and the Nineteenth-Century 'Revolution' in British Government," *War in History*, Vol. 5, No. 1 (1998).

Hannell, David. "Lord Palmerston and the 'Don Pacifico Affair' of 1850: The Ionian Connection," *European History Quarterly*, Vol. 19, Iss. 4 (1989).

Harling, Philip and Peter Mandler. "From Fiscal-Military State to Laissez-Faire State, 1760-1850," *Journal of British Studies*, Vol. 32, No. 1 (1993).

Hart, Jenifer. "The Genesis of the Northcote-Trevelyan Report," in Gillian Sutherland ed., *Studies in the Growth of Nineteenth Century Government*, London: Routledge, 1972.

Hore, Peter. "Lord Melville, The Admiralty and the Coming of Steam Navigation," *The Mariner's Mirror*, Vol. 86, Iss. 2 (2000).

Hughes, J. R. T. and Stanley Reiter. "The First 1,945 British Steamships," *Journal of the American Statistical Association*, Vol. 53, No. 282 (1958).

Logan, Karen Dale, "The Admiralty: Reforms and Re-organization, 1868-1892," Ph.D. dissertation, University of Oxford, 1976.

McCord, Norman. "A Naval Scandal of 1871: The Loss of H.M.S. Megaera," *The Mariner's Mirror*, Vol. 57, Iss. 2 (1971).

McGee, David. "The Amsler Integrator and the Burden of Calculation," *Material History Review*, Vol. 48 (1998).

Moon, Howard Roy. "The Invasion of the United Kingdom: Public Controversy and Official Planning 1888-1918," Ph.D. dissertation, University of London, 1968.

Morgan-Owen, David. "A Revolution in Naval Affairs?: Technology, Strategy and British Naval Policy in the 'Fisher Era'," *Journal of Strategic Studies*, Vol. 38, No. 7 (2015).

Murray, Oswyn A. R. "The Admiralty, IV," *The Mariner's Mirror*, Vol. 24, Iss. 1 (1938).

Murray, Oswyn A. R. "The Admiralty, VII: Naval Administration from 1832 onwards," *The Mariner's Mirror*, Vol. 24, Iss. 4 (1938).

Preston, Antony. "The End of the Victorian Navy," *The Mariner's Mirror*, Vol. 60, Iss. 4 (1974).

Rodger, N. A. M. "The Dark Ages of the Admiralty, 1869-85, Part I: 'Business Methods', 1869-74," *The Mariner's Mirror*, Vol. 61, Iss. 4 (1975).

Rodger, N. A. M. "The Dark Ages of the Admiralty, 1869-85, Part II: Change and Decay, 1874-80," *The Mariner's Mirror*, Vol. 62, Iss. 1 (1976).

Rodger, N. A. M. "The Dark Ages of the Admiralty, 1869-85, Part III: Peace, Retrenchment and Reform, 1880-85," *The Mariner's Mirror*, Vol. 62, Iss. 2 (1976).

Rodger, N. A. M. "Commissioned Officers' Careers in the Royal Navy, 1690-1815," *Journal for Maritime Research*, Vol. 3, Iss. 1 (2001).

Sandler, Stanley. "'In Deference to Public Opinion'—The Loss of H.M.S. Captain," *The Mariner's Mirror*, Vol. 59, Iss. 1 (1973).

Seligmann, Matthew S. "Naval History by Conspiracy Theory: The British Admiralty before the First World War and the Methodology of Revisionism," *Journal of Strategic Studies*, Vol. 38, No. 7 (2015).

Seligmann, Matthew S. and David Morgan-Owen, "Evolution or Revolution?: British Naval Policy in the Fisher Era," *Journal of Strategic Studies*,

Vol. 38, No. 7 (2015).

Sumida, J. "British Capital Ship Design and Fire Control in the Dreadnought Era: Sir John Fisher, Arthur Hungerford Pollen, and the Battle Cruiser," *Journal of Modern History*, Vol. 51, No. 2 (1979).

Turner, Michael J. "Before the Manchester School: Economic Theory in Early Nineteenth-Century Manchester," *History*, Vol. 9, No. 256 (1994).

Vale, Brian. "Appointment, Promotion and 'Interest' in the British South America Squadron, 1821-3," *The Mariner's Mirror*, Vol. 88, Iss. 1 (2002).

Wilcox, Martin. "'These Peaceable Times are the devil': Royal Navy Officers in the Post-war Slump, 1815-1825," *The International Journal of Maritime History*, Vol. 26, No. 3 (2014).

김석태, 「툴민 스미스(T. Smith)의 반중앙집권화 투쟁 논리와 지방자치」, 『한국지방자치학회보』 제29권 2호 (2017).

김현수, 「외상 파머스턴의 외교정책, 1830-1841」, 『사학지』 제28집 (1995).

김현수, 「파머스턴의 외교정책(外交政策), 1841-1855」, 『상명사학』 제3권 3·4 합권호 (1995).

김현수, 「영제국 외무부 정체성 분석, 1854-1911: 노스코트-트리벨리언 보고서 적용 이후의 변화」, 『영국 연구』 제33호 (2015).

김현수, 「영국 외교정책의 재평가, 1815-1865」, 『영국 연구』 제39호 (2018).

남철호, 「1832년 영국 개정 선거법: 그 연구사를 중심으로」, 『역사학 연구』 제27집 (2006).

박진숙, 「영국의 곡물법: 제정과 폐지를 중심으로」, 『이화사학연구』 제20· 21합집 (1993).

서상규, 「W. T. 스테드의 해군 캠페인과 19세기 말 영국 해군 개혁」, 『서양사연구』 제44집 (2011).

석영달, 「19세기 증기선의 도입과 영국 해군의 변화: 해외 해군 기지 변화를 중심으로」, 『영국 연구』 제30호 (2013).

석영달, 「19-20세기 영국 왕립 합동군사연구소(RUSI)의 친(親) 해군 활동과 논문 공모전이 갖는 의미」, 『STRATEGY 21』 통권 38호 (2015).

석영달, 「역사 연구가 해군력에 미친 영향-빅토리아 시대 후기 영국 해군 역사학 운동을 중심으로」, 『학림』 제38집 (2016).

석영달, 「평화가 가져온 군의 딜레마: 19세기 영국 해군의 진급 적체와 개혁 시도」, 『영국 연구』 제42호 (2019).

송성수, 「산업화 시대의 르네상스인, 찰스 배비지」, 『기계저널』 제46권 2호 (2006).

신윤길, 「영국 동인도회사와 파머스턴의 포함정책(gunboat policy): 아편전쟁기를 중심으로」, 『중앙사론』 제15집 (2001).

오재호, 「합리적인 제도와 공리주의」, 『대동철학』 제52집 (2010).

원태준, 「차관 정치를 통한 내각 견제와 균형: 알렉 더글라스-흄 정권의 사례를 중심으로」, 『영국 연구』 제26호 (2011).

윤영휘, 「대서양 복음주의 네트워크의 노예무역 폐지주의」, 『영국 연구』 제22호 (2009).

윤영휘, 「영제국의 위기와 노예무역 폐지운동과 도덕개혁 운동의 결합, 1787-1807」, 『영국 연구』 제31호 (2014).

윤영휘, 「19세기 전반 영국과 미국의 대서양 노예무역 억제정책과 도덕자본의 국제정치」, 『영국 연구』 제42호 (2019).

이내주, 「제1차 세계대전 원인 논쟁: 피셔 논쟁 이후 어디까지 왔는가?」, 『영국 연구』 제32호 (2014).

이상영, 「벤담의 법개념과 입법론에 대한 소고」, 『세계헌법연구』 제13권 2호 (2007).

이상영, 「벤담의 Common Law 체계에 대한 비판과 입법론 구상에 대한 연구」, 『서울대학교 법학』 제49권 3호 (2008).

이상영, 「공리주의 대 자연권: 프랑스 혁명과 자연권에 대한 벤담의 평가」, 『세계헌법연구』 제16권 2호 (2010).

이상영, 「공리주의자의 헌법전 연구-J. Bentham의 '헌법전'의 구성과 특징-」, 『법학연구』 제19집 3호 (2016).

이영석, 「언어, 공장, 산업화-찰스 배비지와 앤드류 유어의 공장관을 중심으로-」, 『사회와 역사』 제56권 (1999).

이영석, 「빅토리아 시대의 교육문제: 시험에 대한 담론」, 『서양사론』 제74호 (2002).

이영석, 「19세기 영제국과 세계」, 『역사학보』 제217호 (2013).

이재철·장지호, 「영국의 행정입법 통제와 의회민주주의」, 『영미연구』 제22
집 (2010).

이태숙, 「19세기 영국의 정치개혁에 있어서 Bentham 사상의 역할에 관한
논의」, 『서양사론』 제19호 (1978).

이학수, 「20세기 초 국제정세의 변화와 영국의 해군개혁」, 『해사논문집』
제56집 (2013).

전윤재, 「영국 해군의 노예무역 단속 함대를 둘러싼 정치적 갈등, 1839-
1850: 의회의 함대 철수 논의를 중심으로」, 『서양사연구』 제44집
(2011).

정희라, 「차별에서 평등으로: 종교적 불평등 폐지를 위한 19세기 영국의
개혁−옥스브리지의 종교 심사 폐지」, 『영국 연구』 제13호 (2005).

조숙경, 「1876년 과학기구 특별 대여전시회: 런던 과학 박물관의 출발과
물리과학의 대중화」, 서울대학교 대학원 과학사 및 과학철학 협동
과정 박사학위 논문 (2001).

조용욱, 「근대 영국 자유무역의 특성」, 『한국학논총』 제45권 (2016).

최현미, 「리처드 콥던(Richard Cobden)과 19세기 국제평화운동과의 관계」,
『대구사학』 제72집 (2003).

최현미, 「콥던의 재정 개혁 방안과 글래드스턴의 재정 개혁」, 『영국 연구』
제12호 (2004).

최현미, 「19세기 런던의 길거리 음식과 노동자층의 식생활」, 『영국 연구』
제41호 (2019).

3. 신문 기사 및 기타 자료

1) 신문 기사

Hampshire Telegraph and Naval Chronicle. "The New Ministry," 5 December,
1868.

Illustrated London News. "The Naval Revolution," Vol. 40, No. 1138, 5 April,
1862.

The Broad Arrow. "The Intended Removal of the Naval College," 10 August,
1872.

The Guardian. "The New Government," 26 November, 1868.

The Guardian. "Re-election of Ministers: the First Lord of the Admiralty," 22 December, 1868.

The Spectator. "The Incoming Administration," 5 December, 1868.

The Times. "The Admiralty," 4 March, 1869.

The Times. "The Loss of the Captain," 26 September, 1870.

The Times. "The Loss of the Captain," 4 October, 1870.

The Times. "The Loss of the Captain," 16 December, 1870.

The Times. "The Loss of the Captain," 21 December, 1870.

The Times. "The Loss of Megaera," 4 August, 1871.

The Times. "The Loss of the Megaera and its Lessons," 7 August, 1871.

The Times. "The Megaera," 8 August, 1871.

2) 기타 자료

Australian Dictionary of Biography, 2008 ed., s.v. "La Trobe, Charles Joseph (1801-1875)," by Jill Eastwood.

Oxford Dictionary of National Biography, 2008 ed., s.v. "Barry, Alfred(1826-1910)," by E. H. Pearce, revised by David Hilliard.

Oxford Dictionary of National Biography, 2008 ed., s.v. "Childers, Hugh Culling Eardley(1827-1896)," by William Carr, revised by H. C. G. Matthew.

Oxford Dictionary of National Biography, 2008 ed., s.v. "Coles, Cowper Phipps(1819-1870)," by J. K. Laughton, revised by Andrew Lambert.

Oxford Dictionary of National Biography, 2008 ed., s.v. "Fanshawe, Sir Edward Gennys," by J. K. Laughton, revised by Andrew Lambert.

Oxford Dictionary of National Biography, 2008 ed., s.v. "Fisher, John Arbuthnot, 1st Baron Fisher(1841-1920)," by Paul G. Halpern.

Oxford Dictionary of National Biography, 2008 ed., s.v. "Goschen, George Joachim, 1st Viscount Goschen(1831-1907)," by Thomas J. Spinner Jun.

Oxford Dictionary of National Biography, 2008 ed., s.v. "Murray, Sir Oswyn Alexander Ruthven(1873-1936)," by V. W. Baddeley, revised by

Marc Brodie.

Oxford Dictionary of National Biography, 2008 ed., s.v. "Pacifico, David [known as Don Pacifico]," by David Steele.

Oxford Dictionary of National Biography, 2008 ed., s.v. "Reed, Sir Edward James," by David K. Brown.

설혜심, 「서평: 19세기 한 과학인의 정체성 만들기-폴 화이트 지음, 김기윤 옮김, 〈토마스 헉슬리: 과학 지식인의 탄생〉, 사이언스 북스, 2006」, 『역사와 문화』 제15호 (2006).

국방부(인사기획관리과), 『군 인사법』, 「제7장 전역 및 제적」 "제36조(정년 전역 등)", 법률 제16224호, 2019. 1. 15., 일부개정, 2019. 7. 16. 시행, last modified on 2019. 12. 19., http://www.law.go.kr/%EB% B2%95%EB%A0%B9/%EA%B5%B0%EC%9D%B8%EC%82%AC%EB %B2%95.

석 영 달

해군사관학교 문학사, 연세대학교 사학과(서양사) 석사/박사 졸업
현역 해군 소령, 해군사관학교 군사전략학과 조교수

주요 논문

「19세기 증기선의 도입과 영국 해군의 변화: 해외 해군 기지 변화를 중심으로」, 「역사
연구가 해군력에 미친 영향: 빅토리아 시대 후기 영국 해군 역사학 운동을 중심으로」,
「평화가 가져온 군의 딜레마: 19세기 영국 해군의 진급 적체와 개혁 시도」, 「19세기
후반 영국 해군 지휘체계 내부의 '불편한 진실': 1893년 빅토리아 호와 캠퍼다운 호
충돌 사건의 원인을 중심으로」 외

실패한 개혁, 혹은 개혁의 첫걸음
19세기 영국 해군개혁의 성과와 한계

석 영 달 지음

2023년 4월 15일 초판 1쇄 발행

펴낸이 · 오일주
펴낸곳 · 도서출판 혜안
등록번호 · 제22-471호
등록일자 · 1993년 7월 30일

㉾ 04052 서울 마포구 와우산로 35길 3. 102호
전화 · 3141-3711~2 / 팩시밀리 · 3141-3710
E-Mail hyeanpub@daum.net

ISBN 978-89-8494-696-5 93920

값 26,000 원